Über dieses Buch

Als dieses Buch 1976 in der Bundesrepublik erschien, stürzten sich die Medien auf das Thema ›Gewalt in der Ehe‹. Die Autorin hatte ihre Erfahrungen mit englischen Verhältnissen geschildert, die jedoch auch auf die hiesigen übertragbar waren und bis heute noch sind: Bei uns werden über eine Million Frauen von ihren Männern und Freunden mißhandelt, vergewaltigt und geschunden. Dieses Problem betrifft alle Schichten. Nach den bisherigen Erfahrungen, über die die Autorin seinerzeit im STERN Sarah Haffner berichtete, sind in mittelständischen Kreisen folgende Berufsgruppen überrepräsentiert: Polizisten, Ärzte und Rechtsanwälte.

Wie Gewalt in der Ehe entsteht, wie sie sich auswirkt, was Frauen unternehmen können und wie die Polizei, die Gerichte, Ärzte, Sozialeinrichtungen etc. seinerzeit in England reagierten – und, wie Sarah Haffner in ihrem Nachwort zeigt, heute noch in der Bundesrepublik vorgehen –, beschreibt die Autorin in ihrem Bericht.

Angefangen hat die Frauenhaus-Bewegung in einem von Erin Pizzey eingerichteten Treffpunkt für Hausfrauen im Londoner Vorort Chiswick. Hieraus entwickelte sich bald eine Zufluchtstätte für Frauen, die Opfer von Gewaltanwendungen ihrer Männer geworden waren: Das erste Frauenhaus in England war gegründet.

Das Chiswick-Modell wurde zum Vorbild auch für Bemühungen im Ausland. Inzwischen gibt es – freilich in unzureichendem Umfange – Frauenhäuser in zahlreichen Ländern, so auch sechs in der Bundesrepublik. Das erste Frauenhaus wurde nach einem Aufsehen erregenden Fernsehfilm von Sarah Haffner 1976 in West-Berlin eröffnet.

Das vorliegende Buch hat nicht allein dokumentarischen Wert, sondern soll Frauen helfen, ihre Rechte durchzusetzen und an der Verbesserung und Erweiterung ihrer realen Möglichkeiten zu arbeiten.

Die Autorin

Erin Pizzey, 1939 in Tsingtao/China geboren, ist Hausfrau und hat zwei Kinder. Sie gründete 1971 das erste Frauenhaus der Welt in London-Chiswick, das richtungweisend für ähnliche Versuche in aller Welt wurde. 1974 legte sie ihren inzwischen berühmt gewordenen Bericht ›Scream Quietly or the Neigbours will Hear‹ vor.

Erin Pizzey

Schrei leise
Mißhandlungen in der Familie

Mit einem Nachwort von
Sarah Haffner

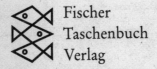

Fischer
Taschenbuch
Verlag

Fischer Taschenbuch Verlag
Oktober 1978
Ungekürzte Ausgabe

Umschlagentwurf: Jan Buchholz/Reni Hinsch

Die Originalausgabe erschien unter dem Titel
›Scream Quietly or the Neighbours will Hear‹
bei IF Books, London
© 1974 by Erin Pizzey
Aus dem Englischen von Rudolf Hermstein

Fischer Taschenbuch Verlag GmbH, Frankfurt am Main
Lizenzausgabe mit freundlicher Genehmigung
der Deutschen Verlags-Anstalt GmbH, Stuttgart
Für die deutsche Ausgabe:
© Deutsche Verlags-Anstalt GmbH, Stuttgart 1976
Für das Nachwort von Sarah Haffner:
© Fischer Taschenbuch Verlag GmbH, Frankfurt am Main 1978
Gesamtherstellung: Hanseatische Druckanstalt GmbH, Hamburg
Printed in Germany
580-ISBN-3-596-23404-2

Inhalt

Danksagung

1 Ein Haus für Frauen 7
2 Eines Mannes Heim ist seine Festung 27
3 Geprügelte Mütter, mißhandelte Kinder 53
4 Das Kind ist der Vater des Mannes 81
5 Problem – was für ein Problem? 105
6 Die Justiz – Dein Freund und Helfer? 129
7 Wie geht es nun weiter? 151

Nachwort von Sarah Haffner 167
Adressen 179

Danksagung

Ich möchte den Müttern und Kindern danken, die mit ihren Erfahrungen zu diesem Buch beigetragen haben, und Margaret Hofmann, die das Manuskript abgeschrieben hat.
Ebenso danke ich Jack Ashley, Neville Vincent und John Pontin, die diesen Müttern und Kindern eine Zukunft gegeben haben, sowie Dr. John Gayford, der Forschungen über mißhandelte Ehefrauen ausführt.

1. KAPITEL

Ein Haus für Frauen

Im Jahre 1971 versammelte sich im Londoner Vorort Chiswick eine kleine Gruppe Frauen, um zu beraten, was gegen die steigenden Preise in den Geschäften an unserer Hauptstraße zu tun sei. Wir beschlossen, uns an den Samstagen mit Plakaten, auf die wir die Preise der Grundnahrungsmittel in den einzelnen Geschäften schreiben würden, auf die Straße zu stellen. Die Kampagne wurde ein voller Erfolg: In manchen Geschäften wurden echte Preissenkungen vorgenommen. Als wir so an den Straßenecken standen, unterhielten wir uns mit vielen jungen Müttern, die sich alle über dasselbe beklagten – ihre Isolation. Sie fühlten sich in ihren Wohnungen von der Welt abgeschnitten. Das gab den eigentlichen Anstoß zur Gründung der Frauen-Selbsthilfeorganisation Women's Aid: Was mir vorschwebte, war ein Stadtteilzentrum, das den Frauen und ihren Kindern die Möglichkeit geben würde, mit anderen zusammenzukommen und so wenigstens ab und zu ihrer Einsamkeit zu entfliehen.

Obwohl ich die einzige Feministin in der Gruppe war, waren wir alle der Meinung, daß der Publicity-Rummel um die Frauenbewegung viele Frauen abschreckte. Hingegen versprachen wir uns viel von einem solchen Zentrum, in dem die Frauen Gelegenheit haben würden, außerhalb ihrer Wohnungen zusammenzukommen, über die Dinge zu reden, die sie unerträglich fanden, und zu überlegen, wie Abhilfe zu schaffen sei.

Ich schrieb mehrere Briefe an den Stadtrat, bekam Schützenhilfe von einem der Lokalblätter – der *Brentford and Chiswick Times* –, und schon bald stellte uns die Gemeinde Hounslow ein kleines Haus in Belmont Terrace zur Verfügung. Das Haus war seit sechs Jahren nicht mehr bewohnt und sollte abgerissen werden. Jetzt, da ich dies schreibe, ist es bereits eine Ruine. Geld war überhaupt keines da, aber eine örtliche Bank erklärte sich bereit, uns einen Überziehungskredit einzuräumen, und

so gingen wir ans Werk. Zum Glück fand sich – rühmliche Ausnahme – ein Mann, der uns half. Die meisten Handwerker sind Pessimisten, aber Harry Ferrer übernahm freudig alle Aufgaben, die für uns zu schwierig waren, und reagierte auch nicht mit männlichem Hochmut, wenn wir Scharniere verkehrt herum anschraubten und Dübellöcher in elektrische Leitungen bohrten. Nach acht Wochen war das baufällige Haus so weit hergerichtet, daß wir einziehen konnten.
Viele Frauen hatten von dem kleinen Haus gehört und kamen vorbei, um zu helfen. Als erstes stellten wir den Spielbereich fertig, damit die Mütter kleiner Kinder beim Streichen mithelfen konnten, ohne sich um die Kinder sorgen zu müssen oder das Gefühl zu haben, daß sie im Weg seien. In der Küche stellten wir einen Kocher und eine Spüle auf, und ein netter Mann brachte uns eine riesige alte Waschmaschine, die sich als wahrer Segen erwies. Im ersten Stock waren zwei Zimmer. Das eine wurde das Büro, und im andern stand ein Bett für Notfälle. Ein Jahr danach lebten 34 Frauen und Kinder in dem Haus; ich habe mich oft gefragt, ob wir nicht alles stehen- und liegengelassen hätten, wenn uns das damals jemand prophezeit hätte.
Die Eröffnung ging ohne viel Aufhebens vonstatten – wir waren alle viel zu erledigt, und alles, was wir besaßen, war orange beschmiert, denn die Kinder hatten beim Malen auch mitgemacht. Nach langen Diskussionen gaben wir unserem Frauenhaus den Namen Chiswick Women's Aid. Die begabteste »Künstlerin« unter uns malte ein Schild für die Haustür, und wir waren im Geschäft.
Eine unserer wenigen Regeln besagte, daß das Haus allen Frauen gehörte. Jede Frau, die das wollte, konnte sich einen Schlüssel machen lassen und ihn behalten. Männer durften das Haus nur auf Einladung betreten. Es überraschte uns, mit wieviel Feindseligkeit die Männer auf diese Regel reagierten, die uns ganz vernünftig schien. Es nützte auch nichts, wenn wir darauf hinwiesen, daß die Frauen ja auch die Clubs, Kneipen und Sportveranstaltungen akzeptierten, von denen sie ausgeschlossen sind, und daß diese Feindseligkeit deshalb fehl am Platze sei. Aber wie auch immer, die Regel blieb jedenfalls bestehen.
Hinter Belmont Terrace Nr. 2 lagen Reihen um Reihen kleiner Häuschen, die alle abgebrochen werden sollten. Manche wurden zu der Zeit noch von der Gemeinde als Notunterkünfte genutzt, weil die Lage im Wohnungswesen katastrophal war.

Es herrschten unerträgliche Zustände. Es gab Ratten, undichte Wände, keine Badezimmer, Toiletten im Freien und kein warmes Wasser. Die meisten Frauen in diesen Häusern lebten allein mit ihren Kindern – weil sie verwitwet, geschieden oder verheiratet waren oder weil ihre Männer im Gefängnis saßen. Von der Sozialhilfe kann man nicht leben und nicht sterben. Bei den einschlägigen Behörden beschafften wir uns Unterlagen über die verschiedenen Arten staatlicher Unterstützung, und dann gingen wir daran, die wunderlichen Vorschriften und Bestimmungen zu lernen, nach denen »die Wohlfahrt« verwaltet wird. Nicht lange, und wir waren Expertinnen darin, welche Rechte Mütter und Kinder haben.

Schon bald gerieten wir aber auch an ein paar sehr empfindliche Sozialarbeiter, die in unserer Tätigkeit eine Einmischung in ihre Belange sahen. Doch nicht alle verhielten sich feindselig. Von den Sozialarbeiterinnen hatte kaum eine etwas gegen uns – es waren hauptsächlich die Männer. Sie konnten sich nur schwer damit abfinden, daß Frauen, die ja angeblich von solchen Sachen nichts verstehen, sie anriefen und mit Kapitel und Vers aus Handbüchern zitierten, von deren Existenz sie keine Ahnung hatten. Außerdem erwarteten die Sozialarbeiter, die zur Women's Aid in Chiswick kamen, daß sie von einer Autoritätsperson empfangen würden, die hinter einem Schreibtisch zu sitzen hätte; statt dessen wurden sie immer an die Frau verwiesen, die sie zu betreuen hatten.

Kaum eine der Frauen, die in unser Zentrum kamen, hatte Geld übrig, aber viele hatten Altkleider, und so beschafften wir uns Geld, indem wir Ramschverkäufe veranstalteten. Manche Mütter, die angeblich nur gekommen waren, um gebrauchte Kleider zu kaufen, blieben dann da und baten um Hilfe bei der Bewältigung ihrer alltäglichen Sorgen. Wir heizten das Haus mit Kohle, damit wenigstens tagsüber niemand zu frieren brauchte. Wir kochten Suppe oder Eintopf für alle, und die Waschmaschine ratterte den ganzen Tag, denn wer von Sozialhilfe lebt, kann sich oft die Münzwäscherei nicht leisten.

Indira war eine der ersten Frauen, die sich in unserem Zentrum häuslich einrichtete. Als qualifizierte Lehrerin und Angehörige der höchsten indischen Kaste war sie nach England geflogen, um sich nach einer Position als Direktorin einer unserer bekannteren Schulen umzusehen. Zu uns kam sie, um über ihr Wohnungsproblem zu sprechen. Ihre damalige Vermieterin behandelte sie so unfreundlich, daß ihr nichts übrigblieb, als

wieder einmal umzuziehen. Ich habe nur ganz wenige Frauen kennengelernt, die so resolut und selbständig waren wie Indira. Einwanderungsbestimmungen, Stellungssuche, Wohnungssuche ... Indira fand immer einen Ausweg. Man konnte sicher sein, daß sie sich nie würde unterkriegen lassen.
Die erste Frau, die längere Zeit im Zentrum blieb, war ganz anders. Jill war ein elfenhaftes Geschöpf und hatte offenbar weder ein Zuhause noch irgendwelche Freunde. Sie war schon sehr oft im Krankenhaus gewesen, weil sie kein Essen vertrug. Als sie das letzte Mal aus dem Krankenhaus entlassen worden war, wollte ihr die Vermieterin die Miete erhöhen, und weil sie das Geld nicht aufbringen konnte, wußte sie nun nicht, wohin. Wir sahen in ihr keinen schwierigen Fall; sie brauchte für ein, zwei Wochen ein Dach über dem Kopf und Hilfe bei der Wohnungs- und Stellungssuche. Wir zweifelten nicht, daß sie eine gute Stelle finden würde – sie hatte einen akademischen Grad.
Im Zentrum war Jill phantastisch – sie erledigte die Büroarbeit, bediente das Telefon und hörte stundenlang zu, wenn andere Frauen über ihre Sorgen berichteten. Sie war immer freundlich und nett und zuvorkommend. Die Wochen vergingen, und unsere Finanzen schmolzen dahin. Deshalb mieteten wir einen Saal für den Ramschverkauf. Es war ein sehr schöner Saal in einer teuren Gegend. Wir waren begeistert. Jill eröffnete uns, daß sie auf keinen Fall mit gebrauchten Kleidern ihre Hände beschmutzen könne. Ihr Vater würde so etwas nie zulassen, wenn er davon wüßte. Doch als die Kleiderberge immer höher wurden, fiel uns auf, daß ausgerechnet die besten Sachen massenweise verschwanden. Und tatsächlich ertappten wir dann auch Jill, wie sie sich mit einem dicken Kleiderbündel unter dem Mantel aus dem Haus schleichen wollte. Wir gingen mit ihr in den ersten Stock, suchten ein phantastisches Kleidersortiment zusammen und gaben es ihr auf den Arm.
Jill bekam die Aufgabe, von zehn Uhr morgens an den Saal zu beaufsichtigen, in dem der Verkauf stattfinden sollte; die Kleiderhäufchen waren alle mit Preisschildern versehen. Ich kam um 10.30 Uhr vor dem Saal an und fand den Vikar mit sehr unchristlichem Gesichtsausdruck vor der Tür stehen. »Ihre Helferin«, sagte er, mühsam atmend, »ist betrunken.« Ich hätte ihn umbringen können. Ich wußte, daß Jill nie Alkohol trank – selbst wenn wir alle zusammen eine Flasche Wein tranken, blieb sie immer bei Orangensaft. Ich ging hinein. Jill torkelte

totenbleich im Saal herum. Sie war hingefallen und blutete am Kopf. Ich glaubte nicht, daß sie betrunken war, denn sie roch überhaupt nicht nach Alkohol. Ich führte sie hinaus und fuhr sie ins Krankenhaus. Sie wurde aufgenommen, und ich versprach, am Abend nach ihr zu schauen.

Der Kleiderverkauf war unheimlich anstrengend. Es war der erste von vielen, die wir veranstalten mußten, um uns über Wasser zu halten. Der Arbeitsaufwand ist enorm, und es springt nur wenig dabei heraus, aber es ist die einzige Art, Rechnungen zu bezahlen, wenn man keine anderen Einnahmen hat. Die siebzig Pfund Sterling, die wir einnahmen, waren für uns damals ein kleines Vermögen.

Ich fuhr ins Krankenhaus zurück und fragte, was mit Jill los war. Mit anderen Worten: »War sie betrunken gewesen?«

»Nein«, sagte der Doktor, »mit Sicherheit nicht. Sie hat bei dem Sturz eine leichte Gehirnerschütterung davongetragen.«

Ich nahm sie wieder mit in unser Frauenhaus.

Jill war begeistert, als sie ein Zimmer angeboten bekam, für das sie keine Miete bezahlen, sondern nur zeitweilig auf die Kinder aufpassen sollte, und zog sofort zu der Familie. Die Kinder, die acht und neun Jahre alt waren, kamen offenbar gut mit ihr aus, und die Mutter war so von ihr angetan, daß sie eine kurze Urlaubsreise riskierte. An diesem Sonnabend kam eines der beiden Kinder schreckensbleich in mein Haus gerannt. Jill sei etwas zugestoßen.

Ich ging sofort mit. Jill kroch auf allen vieren im Wohnzimmer herum und jaulte wie ein Hund. Sie hatte sich naßgemacht und murmelte ständig vor sich hin. Das kleine Mädchen saß weinend in einer Ecke. Ich legte den Arm um Jill und fragte: »Warum hast du es mir nicht gesagt?« Diesmal war nämlich der Alkoholgeruch unverkennbar.

»Geh«, murmelte sie, »ich bin gleich wieder in Ordnung.« Sie rappelte sich mühsam auf und fiel dann wieder auf den Rücken.

»Du bist eine Trinkerin«, sagte ich.

»Das ist nicht wahr, das ist nicht wahr. Ich bin krank.« Sie wurde richtig wütend und wollte mich aus dem Haus weisen. Aber ich konnte wegen der Kinder nicht einfach gehen. Schließlich hörte sie auf, mich anzuschreien, schlug die Hände vors Gesicht und kreischte:

»Ja doch, ja! Geh doch endlich ... Ja, es stimmt, ich trinke.«

Darauf brach sie ohnmächtig zusammen.

Ich brachte sie ins Bett. Ihr Zimmer war voller Flaschen. Sherryflaschen. Jill trank nur Sherry, und den auch nur aus Sherrygläsern. Ich rief eine Freundin an, die über Nacht bei den Kindern bleiben konnte, und am nächsten Morgen setzten Jill und ich uns zusammen und besprachen alles.
Jill war von ihrem Vater vergöttert worden, und eine glänzende Zukunft schien ihr sicher. Die anderen Familienmitglieder waren gut versorgt, und Jill machte ihren Hochschulabschluß. Nach ihrer Auffassung von der Rolle einer Frau war jedoch die Ehe das höchste und einzig erstrebenswerte Ziel. Als deshalb ihre Verlobung mit einem Mitglied des Oberhauses in die Brüche ging, in der sie die Krönung ihres bisher erfolgreichen Lebens gesehen hatte, brach die Welt für sie zusammen. Sie war nun schon seit ein paar Jahren Alkoholikerin. In einem Krankenhaus kannte man sie schon, aber oft wachte sie nach einem besonders schweren Rausch in irgendeinem anderen Krankenhaus auf. Daß sie Trinkerin war, hatte sie bisher noch nicht einmal sich selbst gegenüber, geschweige denn gegenüber jemand anderem zugegeben. Die Ärzte in den Krankenhäusern behandelten sie auf Absorptionsstörungen, weil sie nicht erkannten, daß sie praktisch ausschließlich von Alkohol lebte und nur deshalb tatsächlich an Absorptionsstörungen litt, weil sie kaum noch etwas aß.

Jill war die erste Alkoholikerin, die ich kennenlernte. Mir wurde klar, wie schwierig es sein kann, diesen Zustand zu erkennen, wenn der Betreffende ihn so gut zu tarnen versteht wie Jill. Jill entschloß sich, wieder in das Krankenhaus zu gehen, in dem sie beinahe schon zu Hause war, um eine Entziehungskur zu machen. Sie kommt uns ab und zu besuchen, aber die Leute im Krankenhaus geben ihr wenig Chancen, weil das Leben, das man ihr als selbstverständliches Erbe versprochen hatte, ihr versagt blieb und die reale Welt ein sehr rauher Ort für eine Prinzessin ist. Die Ärzte erwarten deshalb, daß sie sich immer wieder in den Rausch flüchten wird.

Ungefähr zu dieser Zeit kam ein junges Mädchen namens Jenny zu uns ins Zentrum und bat uns, ihrer Mutter und ihrem Vater zu helfen, die beide im Krankenhaus lagen, weil sie eine Überdosis Schlaftabletten genommen hatten. Sie erzählte uns von sich und ihrer Familie.
Vor ungefähr neun Jahren hatte Jennys Vater Bert einen Arbeitsunfall mit schweren Kopfverletzungen erlitten. Wäh-

rend er im Krankenhaus lag, mußte die Mutter, Sue, die fünf Kinder im Alter von sieben bis fünfzehn versorgen, die Wohnung in Ordnung halten und auch noch zur Arbeit gehen. Sie blieb berufstätig, weil sie überhaupt nicht auf den Gedanken kam, daß sie Sozialhilfe bekommen könnte, auch im Krankenhaus hatte ihr das niemand gesagt. Außerdem erhielt Bert keine Unterstützungszahlung von seinem Arbeitgeber, obwohl er über fünfzehn Jahre im Betrieb gewesen war. Gleich nach dem Unfall schickte ihm die Firma die Entlassung und einen Wochenlohn.
Nach vier Wochen wurde Bert aus dem Krankenhaus entlassen, mußte aber noch ambulant weiterbehandelt werden. Sue geriet allmählich in Verzweiflung: ihr Mann weinte in einem fort, zitterte am ganzen Körper und rang die Hände. Solche Zustände bekam er immer, wenn er längere Zeit in einem geschlossenen Raum zubringen mußte. Er wollte wieder arbeiten, hielt es aber wegen seiner Klaustrophobie nirgends lange aus. Das alles überstieg offenbar Sues Kräfte, und sie gewöhnte sich an, jeden Abend eine der Schlaftabletten zu nehmen, die Bert aus dem Krankenhaus mitgebracht hatte. Dann ließ sie sich hundert Tabletten von ihrem Arzt verschreiben. Schon bald nahm sie jeden Abend drei bis vier Tabletten und kam gesundheitlich entsprechend herunter, war aber noch nicht süchtig. Es vergingen drei Jahre, und schließlich ging Sue ins Krankenhaus, um zu fragen, ob man nicht etwas gegen Berts Zustände unternehmen könne. Man bot ihr an, eine Gehirnoperation auszuführen – eine Leukotomie –, warnte sie aber, daß die Erfolgsaussichten nur fünfzig Prozent betrugen, da man noch nicht viel Erfahrungen mit solchen Operationen gesammelt habe. Die Operation glückte, jedenfalls sagte man das Sue. Bert war wie ein Kind, aber das war angeblich ganz normal. Sue war trotzdem entsetzt über die Verwandlung ihres Mannes und stand jetzt die meiste Zeit unter so starkem Drogeneinfluß, daß die drei ältesten Kinder von zu Hause fortgingen. Die zwei jüngsten (Jungen) bekamen Schwierigkeiten mit der Polizei. Der eine wurde unter Vormundschaft gestellt.
Als Bert wieder »erwachsen geworden« war, wurde er als geheilt entlassen. Was die Ärzte allerdings verschwiegen hatten, war die Tatsache, daß er seit seiner Operation zur Gewalttätigkeit neigte. Er begann Sue zu verprügeln, wenn sie beide allein waren. Sue kam zu der Zeit in kurzen Abständen in

psychiatrische Kliniken oder allgemeine Krankenhäuser, und zwar immer, weil sie eine Überdosis Tabletten genommen hatte, um sich der Gewalttätigkeit ihres Mannes für immer zu entziehen. Niemand unternahm etwas, um ihr zu helfen, wenn sie wieder nach Hause entlassen wurde. Einmal, als sie wieder eine hohe Dosis genommen hatte, schlug er sie so brutal, daß sie eine Platzwunde am Kopf hatte. Im Krankenhaus wurde nur die Wunde versorgt. Man vernähte sie und schickte Sue wieder heim. Bert gab an, sie sei hingefallen.

Als Jenny einmal ihren Vater besuchen kam, fand sie ihn in Tränen aufgelöst. Er war ganz außer sich. Am Morgen hatte er mit Sue eine tätliche Auseinandersetzung gehabt, und sie hatte mit einem Koffer die Wohnung verlassen. Sie kam noch am selben Abend zurück, hatte aber so viel Betäubungsmittel eingenommen, daß sie mitten im Zimmer zusammenbrach. Jenny und Bert sorgten dafür, daß sie sich erbrach, und versuchten, den Kreislauf wieder in Gang zu setzen. Sie wurde nach West Middlesex gebracht, dann nach Springfield verlegt, nahm dort eine Überdosis Asperin, bekam in St. George's den Magen ausgepumpt und wurde wieder nach Springfield zurückgebracht. Am Tage nach ihrer Entlassung nahm sie schon wieder zuviel Tabletten. Sie war wieder in Piccadilly gewesen und um drei Uhr nachmittags vor der Tür zusammengebrochen. Der Arzt sagte, man solle den Rettungsdienst anrufen. Der Rettungsdienst meinte, man solle den Arzt anrufen.

Der Krankenwagen brachte sie schließlich ins allgemeine Krankenhaus. Wie es dann weiterging, schilderte uns Jenny: Papa war in einem solchen Zustand, daß er nirgendwo hingehen konnte, und wir kümmerten uns alle um ihn, denn er brauchte unsere Hilfe. Alan (Jennys Ehemann) und ich gingen im Krankenhaus auf die Station, wo Mama lag, und die Schwester sagte uns, daß sie vielleicht am Mittwoch heim könnte. Wir gaben uns damit zufrieden und fuhren wieder heim. Am Dienstag rief ich dann im Krankenhaus an und sagte, daß Mutter nicht nach Hause könne, weil Vater Nachtschicht hatte und deshalb niemand da sei, der sich um sie kümmern würde. Die Entlassung wurde auf Freitag verschoben. In der Zwischenzeit rief Miss Taylor, die Sozialarbeiterin, in Mamas Auftrag bei der Nachbarin an, weil Mama Kleider und Zigaretten und Geld brauchte. Meine Schwester war am Apparat und sagte, daß sie die Sachen bringen würde, aber kein Geld. Daraufhin wurde die Sozialarbeiterin wütend, und es kam zu Reibereien. Inzwischen hatte Papa mich gebeten, Hilfe zu holen. Ich sprach mit einer Nachbarin, die uns den Rat gab, einen

Berater für Sozialhilfe-Angelegenheiten und wenn möglich auch unseren Abgeordneten aufzusuchen. Ich kam erst am Donnerstag vormittag dazu. Vorher rief ich schon in der Praxis des Hausarztes an und bat um einen Termin. Man sagte mir, daß ich einen Termin nicht bekommen könne, sondern genau wie alle anderen Patienten warten müßte, und wenn der Herr Doktor Zeit fände, würde er sicher mit mir sprechen. Daraufhin rief ich den Arzt des Krankenhauses, Dr. Simpson, an, und flehte ihn an, Mama zu helfen, denn Papa hatte gedroht, daß er sie und sich mit einer Überdosis Tabletten umbringen würde, falls sie aus dem Krankenhaus entlassen würde. Der Arzt sagte, er könne ihr nicht helfen, aber falls ich selbst etwas tun wollte, könnte ich versuchen, sie von der Polizei überwachen zu lassen, damit sie sich keine Betäubungsmittel mehr beschaffen konnte. Das konnte ich natürlich nicht akzeptieren, und deshalb fragte ich ihn, ob man meine Mutter nicht in eine Heilbehandlung geben könne. Er erwiderte, es gäbe keine Heilung. Ich flehte ihn nochmals an, uns zu helfen. Er sagte, er könnte jetzt auch nichts mehr tun. Das war am Mittwoch. Ich nahm Verbindung mit unserem Abgeordneten auf und verabredete mich mit ihm. Ich erzählte ihm alles, und er versprach mir, daß er versuchen würde, uns zu helfen. Ich rief ihn am selben Tag um zehn Uhr abends an, und er sagte mir, er hätte schon angerufen und würde morgen nochmals anrufen.
Ich hielt es für besser, über Nacht bei Papa zu bleiben, weil ich wußte, daß er Mama in ihrem Zustand gesehen hatte und glaubte, sie würde sterben. Wir fuhren zu ihm in die Wohnung, unterhielten uns und tranken Tee. Plötzlich brach er zusammen. Ich rief meine Brüder, damit sie Alan halfen. Wir dachten, Papa hätte eine Überdosis genommen, und brachten ihn in Alans Caravan ins Krankenhaus, aber sein Zustand verschlechterte sich und er atmete nicht mehr. Mein Bruder versuchte es mit Mund-zu-Mund-Beatmung, aber es nützte nichts. Alan sah einen Krankenwagen und hielt ihn an, und der Krankenwagen brachte dann Papa ins Krankenhaus. Tim und John warteten im Krankenhaus, sie nahmen ihn auf und pumpten ihm den Magen aus und sagten meinen Brüdern, daß er außer Gefahr sei. Um 1.30 Uhr nachts fuhr ich ins Krankenhaus, um mich selbst zu überzeugen, und man sagte mir: »Er ist in Ordnung. Wahrscheinlich kann er morgen schon entlassen werden.«

Beide Eltern wurden aus dem Krankenhaus entlassen, aber ein paar Tage später wurde die Mutter nach einem neuerlichen Selbstmordversuch wieder eingeliefert. Ich ging sie mit Jenny besuchen, und es war nicht zu übersehen, daß das Personal sie mit unverhohlener Mißachtung als eine »Ausgeflippte« behan-

delte, die einem echt Kranken das Bett wegnahm. Sue trug einen Krankenhauskittel. Sie wirkte verhärmt und abgemagert und schwankte und stolperte, weil die Wirkung der Pillen noch nicht abgeklungen war. Sie weinte laut und bat mich, ihr zu helfen. Ich erwiderte hoffnungsvoll, daß wir schon eine Einrichtung finden würden, wo man sie aufnehmen und ihr helfen würde, sich ihre Tablettensucht abzugewöhnen, aber ich mußte dann bald feststellen, daß niemand eine drogensüchtige Frau mittleren Alters aufnehmen will. Man ist der Meinung, daß sich bei solchen Menschen die Mühe nicht mehr lohnt, und es erwies sich als unmöglich, eine Unterkunft für Sue zu beschaffen.
Als sie wieder draußen war, kam Sue öfter in unser Zentrum, und im Lauf unserer stundenlangen Gespräche erzählte sie uns auch von den Mißhandlungen, die sie über sich ergehen lassen mußte, wenn Bert seine Anfälle bekam. Bis dahin hatte sie noch mit niemandem über diese Dinge gesprochen. Die erste Zeit hatten nicht einmal die Kinder gewußt, was sich da abspielte.
Eines Tages machte sie einen völlig verzweifelten Eindruck. Sie zeigte uns schreckliche Prellungen und Quetschungen, mit denen sie am ganzen Körper bedeckt war. Wir setzten uns mit unserem Sozialamt in Verbindung; die Leute sagten, sie könnten auch nichts tun, versprachen aber, Bert zu besuchen. Er ließ sie aber gar nicht ins Haus. Die Sozialarbeiter sagten, es handle sich um einen der schlimmsten Fälle in Hounslow. Schon oft sei die Polizei geholt worden.
Bert gab sich immer weniger Mühe, seine Gewalttätigkeit zu verheimlichen und schlug Sue auch vor den Jungen. An dem Tag, als Bert den Messerstich bekam, sah ich mir hinterher das Haus an. In seiner Wut hatte er die Treppengeländer und Möbel zertrümmert und versucht, die Mauer zum Nebenhaus mit einem Hammer zu durchbrechen. Da erst riefen die Nachbarn die Polizei. Aber es war zu spät: als er eine Waschmaschine hochhob, um sie nach seiner Frau zu werfen, nahm einer der älteren Jungen ein Messer und stach es ihm in den Bauch. Die Wände waren über und über mit Blut besprizt.
Sue war jetzt schon fast keiner Empfindung mehr fähig und bot einen herzzerreißenden Anblick. Bert lag schwerverletzt im Krankenhaus, aber es bestand Aussicht, daß er durchkommen würde; allerdings würde er für den Rest seines Lebens auf den Rollstuhl angewiesen bleiben.
Wir entschlossen uns, an den Gesundheits- und Sozialminister

Sir Keith Joseph zu schreiben. Wir schilderten ihm die Serie von Unglücksfällen, die Sue und Bert erlitten hatten, und fragten, ob er etwas tun könne, um ihre Probleme zu lösen, denn es habe den Anschein, daß die dafür zuständigen staatlichen Stellen trotz besten Absichten nicht in der Lage gewesen seien, den beiden die Unterstützung zukommen zu lassen, die sie brauchten.
Schon zehn Tage danach erhielten wir eine Einladung zu einer Fallkonferenz im Krankenhaus West Middlesex. Es hörte sich alles sehr großartig an. Wir gingen zu dritt hin. Es waren ungefähr zehn Leute in dem Raum, darunter auch Vertreter vom Sozialamt und der Psychiater. Sie schienen alle ziemlich verstimmt darüber, daß wir an den Minister geschrieben hatten. Wir verteidigten uns damit, daß bei aller Sympathie und allem guten Willen diese Familie sich nun schon seit Jahren in einer ständigen Krisensituation befände. Offenbar sei niemand in der Lage, mehr zu tun, als ihnen ihre Wunden notdürftig zu verbinden und sie wieder in die Arena zu schicken.
Dann schilderten die Vertreter des Krankenhauses den Fall aus ihrer Sicht. Sie sagten, daß sie die negativen Folgeerscheinungen der Operation aufrichtig bedauerten, und gaben offen zu, daß die Familie durch die Maschen des Netzes ihrer medizinischen Sozialarbeiter geschlüpft sei. Man könne aber nichts tun, denn obwohl der Mann eigentlich eingesperrt gehörte, habe er nichts verbrochen und könne deshalb auch nicht eingesperrt werden.
»Immerhin«, erklärten wir, »hat er wiederholt seine Frau brutal mißhandelt.«
»Ach, das«, war alles, was man uns darauf erwiderte. Krankenhäuser, Ärzte, Psychiater, Sozialarbeiter, die Polizei: von all den Leuten, deren Aufgabe es doch wäre, sich um solche Fälle zu kümmern, schien keiner etwas dabei zu finden, daß diese Frau regelmäßig von einem Mann mißhandelt wurde, der das Opfer einer auf schreckliche Weise mißlungenen Operation war.
Sue lebte mit uns im Zentrum, während Bert im Krankenhaus war. Jill war furchtbar nett zu ihr – sie hörte ihr stundenlang zu und half ihr, wenn sie zu berauscht war, um alleine klarzukommen. Wir wollten ihr helfen, von den Pillen loszukommen, aber sie hatte einfach zu viel durchgemacht. Im Grunde wußte sie auch, daß ihr Mann, was immer er ihr angetan haben

mochte, letztlich nicht für sein Verhalten verantwortlich war; als er aus dem Krankenhaus entlassen wurde, ging sie deshalb zu ihm zurück, und gemeinsam versuchten sie, einander das Leben erträglich zu machen.
Als die Verhandlung gegen den Sohn eröffnet wurde, der des Mordversuchs angeklagt war, mußten wir den Psychiater unter Strafandrohung vorladen lassen, weil er sich auf unsere höfliche Bitte hin geweigert hatte, als Zeuge auszusagen. Immerhin sagte er dann vor Gericht aus, daß die Aggressivität des Mannes auf die Gehirnoperation und die Kopfverletzungen zurückzuführen sei und der Mann deshalb nichts dafür könne. Nachdem noch mehr Einzelheiten darüber zur Sprache gekommen waren, wie die Familie und vor allem die Kinder hatten leben müssen, wurde die Anklage vom Staatsanwalt niedergeschlagen, und der Richter wies die Geschworenen an, den Jungen für »nicht schuldig« zu erklären. Doch bevor er gegen Kaution entlassen wurde, hatte der Junge sechs Monate in Untersuchungshaft gesessen, davon viele Stunden sogar in Einzelhaft, und es war klar, daß er davon seelische Narben davongetragen hatte, die sein Leben lang nicht ganz verheilen würden.
Diese Familientragödie fand nur statt, weil das staatliche Fürsorgesystem alles andere als fürsorglich war. Mit Sues Fall waren wir zum erstenmal in enge Berührung mit dem Problem der Gewalttätigkeit in der Ehe gekommen. Als es sich herumsprach, was wir für sie getan hatten, kamen immer mehr Schicksalsgenossinnen von Sue zu uns und baten um Hilfe.
Außer den Frauen, die wie Sue und Jill zu uns kamen und dablieben, gab es viele, die regelmäßig vorbeischauten, beispielsweise Mrs. Murphy, die in einem der Siedlungshäuschen hinter unserem Haus wohnte und an Agoraphobie (Platzangst) litt. Eine Nachbarin hatte sie begleitet, und die beiden tranken eine Tasse Kaffee und sahen nach, ob unter den Altkleidern etwas Brauchbares war. Mrs. Murphy war eine sympathische, fröhliche Frau, die neun Kinder großgezogen hatte. Eines Tages kam das Thema der mißhandelten Ehefrauen zur Sprache und sie stellte unvermittelt ihre Tasse auf den Tisch und sagte:
»Mein Mann schlägt mich, seit wir verheiratet sind.«
Es hatte vor neunzehn Jahren angefangen, als sie ihr erstes Kind erwartete und er ein Verhältnis mit einer anderen Frau anfing. Wenn er aus der Kneipe oder von der Arbeit heimkam

und schlechte Laune hatte, schlug er einfach auf sie ein. Das letztemal hatte er sie an den Schultern gepackt und ihren Kopf so lange an die Wand im Flur geschlagen, bis sie bewußtlos war; dann hatte er sie unter das kalte Wasser in der Küche gehalten, bis sie wieder zu sich kam, und dann ihren Kopf erneut an die Wand geschlagen.
»Warum haben Sie ihn nicht verlassen?« fragte ich sie unbedacht.
»Wo sollte ich denn mit den Kindern hin?«
»Waren Sie denn mal auf dem Sozialamt?«
»Ja. Die haben mich wieder heimgeschickt.«
Das kam uns doch ein wenig unwahrscheinlich vor, und wir beschlossen, die Probe aufs Exempel zu machen. Wir riefen die zuständigen Behörden aller umliegenden Gemeinden und auch unserer eigenen Gemeinde an. Überall erklärte man uns, daß eine Frau, die aus freien Stücken die eheliche Wohnung verläßt, keinerlei Anspruch auf Unterstützung durch das Sozialamt habe. Das einzige, was man ihr anbieten könne, sei der Besuch einer Sozialarbeiterin. Wie wenig das nützte, hatten wir bei Sue gesehen. Außerdem ist für die Frau, die von ihrem Mann brutal mißhandelt wird, der Besuch einer Sozialarbeiterin zu gefährlich, denn er kann zum Anlaß einer neuerlichen Mißhandlung werden. Die Mütter gehen deshalb meistens wieder heim und halten durch bis zum nächsten Mal. »Es gehört«, sagte mir eine Sozialarbeiterin, die eine Vorliebe für hochtrabende Phrasen hatte, »nicht zu den Gepflogenheiten des Sozialamts, die Heiligkeit der Ehe anzutasten.«
Ungefähr zu dieser Zeit kam eine Mutter mit einem kleinen Kind zu uns. Brenda, so hieß sie, war von ihrem Mann erbarmungslos geschlagen worden und hatte überall Prellungen und blaue Flecke; beide Augen waren blau geschlagen. Ihre vierjährige Tochter hatte einen schlimmen Bluterguß an der Wange. Ich hielt es für gut, die beiden vorsorglich im Krankenhaus untersuchen zu lassen. Der Arzt in der Unfallabteilung notierte nur die Verletzungen der Mutter und schrieb dann auf die Karteikarte des Kindes: »Die Mutter behauptet, der Vater habe das Kind geschlagen.« So viel zum Thema Kindesmißhandlung.
Brenda blieb einige Zeit bei uns und zog dann zu ihren Eltern. Sie machte einen Kurs für Sozialarbeiterinnen, und soviel ich weiß, lebt sie jetzt recht zufrieden alleine mit ihrer Tochter. Ihr Mann ist manisch depressiv. Er weigert sich immer noch, sich

in psychiatrische Behandlung zu begeben, die er doch so dringend nötig hätte, und geht keiner geregelten Arbeit nach, aber zumindest braucht seine kleine Tochter nicht mehr zuzusehen, wie ihre Mutter geschlagen und vergewaltigt wird.
Nicht lange danach klopfte eine der Mittelschicht angehörende Mutter mit ihren vier Kindern an unsere Tür. Sie sagte, sie habe im *Guardian* über unser Frauenhaus gelesen und sich schon lange vorgenommen, einmal vorbeizukommen und uns zu helfen, aber nie sei ihr der Gedanke gekommen, daß sie einmal bei uns würde Zuflucht suchen müssen. Ihr Mann – Direktor einer Industriefirma – mißhandle sie schon seit einiger Zeit, aber bisher sei es immer erträglich gewesen. Jetzt aber habe sie ihn verlassen, weil er versucht habe, das älteste Kind zu erwürgen. Mir wurde langsam klar, daß ziemlich viele Frauen unvorstellbare Grausamkeiten erdulden, solange nur sie selbst betroffen sind, aber sofort ihren Mann für immer verlassen, wenn er sich an den Kindern vergreift. So zog auch diese Frau in Belmont Terrace ein.
Etwa zu dieser Zeit kam Anne Ashby zu mir. Ich saß mit meinem Patenkind Rachel während der Mittagspause in unserem Park. Auf einer Bank saß allein eine kleine, rundliche Frau, und ich ging hinüber und stellte mich ihr vor. Ich kannte sie. Sie war Krankenschwester gewesen und hatte viele verschiedene Stellen gehabt, deshalb fragte ich sie, was sie jetzt so den ganzen Tag mache. »Ach, nichts Besonderes«, erwiderte sie. Damit war die Sache klar, und sie kam mit nach Belmont Terrace, um sich unser Haus einmal anzusehen. Heute hat sie alle Hände voll zu tun und ist uns allen unentbehrlich geworden.
Durch Hörfunk- und Fernsehsendungen sowie durch Zeitungsberichte wurden wir in ganz England bekannt. Nach jedem Bericht erreichten uns neue Hilferufe. Aus dem ganzen Land gingen Briefe ein:

Liebe Mrs. Pizzey,
ich frage mich, ob Sie mir helfen könnten, denn ich bin in einer ziemlich schwierigen Situation. Ich lebe in Bradford und habe sechs Kinder im Alter von drei bis dreizehn Jahren, und mein Eheleben ist sehr unglücklich.
Mein Mann ist sehr gewalttätig und läßt sich nichts sagen. Er hält mich mit dem Geld sehr kurz, obwohl er bei ... in Bradford einen guten Lohn hat. Manchmal mißhandelt er mich sehr brutal. Einmal mußte ich um Mitternacht aus dem Haus laufen, um von der Wohnung einer Bekannten aus die Polizei anzurufen. Ich bin

deswegen schon völlig mit den Nerven runter, und ich glaube nicht, daß ich das mit meinen vierzig Jahren noch lange aushalten kann. Ich habe vier Jahre in Clapham gewohnt, bin dann aber nach Bradford gezogen, um zu sehen, ob ich dort mehr Hilfe bekommen würde.
Ich war schon bei der Wohlfahrt und bei der Familienberatung und habe auch einen Rechtsanwalt, aber keiner scheint sich wirklich für meinen Fall zu interessieren. Nicht einmal die Samariter.
Ich habe aus lauter Verzweiflung meinen Mann schon fünfmal verlassen, mußte aber um der Kinder willen jedesmal wieder zurückkehren, weil er sich nicht um sie kümmerte, wenn ich fort war.
Zur Zeit bewohnen wir ein der Gemeinde gehörendes Haus, das wir auf seinen Namen gemietet haben. Er sagt mir andauernd, ich soll doch gehen, und manchmal fordert er mich auf, die Kinder mitzunehmen, dann wieder soll ich sie bei ihm lassen.
Er behandelt mich schlechter als einen Hund, und zur Zeit nehme ich starke Nerventabletten, die mir der Arzt verschrieben hat, aber ich finde trotzdem keine Ruhe, weil er ständig an mir und den Kindern herummeckert.
Die Kinder werden immer größer – die ältesten drei sind jetzt elf, zwölf und dreizehn – und erleben bewußt die fürchterlichen Szenen, die sich bei uns abspielen; das macht sie ganz krank und in der Schule bleiben sie zurück. Sie weinen und klammern sich an mich und versuchen, mich zu schützen, wenn er mich schlägt oder sexuelle Ansprüche an mich stellt, und deswegen frage ich mich, ob Sie mich bitte einmal besuchen und mir vielleicht helfen könnten. Manchmal würde ich am liebsten Selbstmord begehen und die Kinder mit mir nehmen. Irgendwoher muß ich Hilfe bekommen, aber niemand hilft mir oder will auch nur etwas davon wissen. Bitte schreiben Sie mir nicht hierher, denn der Brief könnte meinem Mann in die Hände fallen, und er würde mich umbringen, wenn er das erfährt, also schreiben Sie bitte an ..., diese Leute werden mir die Post bringen, ohne daß mein Mann etwas davon erfährt. Ich brauche so dringend Hilfe. Ich bin wirklich verzweifelt, und bestimmt lande ich noch einmal im Irrenhaus. Ich müßte mich scheiden lassen, aber das geht nicht, weil ich meine Kinder nicht bei diesem Ungeheuer lassen will, denn er ist auch zu ihnen grausam. Wenn Sie mir helfen möchten, dann schreiben Sie mir bitte, wann ich zu Ihnen kommen kann und wie ich zu Ihrer Adresse in London finde.
Mit freundlichen Grüßen

London

Liebe Mrs. Pizzey,
ich habe gestern Ihren Artikel gelesen und dachte mir, daß mein Fall Sie vielleicht interessiert.
Ich war eine mißhandelte Ehefrau und habe das 24 Jahre ausgehalten. Im Dezember 1971 bin ich dann endgültig fortgegangen, und im September 1972 wurde die Scheidung wegen fortgesetzter Grausamkeit ausgesprochen. Ich mußte aus unserer Vierzimmerwohnung (Sozialwohnung) ausziehen und werde jetzt als obdachlose Familie eingestuft.
Die Gemeinde hat mich vorläufig in einem notdürftig renovierten Haus untergebracht. Ich hoffe, es wird sich bald etwas Besseres finden. Ich habe drei Söhne: der älteste ist verheiratet (23 Jahre alt), der jüngste ist vierzehn und lebt bei mir, und der mittlere, der achtzehn Jahre alt ist, lebt noch bei seinem Vater, aber nur deshalb, weil ich nur ein Schlafzimmer habe und wir zu dritt keinen Platz haben würden.
Ich habe alles aufgeben müssen: meine Wohnung, obwohl ich die meisten Möbel selber gekauft habe, weil mein geschiedener Mann kein Interesse an einer schönen Wohnung hatte und ich die letzten acht Jahre meiner Ehe halbtags arbeiten ging. Ich habe die Wohnung gestrichen und alles andere gemacht, und trotzdem hat er alles bekommen, obwohl er an allem schuld war.
Es müßte erreicht werden, daß die Ehefrau (als schuldloser Teil) zumindest von allem die Hälfte bekommt. Wieso darf der Ehemann die eheliche Wohnung behalten, wenn die Frau sie viel nötiger braucht? Alles, was ich jetzt besitze, habe ich von meinen Verwandten und Freunden geschenkt bekommen. Ich hatte nichts. Selbst mein Sohn (der nicht bei mir wohnt) leidet, weil er mich vermißt und lieber bei mir wäre, was aber nicht geht, weil ich keinen Platz habe, während mein geschiedener Mann unsere komfortable Vierzimmerwohnung bewohnt.
So sind die gesetzlichen Vorschriften, und ich glaube, es würde sich wirklich lohnen, wenn Sie sich bemühen würden, dieses Gesetz zu ändern. Ich wünsche Ihnen viel Glück.
Mit freundlichen Grüßen

Yorkshire

Liebe Mrs. Pizzey,
ich habe den Artikel in der heutigen *Sun* über Ihre Bemühungen gelesen, die Gründung eines Ausschusses zu erreichen, der sich mit der Frage der Gewalttätigkeit gegen Ehefrauen befassen und eine Gesetzesänderung erreichen soll.
Ich bin ganz auf Ihrer Seite. Vor zwei Jahren heiratete ich einen Mann, der sich als gewalttätig erwies. Bis dahin war noch nie

jemand mir gegenüber gewalttätig geworden. Ich hatte keine Ahnung, was für eine Hölle auf Erden die Ehe sein kann. Mein Mann schlug mich ständig, während ich unseren Sohn Simon erwartete, der jetzt vierzehn Monate alt ist. Er trat mich, stellte sich auf mich drauf, boxte mich und würgte mich immer wieder bis zur Bewußtlosigkeit. Ich weiß nicht, ob das der Grund dafür war, daß unser Kind blind und geistig behindert ist. Obwohl mein Mann jetzt im Gefängnis sitzt – aber nicht etwa, weil er mich geschlagen hat, o nein, er ist viel zu gerissen, um sich dabei erwischen zu lassen –, lebe ich in ständiger Angst vor ihm. Mir graut heute schon vor dem Tag, an dem er entlassen wird. Ich habe das alles ausführlich mit den Ärzten und Spezialisten besprochen, die Simon untersuchten. Sie sind alle der Meinung, daß mein Mann einen psychischen Defekt hat; er leidet unter Persönlichkeitsspaltung, er ist ein aggressiver Psychotiker und unheilbar – aber die Störung ist andererseits nicht so schwer, daß er dafür in eine Anstalt eingewiesen werden könnte. Ich habe mit seinem Anwalt gesprochen, der über all seine bisherigen Gewalttätigkeiten Bescheid weiß, und er meint, daß man nichts tun könne, bevor mein Mann nicht mich oder jemand anderen umbringt oder ernsthaft verletzt.

Die Fürsorger im Gefängnis geben zu, daß er ohne Auflagen entlassen wird, wenn er seine Strafe abgesessen hat (etwa im Juli). Ich habe auch mit anderen Fürsorgern gesprochen, mit den Samaritern, überhaupt mit jedem, der mir einfiel, aber niemand kann mir Hoffnung oder Hilfe geben. Jeder sagt, das ganze sei unglaublich. Ich habe aus erster Ehe eine fünfjährige Tochter (ihr Vater ist gestorben) und außerdem den behinderten kleinen Jungen – muß ich mich für den Rest meines Lebens verstecken und in Angst leben, Angst haben, sie aus den Augen zu lassen, Angst, irgendwo allein hinzugehen, weil er mich verfolgen könnte?

Ich bin völlig verzweifelt, und ich bin kein ahnungsloser Teenager mehr. Ich bin in den Vierzigern, intelligent und gebildet. Ich lese jetzt über so viele Fälle in den Zeitungen, wo man nur zwischen den Zeilen zu lesen braucht, um zu verstehen, daß es viele andere Frauen gibt, die in einer ähnlichen Situation sind wie ich.

Ich habe genug davon, daß andere mir sagen, mir sei nicht zu helfen, und durchblicken lassen, daß sie es für unmöglich halten, daß ein Mensch einen anderen mit so teuflischer Brutalität behandelt. Eines Nachts hat er mir mit einem Hammer die große Zehe zertrümmert, und ich wagte im Krankenhaus nicht die Wahrheit zu sagen, weil ich Angst hatte, daß er mit einer Geldstrafe oder mit Bewährung davonkommen und sich an mir rächen würde.

Wie ich der Zeitung entnehme, unterstützen drei weibliche Un-

terhausabgeordnete Sie bei Ihren Bemühungen. Ich finde, die Öffentlichkeit muß unbedingt noch mehr über diese Dinge erfahren; das ist von größter Bedeutung, denn auch die Kinder leiden schrecklich darunter.
Ich wette, die Beamtin der Eheberatungsstelle, die geäußert hat, es sei »nicht nur immer der Mann schuld«, ist noch nie von ihrem Mann mit irgendwelchen Gegenständen, die er gerade erwischen konnte, niedergeschlagen worden.
Falls ich irgend etwas tun kann, um Sie in Ihren Bemühungen zu unterstützen, oder falls Sie mir irgendwie helfen können, dann schreiben Sie mir bitte, aber veröffentlichen Sie um Himmels willen nicht meinen Namen – die bekommen im Gefängnis auch Zeitungen.
Mit freundlichen Grüßen

Frauen aus allen Gegenden, Frauen aus allen Bevölkerungsschichten, Frauen aller Rassen riefen um Hilfe, sobald sie erfuhren, daß es jemanden gab, der sie hörte und etwas tun konnte, um ihnen zu helfen.
Manche standen einfach eines Tages vor der Tür. So auch Kath. Kath hatte fürchterliche Angst. Sie war sieben Jahre verheiratet und all die Jahre von ihrem Mann geschlagen worden. Er hatte sie die Woche zuvor mißhandelt und an dem Tag, an dem sie dann zu uns kam, erneut auf sie eingeschlagen. Hinterher sagte er ihr, sie solle abhauen, wenn ihr ihr Leben lieb sei. Sie verließ ihn noch am selben Abend, fuhr mit ihren drei Kindern nach London und rief uns am Morgen vom Victoria-Bahnhof aus an.
Auf jede Frau, die sich aus eigener Initiative an uns wandte, kam eine, die von einer der vielen Stellen an uns verwiesen worden war, die zwar guten Rat anzubieten haben, aber kein Obdach: Städtische Beratungsstellen, Bewährungshelfer, die Samariter, Ärzte und Sozialarbeiter.
Manche von den Sozialarbeitern und Sozialarbeiterinnen – nämlich diejenigen, die ihren Beruf ernst nahmen – brachten ihre Klientinnen zu uns. Andere riefen uns an und erklärten uns, wie leid es ihnen tue, daß sie nichts für die armen Frauen tun könnten und sie zu ihren brutalen Männern zurückschikken müßten, wenn wir sie nicht aufnähmen. Dann stimmten wir unter uns ab, beschafften irgendwo noch eine Matratze und nahmen die betreffende Familie auf. Manche Sozialämter machten wenigstens kein Hehl daraus, daß sie auf uns angewie-

sen waren: die Leute in Islington setzten die Familien in ein Taxi und bezahlten ihnen den Fahrpreis bis nach Chiswick.

Die weit verbreitete Ansicht, daß nur Männer der untersten Bevölkerungsschichten ihre Frau mit Gewalt unterdrücken, trifft nicht zu; eheliche Brutalität kommt vielmehr auch in den »besten Familien« vor. Prügelnde Ehemänner finden sich unter Ingenieuren und Schweißern, leitenden Angestellten und Lastwagenfahrern, Zahnärzten und Mechanikern, praktischen Ärzten und Hilfsarbeitern. Ich denke mir oft, wie schade es doch ist, daß nur ganz wenige der Frauen aus dem Mittelstand, die zu uns kommen, damit einverstanden sind, daß man sie zitiert. Wenn sie diese Zurückhaltung aufgäben, würden wir über Nacht eine Veränderung erleben, denn es sind die Ehemänner dieser Frauen, die als Beamte, Richter, Ärzte, Anwälte und Stadträte am meisten dazu tun können, daß die Lage aller Frauen verbessert wird. Und da ich weiß, wie die Polizei im allgemeinen auf Hilferufe von mißhandelten Ehefrauen reagiert, wundert es mich nicht, daß auch schon mehrere Polizistenfrauen zu uns gekommen sind.

Für viele ist es auch einfach eine Rassenfrage. So belehrte uns einmal ein Sozialarbeiter, daß Brutalität gegenüber der Ehefrau ein westindisches Syndrom sei. Frauen anderer Rassenzugehörigkeit hätten sich bei ihm noch nie beschwert, daß sie von ihren Männern geschlagen worden seien. Die Reaktion in unserem Zentrum war: »Malt euch schwarz an, Mädchen!«

Wir haben von Anfang an gesagt, daß wir zur Zusammenarbeit mit allen bereit sind, die helfen wollen. Es zeigte sich schon bald, daß die Nachfrage nach Hilfe unsere Möglichkeiten überstieg, aber der Gedanke breitete sich schnell aus. Immer mehr Frauengruppen kamen zu uns – aus Guildford, Croydon, Southend, Canterbury, Manchester –, um sich ein Bild davon zu machen, was wir taten und wie wir es taten. Manchen dieser Gruppen ging es offenbar nur um Publicity; solche Gruppen unterstützten wir aufgrund einer Abstimmung aller Bewohnerinnen unseres Frauenhauses nicht. Wenn eine neue Idee sich durchzusetzen beginnt, treten ja leider immer gleich auch Leute auf den Plan, die sie übernehmen und für ihre eigenen Zwecke benutzen wollen. Unsere Gemeinschaft hat aber einen untrüglichen Spürsinn für so etwas, und die Betreffenden ziehen meist schon bald unverrichteter Dinge ab.

Aber den wenigen Gruppen, die nichts taugen, stehen viele andere gegenüber. Diese Frauen gehen in ihre Heimatorte zurück, wenn sie uns besucht haben, berichten ihren Freundinnen und gründen meist selbst solche Zufluchtsorte. Zu einer Konferenz im April 1974 kamen 38 Gruppen aus ganz Großbritannien sowie eine aus Dublin. Manche davon sind jetzt schon tätig. Bis Jahresende werden auch viele andere ein Frauenhaus eröffnet haben.

Das Problem ist auch nicht auf England allein beschränkt. Wir hatten schon Besuch von Reportern aus Dänemark, der Schweiz, Kanada, Deutschland und den Vereinigten Staaten. Auch in Italien und Schweden erschienen Artikel. Ein holländisches Team machte einen kurzen Fernsehfilm, der in Holland während der Hauptsendezeit ausgestrahlt wurde. Als die Sendung zu Ende war, liefen im Sendestudio die Telefone heiß; die meisten Anruferinnen fragten: »Warum dreht ihr einen solchen Film in England? Wieso nicht mit uns?«

2. KAPITEL

Eines Mannes Heim ist seine Festung

Gewalttätigkeit auf offener Straße – Raubüberfälle und andere Angriffe auf Leib und Leben friedlicher Bürger – wird als Schwerverbrechen geahndet. Normalerweise erhalten die Täter eine Haftstrafe von zehn bis 15 Jahren wegen schwerer Körperverletzung. Die Opfer erhalten volle Unterstützung seitens der Polizeibehörden. Zeitungen berichten auf der ersten Seite über solche Vorfälle. Alle Welt beklagt die Zunahme derartiger Gewaltdelikte.
Wird dasselbe Verbrechen aber hinter der eigenen Wohnungstür begangen, kümmert sich kein Mensch darum. Der folgende Bericht vermittelt eine Vorstellung davon, wie die Organe der Gesellschaft – Ärzte, Sozialarbeiter, Wohnungsamt, Rechtsanwälte, Polizei und Gerichte – mit einer Frau umspringen können, die von ihrem Ehemann tätlich angegriffen wurde.

Ich habe im März 1964 im Alter von sechzehn Jahren geheiratet. Mein Mann war damals 25 und studierte noch. Bis zur Geburt unseres vierten Kindes war unsere Ehe glücklich. Mein Mann hatte in der Zwischenzeit sein Studium abgeschlossen, eine Stelle als Dozent angenommen, sie wieder aufgegeben und sich als Bauunternehmer selbständig gemacht und war auf dem besten Wege, ein erfolgreicher Geschäftsmann zu werden. Zuerst trank er nur am Wochenende, dann immer häufiger, bis er dann jeden Abend nach der Arbeit bis lange nach Mitternacht trank.
Er kam regelmäßig schwer betrunken nach Hause und hatte dann an allem etwas auszusetzen, was ich tat oder sagte. Er jagte mir Angst ein, wenn er in dieser aggressiven Stimmung war, aber er schlug mich nie – bis zum vierten Geburtstag meines Sohnes im Jahre 1969. Er kam um halb zehn Uhr abends heim und verlangte, ich sollte James aus dem Bett holen, weil er ihm ein Geschenk geben wollte. Ich weigerte mich, ließ ihn aber zu James ins Zimmer gehen, nachdem er versprochen hatte, ihn nicht aufzuwecken. Er holte ihn trotzdem aus dem Bett und brachte ihn in die Küche, wo er mir dann die schlimmsten Sachen an den Kopf warf und mich Schlampe und Hure nannte. Ich bat ihn um eine

Erklärung, aber er sagte, er sei mir keine Rechenschaft schuldig. Ich sagte ihm, daß ich von seinem unmöglichen Betragen genug hätte, und wollte James wieder ins Bett bringen. Mein Mann gab ihn aber nicht her. James begann zu weinen und streckte die Arme nach mir aus. Ich nahm ihn meinem Mann weg, er versuchte, ihn wieder an sich zu reißen, aber James klammerte sich bei mir an. Nach etwa drei oder vier Minuten riß mein Mann den Jungen wieder an sich und versetzte mir zugleich einen Schlag hinter das rechte Ohr. Er nahm ein Brotmesser und drohte, er werde es mir in den Hals stoßen. Ich sagte ihm, ich hätte jetzt endgültig genug von ihm – Drohungen, Beleidigungen und nun auch noch Tätlichkeiten. Er antwortete, er werde mich nicht halten, aber falls ich versuchen sollte, die Kinder mitzunehmen, würde er mich umbringen. Ich nahm meinen Mantel und ging aus der Wohnung. Ich übernachtete in dem Kloster, in dem die Kinder in den Kindergarten gingen, holte sie am folgenden Tag ab und fuhr mit ihnen zu meinen Eltern. Ich blieb fast drei Wochen bei meinen Eltern, wo uns mein Mann besuchte und mich bat, wieder zu ihm zurückzukommen. Nachdem er mir versprochen hatte, daß er nie wieder tätlich werden würde, willigte ich ein. Sieben Monate später schlug er mich erneut.

Mein Mann war in dieser Zeit zunehmend besitzergreifender geworden und hatte mir sogar verboten, meine Mutter und meine Patentante zu besuchen. Er zwang mich, alle Kontakte zu meinen früheren Freundinnen abzubrechen, und sagte mir, ich sollte mich lieber mit verheirateten Frauen anfreunden. Als ich das tat, sagte er, verheiratete Bekannte seien nicht der richtige Umgang für mich – in seinen Augen war überhaupt jede Freundin, die ich jemals hatte, nicht der richtige Umgang für mich. Heute ist mir klar, daß sie eine Bedrohung für ihn waren: Er wußte, daß ich ihnen mein Leid klagen konnte, wenn er mich drangsalierte, und außerdem fürchtete er wohl, daß sie mich überreden würden, ihn zu verlassen.

Der zweite tätliche Angriff ereignete sich, als er einmal um drei Uhr morgens heimkam und einen Freund mitbrachte. Ich stand auf, als er es von mir verlangte, weil ich Angst hatte, daß er mich sonst schlagen würde. Wir saßen ungefähr eine Stunde beisammen und sprachen über Musik und Politik, aber dann fing mein Mann auf einmal an, mich anzubrüllen und zu beschimpfen. Ich ging daraufhin zu Bett, aber er rief mich wieder zurück. Ich machte dem Gast ein Bett. Mein Mann warf mir auf einmal vor, ich hätte mit seinem Freund geflirtet. Als ich ihm sagte, ich hätte seit unserer Verlobung keinen anderen Mann mehr angesehen, nannte er mich eine Lügnerin und schlug mich auf den Mund. Meine Oberlippe platzte, und der ganze Mund schwoll böse an. Wir gingen zu Bett, und als ich mich weigerte, Geschlechtsverkehr mit ihm zu haben, schlug er mich so hart auf den Hinterkopf, daß mir das Blut aus der Nase schoß, und versuchte, mich mit dem Kopfkissen zu ersticken. Ich ging diesmal ins Krankenhaus und berichtete dort, daß mein Mann mich geschlagen habe, denn nach dem ersten tätlichen Angriff hatte ich festgestellt, daß praktisch alle Ärzte sich taub stellen, wenn sie von tätlichen Auseinandersetzungen zwischen Eheleuten hören, und daß es ohne irgendwelche medizinischen Gutachten unmöglich ist, eine gesetzliche Trennung oder eine Scheidung zu erwirken. Als ich drei Tage danach vom Einkaufen heimkam, sah ich, daß alle meine Kleider, einschließlich der Schuhe, zerrissen oder aufgeschlitzt waren. Mein Mann sagte mir, die Kinder hätten ihm von einem anderen Mann erzählt, als ich im Krankenhaus gewesen sei. Er war der Meinung, ich hätte mit diesem Mann ein Verhältnis, dabei handelte es sich nur um den Bruder der Frau, die immer die Kinder von der Schule abholte. Mir blieben nur die Hosen, die ich gerade anhatte, und ich mußte meine Eltern um Geld bitten, um mir etwas zum Anziehen kaufen und am folgenden Montag wieder ins College gehen zu können.

Von da an schlug er mich regelmäßig alle vier Monate, und zwar immer, wenn er von einer Zechtour nach Hause kam. Die meisten Schläge gingen auf Gesicht und Kopf, vor allem auf die Augen; es ist bezeichnend, daß ich heute kaum noch die Reklame in der Untergrundbahn entziffern kann, während ich mit sechzehn noch sehr gute Augen hatte. Ich habe mich an die Katholische Wohnungshilfe, den Samariterverein, den Kinderschutzbund, das Wohnungsamt gewandt. Aber keiner wollte etwas von meinen Problemen wissen. Es war immer dasselbe. »Wir können Ihnen keinen Wohnraum zur Verfügung stellen, weil dann Ihr Mann gegen uns vorgehen könnte.« »Erwirken Sie eine Ehetrennung, dann werden wir Ihnen helfen.« Die Sache hat nur einen Haken. Die Gerichte sprechen keine Ehetrennung aus, wenn die Frau nicht vorher die eheliche Wohnung verläßt. Die Richter sagen: »Wenn die Situation so unerträglich ist, wie Sie behaupten, wie konnten Sie es da so lange bei Ihrem Mann aushalten?« Es ist ein einziger großer Teufelskreis, und im Mittelpunkt steht die Frau, auf die der Ehemann und die Bürokratie aus allen Richtungen eindreschen.

Einmal gab mir ein mitfühlender Arzt, der mir mein verstauchtes Handgelenk bandagiert hatte, den Rat, zum Sozialamt zu gehen. Ich bin auch gleich am Montagmorgen hingegangen. Man sagte mir, ich müsse meiner Ehe noch eine Bewährungszeit lassen. Da ich damals schon fünfeinhalb Jahre verheiratet war, hielt ich das für überflüssig. Als ich das der Fürsorgerin sagte, wurde sie ziemlich pampig und sagte mir, daß es unmöglich sei, mir eine vorläufige Unterkunft zur Verfügung zu stellen, daß aber eine Fürsorgerin kommen und mit meinem Mann sprechen werde. Das geschah auch, und nach vier vergeblichen Versuchen traf ihn die Fürsorgerin auch tatsächlich zu Hause an. Zuerst war er sehr höflich und nett zu ihr, aber am Schluß sagte er ihr, sie solle die Wohnung verlassen und sich um ihre eigenen Angelegenheiten kümmern. Er würde selbst für die Kinder sorgen, falls ich ihn verließ.

Das nächste Mal ging ich auf dieses Amt, nachdem mein Arzt schon dort angerufen und den zuständigen Leuten gesagt hatte, daß meine Situation für mich unzumutbar sei und man für Abhilfe sorgen müsse. Man sagte mir, ich solle die Kinder bei meinem Mann lassen. Er würde sich schon um sie kümmern. Ich machte sie darauf aufmerksam, daß mein Mann drei Wochen zuvor zu einer Strafe mit Bewährung verurteilt worden war und in der folgenden Woche erneut wegen Körperverletzung vor Gericht stehen würde. Ich bekam zur Antwort, daß man, falls es sich herausstellen sollte, daß mein Mann nicht angemessen für die Kinder sorge (wofür im Augenblick aber noch keine Anzeichen vorlägen), die Kinder in ein Heim bringen werde. Die Kinder litten aber alle unter der unerträglichen häuslichen Atmosphäre und hatten fast alle Tätlichkeiten meines Mannes miterlebt. Ich hielt es deshalb nicht für angebracht, mich an den Rat der Fürsorgerin zu halten.

Mir wurde klar, daß ich es durchstehen mußte, bis sich mir ein Tor zu einem besseren Leben auftun würde. Zu der Zeit, als ich ans College zurückkehrte, hatte ich über 500 Pfund gespart und mir vorgenommen, weiterzusparen, bis ich die Anzahlung für ein Haus zusammen hatte. Mein Mann kam dahinter, daß ich Ersparnisse hatte, und gab mir von da an kein Geld mehr. Ich lebte von meinen Ersparnissen, und als sie aufgebraucht waren, verließ ich das College und ging arbeiten. Ich wußte damals noch nicht, daß es Sozialhilfe gibt.

Zwischen 1969 und 1972 wurde ich 27mal brutal mißhandelt. Zehnmal mußte ich anschließend für zwei oder mehr Tage ins Krankenhaus. Einmal verlor ich das Kind, das ich erwartete. Die Polizei kam in jedem dieser Fälle, und die Beamten zeigten Mitgefühl, unternahmen aber ansonsten nichts, außer daß sie mir rieten, meinen Mann anzuzeigen. Davor scheute ich aber zurück, weil ich wußte, daß er mich dann erst recht erbarmungslos zusammenschlagen und ich womöglich nicht mit dem Leben davonkommen würde. Schließlich konnte ich es aber nicht mehr aushalten. Nachdem er versucht hatte, mich mit der Telefonschnur zu erdrosseln, zeigte ich ihn an, und er wurde zu einer Geldstrafe von 25 Pfund verurteilt und bekam die Auflage, mich künftig nicht mehr tätlich anzugreifen. Die Strafe mußte ich vom Haushaltsgeld bezahlen. Bevor dieser Fall verhandelt wurde, war er eines Nachts betrunken nach Hause gekommen und hatte mich zu überreden versucht, die Anzeige zurückzuziehen. Als ich das ablehnte, geriet er in Wut und schlug mich derart, daß ich eine Platzwunde am Kopf bekam. Für dieses Vergehen wurde er mit dreijähriger Bewährungsfrist verurteilt. Als er kaum einen Monat später erneut wegen schwerer Körperverletzung vor Gericht stand, erhielt er eine Haftstrafe mit Bewährung. Zwei Wochen nach der letzten Gerichtsverhandlung zerriß mein Mann mir den Mantel, trat meinem Terrier ins Gesicht und brach mir fast einen Finger bei dem Versuch, mir den Ehering abzustreifen; als er ihn endlich hatte, zerbeulte er ihn und warf ihn aus dem Fenster. Das alles spielte sich an unserem achten Hochzeitstag ab. Am folgenden Tag verließ ich unsere Wohnung. Mein Mann wollte mich bei meinen Eltern sprechen. Sie ließen ihn zweimal ins Haus, und beim dritten Mal drang er nachts gewaltsam ein. Ich war mit meiner achtzehn Jahre alten Schwester und den Kindern allein im Haus. Wir ließen die Polizei kommen, und nachdem er weitere acht Vorladungen bekommen hatte, setzte er sich nach Irland ab. Einen Monat danach war er wieder im Lande und erschien häufig in unserer früheren Wohnung, die ich wieder bezogen hatte. Er schlug mich, versuchte mich daran zu hindern, die Kinder aus der Wohnung zu nehmen, brach eine Tür aus den Angeln, die auf das Bett meiner Tochter fiel und knapp ihren Kopf verfehlte, und zog schließlich wieder ein, woraufhin ich sofort die Wohnung verließ. Die Leute sagen, daß nur deshalb so viele Frauen sich eine solche Behandlung gefallen lassen, weil sie ihre Rechte nicht kennen. Nun, ich kannte meine Rechte. Ich teilte meinem Rechtsanwalt mit, daß ich meinen Mann per Gerichtsbeschluß zwingen wollte, die Wohnung zu räumen. Der Anwalt willigte ein, meinte aber, ich müßte erst einmal meinerseits ausziehen. Ich machte ihm klar, daß ich keine andere Bleibe hatte. Dann zog mein Mann wieder aus. Der Anwalt meinte, jetzt sei kein Gerichtsbeschluß mehr notwendig. Nachdem ich im November 1972 meinen Mann endgültig verlassen hatte, bat ich den Anwalt erneut, den Gerichtsbeschluß zu beantragen. Er meinte aber, das Gericht werde sich auf den Standpunkt stellen, daß ich ja woanders untergekommen sei, und den Beschluß verweigern. Ich ließ mich überzeugen, aber jetzt hat mein Mann die Wohnung aufgegeben. Ich habe jetzt weder Geld noch Wohnung, und zahllose körperliche und seelische Narben erinnern mich an mein Leben mit einem eifersüchtigen, dem Trunk ergebenen Mann. Aber ich bin wieder glücklich, und ich weiß, daß es mir gelingen wird, mein Leben und das meiner Kinder neu aufzubauen. Glücklicherweise war ich seelisch robust genug, um das alles durchzustehen, ohne völlig zusammenzubrechen. Und es hat den Anschein, daß auch meine Kinder bei alledem keinen bleibenden Schaden davongetragen haben.

Gewalttätigkeit in der Ehe, in der Familie, ist nichts Neues, und weil es nicht Neues ist, fällt es uns schwer, sie als das zu sehen, was sie wirklich ist. Die Leute haben sehr viel Übung darin, sie zu übersehen. Sie schauen einfach weg oder gehen auf die andere Straßenseite. Es kommt sogar vor, daß sie den Fernseher lauter stellen, damit sie das Schreien und Schluchzen aus der Nachbarwohnung nicht mehr hören.
Die wenigsten von uns sind bereit, sich in Fällen von Brutalität unter Eheleuten zu engagieren. Wir haben alle einen primitiven Mechanismus in uns, der uns sagt, daß Unglück ansteckend ist. Diejenigen, die vom breiten Weg des Erfolges abkommen, müssen deshalb auf Distanz gehalten werden, damit sich ihr Unglück nicht auch auf die Beobachter überträgt. Daß ich selbst mich so eingehend mit diesen Dingen befasse, liegt daran, daß ich weiß, wie so etwas ist. Ich bin seit vierzehn Jahren glücklich verheiratet und denke nur ganz selten an meine Kindheit zurück und versuche, die Erinnerung daran zu verdrängen, aber wenn mir eine vor Angst zitternde Frau gegenübersitzt, weiß ich im Innersten ganz genau, wie sie und ihre Kinder sich fühlen müssen, und im Gegensatz zu den meisten Leuten, an die sie sich bisher gewandt hat, weiß ich aufgrund meiner eigenen Erfahrungen, daß sie nicht übertreibt.
Als ich zum erstenmal engeren Kontakt mit mißhandelten Frauen und Müttern aufnahm, fand ich es beunruhigend, daß sich in dieser Hinsicht seit meiner Kindheit offenbar nichts geändert hat. Im Gegenteil, manches ist noch schlimmer geworden. Es gibt kaum noch Großfamilien. Früher konnte man eingreifen, wenn man zur »Familie« gehörte. Heute aber wohnen die Angehörigen oft Hunderte von Kilometern entfernt. Und für Fremde ist die Wohnung eines Mannes seine Festung, in die kein Außenstehender eindringen darf.
Diese Konvention muß überprüft werden, es müssen im Interesse der Menschlichkeit Mittel und Wege gefunden werden, die Frauen und Kinder zu schützen, die in diesen Festungen gefangengehalten werden. Der Mann hat schon immer die Möglichkeit gehabt, sich aus einer unglücklichen Ehe zurückzuziehen, weil er das Geld hatte und nur selten die Verantwor-

tung für die Kinder trug. Dagegen muß sich die Frau meistens um die Kinder kümmern, und sie hat in den meisten Fällen weder eigenes Geld noch eine Bleibe. Für eine alleinstehende Frau mit Kindern ist es unmöglich, sich auf dem freien Markt eine Mietwohnung zu beschaffen. Die Vermieter nehmen wegen des Kündigungsschutzgesetzes von vornherein keine Familien auf.

Menschen, die mißhandelt werden, reden im allgemeinen nicht darüber, oft aus Angst, daß es ihnen noch schlechter ergeht, falls sie etwas über die Mißhandlungen verlauten lassen. Viele der Frauen, die uns schreiben, bitten uns, ihnen über die Adresse von Bekannten oder über die Eltern zu antworten, weil sie fürchten müssen, daß sie gleich wieder verprügelt werden, wenn der Ehemann dahinterkommt, daß sie sich uns anvertraut haben.
Eine Frau rief uns immer an, wenn ihr Mann außer Haus war, und klagte uns unter Tränen ihr Leid. Sie war körperbehindert. Ihr Mann, ein Alkoholiker und Spieler, hatte die Räder ihres Rollstuhls mit Vorhängeschlössern blockiert. Er kam manchmal tagelang nicht nach Hause und ließ sie hilflos auf dem Boden liegen. Aber ihren Namen wollte sie uns nicht nennen. Wir versuchten oft stundenlang am Telefon, sie zu überzeugen, daß wir ihr helfen konnten, aber sie hatte zuviel Angst vor ihrem Mann.
Manche schweigen aus falschverstandener Rücksicht oder weil sie den Schein wahren wollen. Sie schämen sich zuzugeben, daß sie geschlagen werden, und wollen nicht, daß die Nachbarn etwas davon erfahren. Mehrere Frauen entschlossen sich nur deshalb, uns zu schreiben, weil sie aus Radio- und Fernsehsendungen erfahren hatten, daß sie nicht die einzigen waren, denen es so erging:

Sehr geehrte Mrs. Pizzey,
bitte helfen Sie mir. Mein Mann mißhandelt mich, und ich halte das nicht mehr aus. Ich habe niemanden, dem ich mich anvertrauen könnte. Ich habe nur einen einjährigen Sohn, sonst bin ich ganz allein. Mein Mann läßt sich zu Zornesausbrüchen hinreißen, und manchmal sind meine Arme ganz blau und schwarz von seinen Schlägen. Vor zwei Wochen schlug er mich auf die Nase, und ich bekam fürchterliches Nasenbluten. Dann versuchte er mich eines Nachts im Bett zu erwürgen und ließ erst von mir ab, als er sah, daß ich ohnmächtig geworden war. Ich konnte danach

tagelang nur mit Mühe schlucken. Bisher habe ich mich immer geschämt, jemand anderen um Hilfe zu bitten, aber nach der gestrigen Sendung im Radio faßte ich Mut und entschloß mich, etwas zu unternehmen, um mich aus dieser miserablen Lage zu befreien.

Voriges Jahr am Heiligen Abend lief ich auf die Straße, als mein Mann mich geschlagen hatte, und wollte schon zur Polizei gehen, aber er lief mir nach und schleifte mich in die Wohnung zurück und schlug mich erneut. Bitte helfen Sie mir. Ich fühle mich so elend. Wenn mein Kind nicht wäre, würde ich Sie nicht mit meinen Sorgen behelligen.

Letzte Nacht überlegte ich mir zum erstenmal, wie ich es anstellen könnte, meinen Mann nachts im Bett zu töten. Vorher hatte er mich wieder einmal mißhandelt, weil ich seine Zärtlichkeiten zurückgewiesen hatte. Ich gebe mir wirklich die größte Mühe, gut mit ihm auszukommen, aber ich bringe es einfach nicht über mich, mit ihm zu schlafen; es wäre die pure Heuchelei, denn ich empfinde absolut nichts mehr für ihn. Einzig und allein der Gedanke an mein Kind und den Makel, den es sein Leben lang mit sich herumtragen müßte, hielt mich davon ab, meinen Mann umzubringen.

Ich habe die Anzahlung für unser Haus aufgebracht, und es ist auf uns beide eingetragen. Auch der Hausrat gehört mir, ich habe ihn von meinem Geld gekauft.

Meine Mutter ist kürzlich gestorben und hat mir und meinem Sohn eine kleine Erbschaft hinterlassen. Ich möchte jetzt irgendwo ein bescheidenes Zuhause für mich und meinen Sohn finden, aber ich muß das alles ohne Wissen meines Mannes machen, damit er nie erfährt, wo wir sind. Bitte helfen Sie mir.

Bedfordshire

Sehr geehrte Mrs. Pizzey!
Beim Lesen des Artikels in der heutigen *News of the World* schnürt sich mir die Kehle zusammen, denn ich habe vor fünfzig Jahren ein ähnliches Martyrium durchgemacht. Damals verheimlichte man so etwas, um den guten Ruf nicht zu verlieren. Wir hatten einen Bauernhof in Wales gepachtet, und immer, wenn mein Mann einen schlechten Verkaufstag hatte, mußte ich mich vor ihm in acht nehmen. Ich brachte dann die Kinder immer früh zu Bett, damit sie nichts davon merkten.

Gott sei Dank lassen sich die heutigen Frauen nicht mehr soviel gefallen. Wir hatten später einen Hof in England. Mein Mann mißhandelte mich immer noch. Ich schrieb dem Arzt, er möchte am Markttag zu mir kommen, wenn mein Mann nicht da war. Er sagte mir, er könne gegen meinen Mann Anzeige erstatten, und riet mir, in ein anderes Zimmer zu gehen, wenn er in einer solchen Stimmung sei, denn er könne mir nicht garantieren, daß er mich nicht eines Tages ernsthaft verletzen würde. Und was bekam ich dafür, daß ich meine vierköpfige Familie so gut es ging vor diesem unmöglichen Betragen abschirmte?

Als mein jüngster Sohn geheiratet hatte, verließ ich meinen Mann, aber für die geleisteten Dienste hinterließ er mir nichts. Die Enkelkinder bekamen immerhin jeder 500 Pfund, die vor vielen Jahren zu ihren Gunsten in eine Bausparkasse eingezahlt worden waren. Ich habe nie auch nur einen Penny Unterhalt bezogen und mußte mich durch meiner Hände Arbeit über Wasser halten. Meine Söhne haben gute Stellungen, und ab und zu schicken sie mir einen Scheck. Nach der Beerdigung meines Mannes hatte ich gerade noch 100 Pfund übrig. Keine Frau sollte sich aus falscher Scham eine solche Behandlung gefallen lassen. Stellt die Lumpen bloß! Ich wollte, ich hätte selbst den Mut dazu gehabt.

Sie werden jetzt verstehen, warum ich für diese Frauen tiefes Mitgefühl empfinde. Ich wurde angeschrien und geschlagen, wenn ich nicht an Sex interessiert war. Aber welche Frau könnte unter solchen Umständen noch zärtliche Gefühle aufbringen? Alles Gute Ihnen und Ihren Mitarbeiterinnen. Ich selbst kann Ihnen mit meinen bald achtzig Jahren nicht mehr von Nutzen sein.

Mrs. B. M.

Trotz aller Bemühungen, nicht laut zu schreien, wissen die Nachbarn fast immer Bescheid. Meist ist es ihnen peinlich, und sie tun so, als wüßten sie von nichts, auch wenn ihnen das keiner abnimmt. Denken Sie an Sue und Bert: erst als Bert die Mauer zum Nachbarhaus durchbrach, holten die Nachbarn die Polizei.

Eine Frau hatte einmal ihre Nachbarin in ihrer Wohnung aufgenommen, nachdem deren Mann sie verprügelt und ausgesperrt hatte, aber als sie gebeten wurde, den Antrag ihrer Nachbarin auf Ehetrennung durch ihre Zeugenaussage zu stützen, erklärte sie, das gehe nicht, *weil ihr Mann nicht wolle, daß sie sich da hineinziehen lasse.*

Wenn die sogenannten Mitmenschen die Tatsache, daß manche Frauen ständig von ihren Männern mißhandelt werden, nicht mehr ignorieren können, suchen sie nach einer Erklärung, die den Frauen selbst die Schuld an ihrem Elend zuschiebt. Damit rechtfertigen sie dann ihre Untätigkeit vor sich selbst und vor anderen. Sie brauchen kein schlechtes Gewissen mehr zu haben. Sie reden sich so lange ein, daß die Frauen selbst zur Gewalttätigkeit neigen oder eine Vorliebe für brutale

Männer haben, bis sie selbst daran glauben. Dann können sie sagen, daß die Frauen sich diese Behandlung selbst zuzuschreiben haben oder daß sie es gar nicht anders wollen und eine solche Behandlung im Grunde sogar genießen. Ihre Qualen lassen sich auf diese Weise als gerechte Strafe oder als lustbetonte Schmerzen abtun. Man braucht sich dann keine Gedanken mehr zu machen über die gebrochenen Nasenbeine und zerschundenen Lippen, über die Rippenbrüche und Fehlgeburten... Oft geht mit dieser Art der Verharmlosung auch noch die Ansicht einher, Frauen, die unter solchen Umständen bei ihrem Mann bleiben, hätten eben einfach kein Rückgrat.
Bei unseren öffentlichen Diskussionen ist regelmäßig jemand da, der diese Ansicht vertritt. Sie ist geradezu typisch für die wohlmeinende Öffentlichkeit. Als Beispiel mag der folgende Brief dienen:

Mr. Jimmy Young, BBC, 2. Programm

Sehr geehrter Mr. Young,
ich habe gestern das Interview mit den zwei Frauen über Mißhandlungen von Ehefrauen nicht von Anfang an mitbekommen, es kann also sein, daß mir wichtige Einzelheiten entgangen sind. Ich möchte aber die folgende Frage stellen: »Warum lassen sich die Frauen eine so fürchterliche Behandlung gefallen?« Haben sie denn überhaupt keine Selbstachtung? Es ist mir klar, daß es in bestimmten Fällen nicht leicht für eine Frau ist, ihren Mann zu verlassen, vor allem, wenn Kinder da sind, aber ich meine auch von Fällen gehört oder gelesen zu haben, in denen die Frauen finanziell gesichert waren und keine Kinder hatten, *trotzdem* aber bei ihren Männern blieben. Ich persönlich würde mir so etwas bestimmt nicht gefallen lassen. Ich sage immer, ein Mann würde mich nur ein einziges Mal schlagen, und ich bin über vierzig Jahre verheiratet und habe allerhand durchmachen müssen.
Wenn ich höre, daß es Frauen gibt, die sich jahrelang solche Brutalitäten gefallen lassen, frage ich mich unwillkürlich, ob nicht manche davon ein perverses Vergnügen an solchen Mißhandlungen finden. Bitte verstehen Sie mich nicht falsch. Ich habe vollstes Mitgefühl mit jeder Frau, die schlecht behandelt wird, aber ich muß mich manchmal fragen, was eigentlich dahintersteckt, wenn sich normale (?) Erwachsene solche Freiheiten herausnehmen bzw. sie dulden. Bitte lassen Sie nicht nach in Ihrem Interesse für diese und andere menschliche Probleme. Ich würde wirklich gerne wissen, was die Menschen dazu treibt, sich so zu verhalten, wie sie es offenbar tun.

Was immer ein Mensch einem anderen antut, keiner hat es »verdient«, daß ihm die Rippen eingetreten oder das Nasenbein gebrochen wird. Es gibt auch Frauen, die zur Gewalttätigkeit neigen, aber das sind ganz seltene Ausnahmen. Die meisten Ehefrauen lassen sich keinerlei Provokation zuschulden kommen. Sie bekommen Faustschläge ins Gesicht, wenn sie vergessen haben, ein Hemd zu bügeln, werden mit kochendheißem Wasser verbrüht, wenn dem Mann das Essen nicht schmeckt. Und sie werden ohne jeden Anlaß geschlagen.

Sehr geehrte Mrs. Pizzey,
vor einigen Wochen sah ich Ihre Sendung über Mißhandlungen an Ehefrauen, und ich war sehr überrascht, daß es so viele Frauen gibt, die von ihren Männern geschlagen werden.
Mein Mann schlägt mich auch fürchterlich, ob er betrunken ist oder nicht. Er verdient 36 Pfund in der Woche, und davon gibt er mir 6 Pfund für den Haushalt. Ich muß davon die Milch, die Zeitungen, ein warmes Essen jeden Abend, das Essen für mich und die Kinder und das Futter für den Hund bezahlen.
Ich bin 28 Jahre alt, aber schon ein körperliches Wrack. Ich bin 1,75 Meter groß und wiege nur 52 Kilo, 12 Kilo weniger als zu der Zeit, als ich meinen Mann kennenlernte. Seit zwei Jahren habe ich mir nichts mehr zum Anziehen kaufen können, und er schlägt mich, wenn er meint, daß ich nicht ordentlich aussehe. Den Rest des Geldes gibt er für Alkohol und für seine eigenen Kleider aus. Unser Sohn hat praktisch nur abgelegte Sachen von seinem Cousin. Es vergeht kein Tag, an dem ich nicht stundenlang weine.
Als junges Mädchen war ich fröhlich und aufgeweckt. Nach dem Grundschulabschluß bin ich noch zwei Jahre auf eine weiterführende Schule gegangen. Meinen Mann lernte ich kennen, als ich in einem Hotel das Praktikum für ein Betriebswirtschaftsstudium machte. Weil er immer allein kam, nahm ich an, daß er unverheiratet sei, und nach einiger Zeit gingen wir miteinander. Erst viel später erfuhr ich, daß er verheiratet war, aber da waren wir schon sehr ineinander verliebt, und außerdem erwartete ich ein Kind von ihm. Er verließ um meinetwillen seine Frau, und die Scheidung ist jetzt fast perfekt. Ich habe heute noch das Gefühl, daß ich daran schuld bin, daß diese Ehe kaputtgegangen ist, obwohl er mir ja die Wahrheit verschwiegen hatte.
Mein Mann nahm mich überallhin mit, bis unser Sohn geboren wurde. Seither geht er immer noch jeden Abend aus. Zehnmal ist er in der Nacht überhaupt nicht nach Hause gekommen. Manchmal trudelt er am Nachmittag des folgenden Tages ein, wenn die Kneipen zugemacht haben, und dann verlangt er von mir, daß ich

ihm noch ein Mittagessen vorsetze. Wenn ich ihn frage, wo er gewesen ist, haut er mir einfach eine rein.

Ich bin seit über vier Monaten nicht mehr ausgegangen. Weil er mir nur 6 Pfund Haushaltsgeld gibt, habe ich eine ganztägige Arbeit angenommen und lasse meinen Sohn den ganzen Tag in der Obhut einer Kinderpflegerin, was mir gar nicht gefällt, aber ich sehe ihn wenigstens jeden Tag in der Mittagspause. Am Anfang habe ich meinen Lohn immer zu Hause aufgehoben, aber mein Mann kam dahinter und nahm sich mehrmals etwas von dem Geld, um es zu vertrinken, deshalb bringe ich es jetzt am Zahltag auf mein Postsparkonto.

Das Komische ist, daß er seinen Sohn gern hat und ihn nie schlagen würde, obwohl er mich vor dem Kind schlägt. Gleich nach Weihnachten brachte er mir eine Platzwunde am Kopf bei, die mit vier Stichen genäht werden mußte, bloß weil ich ihm Vorhaltungen gemacht hatte, weil er die ganzen Weihnachtsfeiertage in den Kneipen verbracht und unserem Sohn nicht einmal ein Geschenk gekauft hatte.

Vor einem Monat verbrühte er mich mit heißem Wasser, so daß ich eine Narbe am rechten Arm behalten habe, bloß weil ich ihm zum Mittagessen nur eine Fleischpastete und Gemüse vorgesetzt hatte und kein frisches Fleisch. Als ich zur Behandlung der Brandwunden in die chirurgische Ambulanz gehen wollte, schlug er mich so zusammen, daß ich nicht mehr laufen konnte.

Vor zwei Wochen hat er mich mit voller Wucht ins Gesicht geschlagen, so daß ich mich eine volle Woche nicht aus der Wohnung wagte. Der Arzt stellte dann fest, daß meine oberen Zähne wahrscheinlich tot sind und daß mein Kieferknochen gebrochen ist.

Meine Eltern wollen mich nicht mehr sehen und haben mir jeden Umgang mit meinen beiden jüngeren Schwestern verboten. Seit Monaten habe ich nichts mehr von ihnen gehört, und mit jedem Tag steigt meine Sehnsucht, sie einmal wiederzusehen.

Alle meine alten Bekannten und Freunde in B. waren sehr nett zu mir, als ich sie besuchte. Ich habe schon oft an Selbstmord gedacht, aber der Gedanke an meinen Sohn hält mich immer wieder davon ab. Aber ich weiß nicht, ob ich nicht doch eines Tages Schluß mache.

Weder die Sozialfürsorgerin hier am Ort, noch der Gemeinderat ist bereit, mir zu helfen.

Ich würde furchtbar gern wieder nach B. zurückkehren und unter Menschen, die ich kenne und die mich mögen, ein neues Leben anfangen. Ich schrieb an den Gemeinderat von B., aber sie konnten mir keine Wohnung beschaffen. Ich weiß, daß ich mich umbringen werde, wenn ich nicht nach B. zurück kann, so fertig

bin ich. Ich liebe meinen Mann nicht mehr, aber es hat den Anschein, daß die gesellschaftlichen Umstände mich zwingen, bei ihm zu bleiben.
Er denkt nicht daran, mich zu verlassen, weil ich ihm die Wäsche wasche und das Essen koche. Ich muß es tun, denn sonst schlägt er mich. Ich schreibe Ihnen das nicht, weil ich bemitleidet werden will. Ich mußte es mir nur einmal alles von der Seele schreiben. Ich wollte nur, es würde sich herumsprechen, daß es viele Männer von derselben Sorte wie meinen Mann gibt. Die meisten denken nämlich, daß irgendwo die Frau doch selbst schuld haben muß.

Ein zwölfjähriger Junge berichtet, warum er zu einer Beratungsstelle von Women's Aid kam:

Ich bin in dieses Haus gekommen, weil mein Papa ohne jeden Grund meine Mama geschlagen hat. Einmal, als ich am Abend aus der Schule kam, hatten meine Mama und mein Papa Streit, und dann ist eine richtige Prügelei daraus geworden, und mein Papa hat meine Mama quer durchs ganze Zimmer geschmissen und dann kaltes Wasser auf sie geschüttet. Er fährt immer am Wochenende mit seinen Freundinnen weg, und manchmal schlägt er uns, obwohl wir ihm überhaupt nichts getan haben. Meine Mama ist ihm schon einmal davongelaufen, aber er hat herausgekriegt, wo wir waren, und hat versprochen, daß er sie nicht mehr schlagen wird, deshalb sind wir dann zu ihm zurückgekommen. Ein paar Wochen lang ging es gut, aber dann hat er wieder damit angefangen, weil er gesagt hat, daß meine Mama einen Freund hat. Jeden Abend ist mein Papa gekommen und hat mit meiner Mama geschimpft. Ich hab nie richtig schlafen können. Als meine Mutter mal mit meiner Schwester Sharon zum Einkaufen gegangen ist, da sind sie erst zu einer Freundin von meiner Mama gegangen und dann einkaufen. Als sie heimgekommen sind, hat er gefragt: »Wo bist du denn so lange gewesen?« Sie hat es ihm gesagt, aber er hat es ihr nicht geglaubt und hat sie zu schlagen angefangen. Meine Mama hat Sharon zugerufen, sie soll es ihm sagen, aber er hat es immer noch nicht geglaubt, deshalb hat meine Mama mir gesagt, ich soll zu ihrer Freundin gehen, damit die kommt und meinem Papa sagt, daß sie bei ihr gewesen ist, und da bin ich zu ihr gerannt und hab sie geholt. Als sie bei uns war, hat sie meinem Papa gesagt, sie wird die Polizei holen, aber die ist nicht gekommen.
Mein Papa fragte uns: »Wo ist denn Tony?« Wir haben gesagt, wir wissen es auch nicht, aber ich bin hinausgerannt und habe Tony gesagt, er soll nicht reinkommen, weil der Papa ihn dann bestimmt verhaut, und Tony hat sich gefürchtet und war richtig aufgeregt. Wie es dann schon spät war, hat meine Mama mir gesagt, ich soll

Tony suchen und ihm sagen, daß er jetzt heimkann, weil der Papa weggegangen ist. Ich hab' Tony gefunden, und wir sind zusammen heimgegangen. Mein Papa ist der größte Schläger im ganzen Wohnblock. Er hat sie aufs Auge und auf den Arm geschlagen, und sie hat blaue Flecken davon bekommen. Meine Mama mußte mit einem weißen Tuch vor den Augen ins Krankenhaus fahren. Ich mußte mitgehen, und alle haben auf ihr Auge gesehen. Als wir im Krankenhaus angekommen waren, hat der Doktor sie gefragt, was mit dem Auge passiert ist, und sie hat es ihm gesagt, und dann wurde das Auge durchleuchtet. Sie haben ihr dann was auf das Auge getan und wir sind wieder heimgefahren.
An einem Sonntagnachmittag hab ich Fußball gespielt, und mein Papa ist heimgekommen und hat gefragt, wo Mama ist. Ich hab gesagt, sie ist bei Mrs. T., ihrer Freundin. Er ist hingegangen und hat geklingelt. Jemand hat ihm aufgemacht, und er ist gleich rein und hat meine Mama ins Gesicht geschlagen und ist wieder raus. Meine Mama hat im Gesicht geblutet, und die Lippen waren aufgeplatzt. Meine Mama ist dann heimgekommen, und mein Papa hat nichts zu ihr gesagt.
Am anderen Tag in der Frühe hat er ihr mit einem Messer gedroht. Dann ist er weggegangen. Er ist wiedergekommen und gleich ins Schlafzimmer gegangen. Nach fünf Minuten ist er herausgekommen und hat gefragt: »Wo ist der Brief, der in meiner Tasche gesteckt hat?« Er hat sie gepackt und gesagt: »Such ihn gefälligst.« Da hat sie ihm gesagt, daß sie nie in seinen Taschen nachschaut. Er hat in der anderen Tasche nachgesehen, und da war er drin. Dann hat er mit ihr Streit angefangen. Er ist in die Küche gegangen, hat eine lange Gabel geholt und sie damit geschlagen. Dann ist er gegangen und hat gesagt, daß er in der Nacht heimkommt, und meine Mama hat gesagt, daß sie nicht mehr länger in diesem Haus bleibt, und wir haben ein paar Sachen eingepackt und sind am nächsten Tag gleich in der Frühe zum Rathaus gegangen.
Solche Sachen muß sich meine Mutter gefallen lassen. Zu Weihnachten hat er uns nichts gekauft, und zum Geburtstag auch nichts. Jetzt wissen Sie, warum wir hier sind.

Was den Einwand betrifft, »Denen gefällt das ja«, muß ich sagen, daß ich noch keinen Menschen kennengelernt habe, der es schön findet, wenn man ihm den Kiefer einschlägt oder einen Wirbelbruch zufügt. Niemand nimmt so etwas auf sich, nur um den Märtyrer spielen zu können. In den meisten Fällen bleibt den Frauen überhaupt keine Wahl. Und wenn sie bei ihren Männern bleiben, heißt es: Wenn eine Frau einem solchen Mann nicht davonläuft, muß man annehmen, daß ihr die Behandlung gefällt. Die Wahrheit ist, daß diese Frauen nur deshalb ihren Männern nicht davonlaufen und diese Behandlung erdulden, weil sie nirgendwo sonst unterkommen würden. Da man aber aus ihrem Bleiben schließt, daß sie gar nicht weg *wollen*, wird auch nichts unternommen, ihnen ein Weggehen zu ermöglichen. Also bleiben sie und lassen sich weiter mißhandeln und müssen sich auch noch sagen lassen, daß sie es ja gar nicht anders wollen. In diesem Teufelskreis sind Tausende von Frauen gefangen.

Die Psychiater-Version des Arguments »die mögen das« lautet, daß Frauen, die von ihren Männern mißhandelt werden, sich von vornherein unbewußt einen Mann aussuchen, der sie schlagen wird. Für den Psychiater sind diese Frauen »Opfer«, die nur mit einem zur Gewalttätigkeit neigenden Mann glücklich werden können. Ich streite es entschieden und gegenüber jedem ab, daß Frauen, die solche Männer heiraten, solche geborenen Opfer sind, denn das stimmt einfach nicht. Es sind ganz normale Menschen, die nicht wissen, wo sie hinsollen, und niemanden haben, dem sie sich anvertrauen könnten. Daß eine Frau sich in ihrer Ehe in der Situation des »Opfers« befindet, heißt noch lange nicht, daß man ihr das Etikett »geborenes Opfer« anhängen und sie damit zu »lebenslänglich« verurteilen kann.

Wenn natürlich ein Psychiater mit dieser vorgefaßten Meinung an solche Fälle herangeht, wird er seine Ansicht auch bestätigt finden. Ein Psychiater, der einmal in unser Heim kam, ließ sich nicht von diesem Standpunkt abbringen, so sehr wir auch versuchten, ihn vom Gegenteil zu überzeugen. Wir beendeten das Gespräch, ohne daß wir zu einer Einigung gekommen wären, aber anschließend ging er noch in den Garten hinaus. Janet und Jenny hatten eine solche Wut auf ihn, daß sie ihn ziemlich unsanft mit einem Fußball anschossen. Aber selbst darauf reagierte er nicht – er lächelte nicht, brummte nicht, schrie die beiden nicht an, fluchte nicht, schoß den Ball nicht zurück, nichts. Er behielt seinen kühlen Kopf und seine vorgefaßte Meinung, bis er sich verabschiedete, und sicherlich denkt er auch heute noch so.

Man sieht also, daß für die Gesellschaft der Fall, daß eine Frau ahnungslos und ohne eigene Schuld einen gewalttätigen Mann heiratet, überhaupt nicht existiert. Man kann seine Ehe für nichtig erklären lassen, wenn man herausfindet, daß der Partner zur Zeit der Eheschließung von einer ansteckenden Geschlechtskrankheit befallen war. Dagegen wird einem der

Schutz des Gesetzes versagt, wenn man – wie Margaret – herausfindet, daß der Ehemann wegen Gewalttätigkeit vorbestraft ist. Margaret erfuhr die Wahrheit über ihren Mann viel zu spät. Zu der Zeit hatte er ihr schon zweimal das Schlüsselbein gebrochen, und sie war schwanger.

Genauso wenig kommt es verliebten jungen Mädchen in den Sinn, ihren Verlobten zu fragen: »Warst du schon einmal in psychiatrischer Behandlung?« Es ist nicht üblich, daß man sich vor der Heirat psychiatrisch untersuchen läßt, während eine voreheliche Untersuchung auf den körperlichen Gesundheitszustand für viele zur Selbstverständlichkeit geworden ist. Viele Mädchen heiraten jung, ohne zu ahnen, worauf sie sich einlassen.

Lucy hatte langes blondes Haar, ein sehr sanftes ausdrucksvolles Gesicht und ein Lächeln, mit dem sie jeden sofort für sich einnahm. Sie hatte zwei Kinder. Das ältere war sieben, ein sehr aufgeweckter, wißbegieriger Junge. Was einem als erstes an ihm auffiel, war seine heiße Liebe zu seinem vierjährigen Schwesterchen, das er in rührender Weise bemutterte. Die beiden waren unzertrennlich. Keiner ging ohne den andern weg, und sie verteidigten und beschützten einander ohne Rücksicht auf Verluste.

Lucy hatte es als Kind nicht leicht gehabt, denn ihr Vater war fortgegangen, als sie noch ein kleines Mädchen war, und ihr Stiefvater war brutal und gemein zu ihr gewesen. Um so mehr liebte sie ihren kleinen Sohn, der ihr selbst in vielem ähnlich war. Lucy war noch sehr jung gewesen, als sie Julian bekam, und sie hatte sich und ihn durchgebracht, indem sie ganztägig arbeitete und den Kleinen bei ihrer Mutter ließ.

Ihren späteren Mann lernte sie auf einer Party kennen, und vor der Heirat war er nett und zärtlich zu ihr. Er war überdurchschnittlich begabt und intelligent, und das gefiel Lucy, weil sie sich selbst auch noch weiterbilden wollte. Als sie zu uns kam, waren gerade zwei Gedichte von ihr veröffentlicht worden. Zwei Tage nach der Hochzeit bekam er einen Wutanfall, weil sie ein Hemd nicht gebügelt hatte, und verprügelte sie. Er schlug ihr beide Augen blau und brach ihr das Nasenbein. Als er auch hinterher kaum Reue zeigte, gestand Lucys Schwiegermutter schließlich, daß ihr Sohn mit sieben Jahren schon schwere Verhaltensstörungen gezeigt und man ihr geraten habe, ihn in psychiatrische Behandlung zu geben, daß sie sich aber nie dazu durchgerungen habe. Lucy erzählte mir, ihr

Mann habe immer wieder einen Alptraum gehabt, in dem ein Pferd sich aufspießte. Seine Mutter hatte ihr erzählt, daß er, als er etwa sieben Jahre alt war, zusammen mit seinem Freund mit der Steinschleuder auf ein Pferd geschossen habe, das daraufhin scheute und sich tatsächlich auf einem schmiedeeisernen Zaun aufspießte. Später hatte er ständig mit der Polizei zu tun gehabt, ja es stellte sich sogar heraus, daß er mehrmals wegen schwerer Körperverletzung verurteilt worden war.

Die Situation verschlechterte sich zusehends. Dann kam Sheila auf die Welt. Das Mächen war erst ein paar Monate alt, als er Lucy mit Draht fesselte und sie vor Julians Augen schlug, der Sheila auf dem Arm hatte. Julian hatte einen so starken Beschützerinstinkt entwickelt, daß er jedesmal, wenn sein Vater gewalttätig wurde, das Baby aus dem Bettchen nahm und in die Arme schloß, bis die Gefahr vorüber war. Aber manchmal schlug der Vater nicht nur Lucy, sondern auch Julian; einmal mußte er ins Krankenhaus, weil ihm der Vater mit einem Stock das Gesäß blutig geschlagen hatte. Das Krankenhaus meldete den Fall weder der medizinischen Fürsorge noch dem Kinderschutzbund.

Lucy wandte sich jedoch selbst an das Sozialamt und bekam vorübergehend in einem Wohnheim der Fürsorge eine Unterkunft, doch wenn die Fürsorger abends heimgingen, war sie wieder ihrem Mann ausgeliefert. Er verschaffte sich mehrmals Zugang zu dem riesigen, schlecht beleuchteten Wohnblock, drang in ihr Zimmer ein und bedrohte sie. Sie erklärte den Fürsorgern, daß es für die besser sei, zu Hause zu sein, wo sie wenigstens wußte, wo ihr Mann war, als Nacht für Nacht wachzusitzen und nicht zu wissen, ob die Schritte auf dem Gang die ihres Mannes seien oder ob er nicht vor dem Haus bei laufendem Motor in seinem Wagen sitze, um sie abzufangen.

Die meisten können sich nicht vorstellen, was für eine Angst das ist. Es ist die Angst, die einen ergreift, wenn man weiß, daß einem jemand auflauert und einen schlagen wird, wenn man sich von ihm erwischen läßt. Bei Frauen, die schon einmal übel zugerichtet wurden, ist diese Angst so übermächtig, daß sie den gesunden Menschenverstand völlig ausschaltet. Der Mann erscheint ihnen als allmächtig. Ich weiß, welche Angst ich habe, wenn ich eine Straße entlanggehe, auf der sich irgendwo mein Feind verbergen könnte. Heute noch erstarre ich, wenn ich ein bestimmtes Husten höre oder jemand eine bestimmte Geste macht. Oft schon haben mir Sozialarbeiter gesagt: »Ich habe ihr eine hübsche Wohnung vermittelt, und am nächsten Tag war sie wieder bei ihm.« Ich glaube, man braucht nicht allzuviel Phantasie, um sich vorzustellen, was in einer Frau vorgeht, die schon einmal brutal zusammengeschlagen wurde.

Zum Glück hörte Lucy von unserem Heim und rief uns an. Sie kam und mußte mit den beiden Kindern erst einmal im Büro auf dem Fußboden übernachten. Julian ging nebenan zur Schule. Sheila war liebenswert und schwierig, aber sie paßte sich schnell dem chaotischen Treiben um sie herum an.

Lucy sagte mir, daß sie sich nur von ihrem Mann würde lösen können, wenn sie ihn auf längere Zeit nicht wiedersähe. Es ging ihr genauso wie vielen anderen Frauen, die zu uns kommen. Sie liebte ihren Mann, aber sie verabscheute seine Brutalitäten. Wenn ihr jemand hätte garantieren können, daß er sie nie mehr schlagen würde, wäre sie auf der Stelle zu ihm zurückgegangen. Ich hatte wenig Hoffnung, daß ihr Mann sich jemals ändern würde, und konnte ihr insgeheim nur wünschen, daß sie nie zu ihm zurückkehren würde. Wir beantragten die Scheidung wegen Grausamkeit und warteten auf die Bewilligung der Fürsorgezahlungen.

Lucy nahm eine Ganztagsarbeit an, bei der sie sich um die Probleme anderer Leute kümmern mußte. Sie hatte soviel menschliche Wärme und Einfühlungsvermögen, daß sich die Frauen, die neu zu uns kamen, gleich zu Hause fühlten. Im Laufe der folgenden Wochen sprach sie immer seltener von ihrem Mann, doch wußten wir, daß sie sich sehr für ihn verantwortlich fühlte, denn sie hatte einmal gesagt, er habe außer ihr niemanden auf der Welt. Wie viele Männer, die seelisch gestört sind und zur Gewalttätigkeit neigen, hatte er keine Freunde.

Am Tag der Gerichtsverhandlung vergaß der Rechtsanwalt, ihre Adresse auf den Akten unkenntlich zu machen, die er ihrem Mann aushändigte, und er rief Lucy an und wirkte offenbar völlig verstört und verzweifelt. Er flehte sie an, doch wieder zu ihm zurückzukommen, und Lucy vergaß alles, was sie durch ihn mitgemacht hatte – die Krankenhausaufenthalte wegen Rippen- und Kieferbrüchen, das gebrochene Nasenbein, das noch gar nicht ganz verheilt war, als er es erneut brach, den Abend, an dem er Julian ein Messer an die Kehle gesetzt hatte, um sie zu hindern, die Fürsorgerin in die Wohnung zu lassen, und die vielen Vormittage, an denen er sie so brutal

geschlagen hatte, daß Sheila sie umarmt und schluchzend »Das hat Papi gemacht – böser Papi« gerufen hatte – und sich einmal sogar auf ihren Vater gestürzt und mit ihren kleinen Fäustchen auf ihn eingetrommelt hatte.
Lucy verließ uns eines Morgens und hinterließ mir folgenden Brief:

Liebe Erin,
ich gehe zu ihm zurück. Ich verspreche Dir, daß ich beim ersten Anzeichen von Gewalt wiederkomme. Ich bin ein emotionaler Feigling, ich kann mich nicht mit der Vorstellung abfinden, daß es erneut schiefgehen könnte. Aus einem unerfindlichen Grund bin ich auf seine Liebe, auf seine Liebe ganz allein, angewiesen.
Ich glaube, in gewissem Sinn werde ich mir eine endgültige Niederlage nie eingestehen. Ich komme nicht von ihm los. Ein Teil meiner selbst sagt mir, daß das unrecht ist, vor allem den Kindern gegenüber.
Tief drinnen, so tief, daß es bisher kaum jemals zum Vorschein kam, ist er ein sensibles, sentimentales Lamm.
Ich kann mir gut vorstellen, wie Caroline sich gefühlt hat, denn ich habe dieselben Gefühle, auch das Unvermögen, die Niederlage einzugestehen, ist uns beiden gemeinsam.
Ich habe mit den Kindern darüber gesprochen, und ich glaube, sie verstehen. Sheila hat mich vor zwei Wochen, genau am Tag der Gerichtsverhandlung, gefragt, wann wir wieder heimgingen. Sie meinte, Papi brauche Hilfe, aber wolle nicht, daß wir ihm helfen. Sie meinte, wenn wir uns wirklich Mühe gäben, würde er vielleicht unsere Hilfe annehmen. Ich konnte ihr damals keine Antwort geben.
Ich weiß, welche Gefühle sie bewegen, denn mir ging es mit meinem Stiefvater genauso. Ich weiß, Du wirst sagen, daß ich ihn am Schluß gehaßt habe, und das ist nur zu wahr, ich kann es nicht leugnen. Aber ich hoffe, daß es nicht wieder soweit kommen wird.

Ich war auf Urlaub, als mich die Nachricht von ihrem Tod erreichte. Sie war auf einer leeren Straße mit ihrem Mini gegen einen Baum gefahren. Julian war nach einem Streit seiner Eltern weggelaufen. Niemand weiß, was wirklich geschah, aber sie hatte ja geschrieben, daß sie sich die endgültige Niederlage nie eingestehen würde. Ich hatte gewußt, daß sie keine Chance hatte.
Ihr Mann begrub sie in einem mit rosa Samt ausgeschlagenen

Sarg. Mehrere Frauen aus unserem Heim waren auf der Beerdigung. Er hatte jetzt beide Kinder. Julians Lehrer machen sich Sorgen um ihn – er kommt immer wieder mit Prellungen und blauen Flecken zur Schule – und haben Verbindung mit seiner Großmutter aufgenommen. Sie verständigte uns, und wir haben die Sache dem Kinderschutzbund und dem Sozialamt gemeldet, aber Julians Vater läßt niemanden in die Wohnung, und so ist bis jetzt nichts unternommen worden.

Solange die Leute noch an das Märchen von der Prinzessin und dem Frosch glauben, solange werden auch junge Mädchen daran glauben, daß die Liebe einer guten Frau jeden Mann retten kann, daß der häßliche Frosch sich in einen Prinzen verwandeln wird, wenn die Prinzessin ihn nur mit in ihr Bett nimmt und ihn küßt.

Eine Frau, die schon einmal brutal geschlagen wurde, büßt jedes Gefühl für die Wirklichkeit und all ihre Lebenstüchtigkeit ein. Mißhandelte Frauen befinden sich fast ständig in einem Schockzustand. Die ständige Angst vor neuen Schlägen führt dazu, daß sie im höchsten Grade angespannt und nervös sind. Manche verlieren den Appetit, andere können nicht mehr schlafen. Und selbst den Robustesten fällt es schwer, der tiefen Niedergeschlagenheit zu entgehen, die aus dem folgenden Brief spricht:

Sehr geehrte Mrs. Pizzey,
ich habe eben Ihren Beitrag in der BBC-Radiosendung *You and Yours* gehört. Ich bin 43 Jahre alt, mein Mann ist 44, und unser Sohn ist vier. Ich bin schon sehr oft von ihm geschlagen worden, und auch seine Schwester, in deren Haus wir zur Miete wohnen, ohrfeigt mich oft. Als ich nach der Entbindung mit meinem Sohn nach Hause kam, jagte er uns aus dem Haus. Mir wird heute noch schlecht, wenn ich an diese Gemeinheit denke. Ich verließ mit meinem kleinen Jungen die Wohnung und suchte mir mit Hilfe der Fürsorge eine Arbeitsstelle mit Unterkunft. Dann kam mein Mann und machte eine derartige Szene, daß ich zu ihm zurückkehren mußte. Wieder geschah dasselbe, das Sozialamt besorgte mir wieder eine Stelle mit Unterkunft, aber auch das ging nicht lange gut, zu viele Menschen hatten darunter zu leiden.

Nachdem er mir versprochen hatte, daß wir uns ein eigenes Haus kaufen würden, das wir uns dann auch in Oxford ansehen gingen, kehrte ich vorerst noch einmal zu ihm zurück, weil der Hauskauf noch nicht perfekt war und er sich erst die nötige Hypothek beschaffen mußte. Als die Zusage für die Hypothek kam, schrieb

mein Mann an den Anwalt und machte den Kauf rückgängig. Das war vor zwei Monaten.
Seitdem bin ich wieder geschlagen worden, und was noch schlimmer ist, mein Mann hat auch meinen Jungen geschlagen, mit einem Lederriemen am Oberschenkel. Ich trat dazwischen, entriß ihm den Riemen und schlug zurück. Aber er nahm ihn mir wieder weg – er ist 1,85 Meter groß und sehr kräftig, wir haben gegen ihn keine Chance, mein Junge und ich. Ich muß ständig auf der Hut sein. Ich ging zu meinem Arzt, der auch noch einen Vertreter des Gesundheitsamtes hinzuzog. Als ich einmal angefangen hatte, ihnen von meinem Unglück zu erzählen, mußte ich weinen und konnte gar nicht mehr aufhören. Der Arzt hat mir Beruhigungspillen verschrieben, und wenn ich die einnehme, weine ich nicht mehr soviel, aber ich werde auch schlapp davon. Ich sitze dann untätig herum, und wenn die Wirkung aufhört, kommen die Tränen wieder. Im Augenblick warte ich auf den angekündigten Besuch einer Sozialarbeiterin. Ein bestimmter Termin wurde mir nicht genannt.
Heute habe ich gehört, was Sie im Radio gesagt haben. Wenigstens habe ich keinen bleibenden gesundheitlichen Schaden davongetragen wie die Frau, die interviewt wurde, aber ich weiß bestimmt, daß mir das auch noch passieren kann. Ich gehe nicht zur Kirche, aber ich habe wieder angefangen zu beten.
Um nicht alle Hoffnung zu verlieren, habe ich die Scheidung eingereicht. Die staatliche Unterstützung wurde mir noch nicht bewilligt. Miss E., die Dame vom Gesundheitsamt, scheint zu verstehen, wie ernst meine Lage ist. Meine Angehörigen wollen nichts mehr von meinen Eheproblemen hören (wer könnte es ihnen verdenken), aber sie haben auch nie erlebt, wie mein Mann sich hier aufführt. Ihnen hat er etwas vorgeheult und gesagt: »Ich will meine Frau und meinen Sohn wiederhaben.« Ich habe überhaupt keine Energie mehr, bin lethargisch, deprimiert usw. Ich biete keinen sehr attraktiven Anblick mehr. Meine Schwester habe ich zum letztenmal vor ein paar Wochen gesehen, als ich eine Woche bei ihr war, aber dann tauchte mein Mann auf, blieb da, und die Atmosphäre wurde gespannt, so daß auch ihre beiden Söhne, die im Schulalter sind, in Mitleidenschaft gezogen wurden. Sie bat ihn, mich und meinen Sohn »nach Hause« zu bringen. Vorher hatte ich schon einmal eine andere meiner Schwestern um ein Darlehen gebeten, damit ich die Miete bezahlen konnte, und sie hatte es mir auch zugesagt, aber seitdem habe ich nichts mehr von ihr gehört. Ich besitze im Augenblick genau 6 Pfund in bar und 10 Pfund in Schuldverschreibungen. Mein Mann, der mir früher immer gesagt hat, ich solle »mit dem dreckigen Balg« verschwinden, tut jetzt so, als könnte er ohne seinen Sohn nicht leben. Aber

ich könnte mich nie von meinem Kind trennen. Ich leide jetzt unter einem Zustand, den man als »Agoraphobie« bezeichnet. Mein Kleiner spürt, daß seine Mama unglücklich ist, aber er weiß nicht, warum. Manchmal ist er aggressiv. Er müßte mit anderen Kindern zusammenkommen. Aber wir haben keine Freunde oder Bekannten. Bitte schreiben Sie uns.

Jahrelange Grausamkeit und bösartige Quälerei können jeder Frau den Lebensmut rauben. Eine Frau, die uns schrieb, hatte dreißig Jahre lang eine alptraumhafte Ehe erduldet. Immer wieder hatte sie versucht, von ihrem Mann loszukommen. Sie war oft zu ihrer Mutter gegangen, aber ihr Mann hatte sie jedesmal gewaltsam wieder zurückgeholt. Die Polizei griff nie ein, weil es sich um Streitigkeiten unter Eheleuten handelte. Und auch sonst wollte sich niemand »einmischen«. Immerhin hatte sie doch ein Dach über dem Kopf, oder? Er hielt sie immer kurz mit Geld. Einmal nahm sie eine Arbeit an, aber sie mußte zwölf Stunden am Tag arbeiten, um durch die Überstunden auf denselben Verdienst zu kommen wie ein Mann, und das bedeutete, daß sie die Kinder am Abend allein lassen mußte. Nach einem halben Jahr gab sie die Stelle wieder auf. Jedesmal, wenn sie mit den Kindern zu ihrem Mann zurückkehrte, schwängerte er sie wieder. Und jedesmal benahm er sich noch gemeiner, weil er wußte, daß ihr keine andere Wahl blieb. Er verhöhnte sie immer, indem er sie fragte: »Wohin kannst du denn gehen? Was kannst du denn machen?«
Diese Frau saß in der Falle. Es blieb ihr kein anderer Ausweg als der Selbstmord, den sie auch einmal versuchte. Die Falle, die ihr Mann ihr gestellt hatte, waren vor allem die sieben Kinder. Sie waren diejenigen, die zu leiden hatten, ohne jede eigene Schuld. Ihr einziger Fehler war, daß sie den Mann überhaupt geheiratet hatte. Aber kann man deshalb sagen, daß sie kein Rückgrat hatte? Sie wäre nur zu gern ausgebrochen, und sie hat es oft genug versucht, aber wegen der vielen Kinder saß sie für immer in der Falle.
All diese Argumente – daß die Frauen die Männer provozieren, daß sie es nicht besser verdienen oder es sogar genießen, geschlagen zu werden – sind nicht stichhaltig, weil sie den Tatsachen nicht Rechnung tragen.
Sobald es sich herumsprach, daß es einen Ort gab, an dem Frauen, die unter der Gewalttätigkeit ihrer Männer litten, Zuflucht suchen konnten, kamen die Frauen auch, und seither

kommen immer wieder welche. Im Mai 1973 bekamen wir schon fast hundert Anrufe täglich. Das kleine Haus wurde zu eng, und wir mußten im Flur Matratzenlager einrichten. Durchschnittlich wohnten ungefähr dreißig Frauen und Kinder in dem Heim.
Damals hatten wir Mühe, uns der Ratten zu erwehren. Es liegt auf der Hand, daß mit einer einzigen Toilette und ohne Bad von Hygiene keine Rede sein konnte. Die meisten Mütter kamen trotzdem zurecht, aber manche, die besonders schwer mißhandelt worden waren, waren kaum dazu imstande, halbwegs Ordnung zu halten. Bei den vielen Säuglingen hatten wir alle Hände voll zu tun, um zu verhindern, daß sich die Windeln in den Ecken stapelten und die Bewohner in schmutziger Wäsche erstickten.
Wir waren schon seit einiger Zeit auf der Suche nach einem neuen Haus, weil Belmont Terrace in Kürze abgebrochen werden sollte, aber bis Frühjahr 1973 hatten wir keinen Erfolg gehabt. Im Frühsommer bekamen wir dann einen Brief von einem Mann namens Neville Vincent. Er schrieb, er habe einige Erfahrung auf dem Immobiliensektor, und falls wir seine Hilfe in Anspruch nehmen wollten, sollten wir uns bei ihm melden. Ich reagierte damals ziemlich zynisch auf solche Angebote, schickte aber eines der Mädchen hin, damit sie sich den Mann einmal ansah, und sie meinte, er sei in Ordnung. Also fuhren wir zu dritt in sein Geschäft, das sich als ein sehr imposantes Haus am Sloane Square entpuppte.
Er war insofern ein sehr ungewöhnlicher Mann, als er nicht erst lange dummes Zeug daherredete, sondern sich einfach unsere Schilderung über die Zustände in unserem Heim anhörte und dann versprach, daß er uns besuchen würde. Er kam auch an einem der nächsten Tage, setzte sich im Büro auf die Matratze und unterhielt sich mit allen im Haus – und alle fanden ihn sympathisch.
Er rief uns hinterher an und sagte, seiner Meinung nach bräuchten wir ein größeres Haus. Wir sollten uns nach einem geeigneten Objekt umsehen, und er werde die Angelegenheit inzwischen dem Vorstand von Bovis vortragen, um vielleicht zu erreichen, daß die Firma die Kosten übernehme. Sie tat es, und wir werden den zuständigen Leuten für diese großzügige Unterstützung ewig dankbar sein.
Wir klapperten ganz Chiswick ab und schauten uns große, heruntergekommene Häuser an. Eines Morgens erhielten wir

dann einen Hinweis auf das Haus Chiswick High Road Nr. 369. Von dem Moment an, als wir den Flur betraten, wußten wir, daß dieses Haus genau das Richtige für eine Wohngemeinschaft war. Es hatte riesige Räume und einen großen Garten, vor allem aber einen großen Keller, in dem man ein Spielzimmer für die Kleinen und Aufenthaltsräume für die größeren Kinder einrichten konnte.

Das Anwesen war völlig verwahrlost, aber für uns war es der reinste Luxus. Wir hatten drei Toiletten im Haus, und nach einer einzigen Außentoilette für 35 Frauen und Kinder war das geradezu himmlisch. Es gab zwar kein warmes Wasser, aber wenigstens hatten wir genug Platz, und die Kinder konnten sich im Garten austoben.

Nummer 369 füllte sich, kaum daß wir es eröffnet hatten. Offiziell dürfen wir nur 36 Leute aufnehmen, aber oft haben wir bis zu 130 Frauen und Kinder da. Die Leute von der Bezirksverwaltung Hounslow zeigen großes Verständnis und erkennen an, daß wir angesichts der Lage unser Bestes tun. Aber es ist ihnen sehr unbehaglich zumute bei dem Gedanken, daß wir uns in ihrem Bezirk angesiedelt haben, denn falls unsere Organisation einmal zusammenbrechen sollte, müßten sie Wohnraum für zweihundert Frauen und Kinder beschaffen. Natürlich ist es so, daß an einem Tag fünf Mütter mit ihren fünfzehn Kindern wie die Heringe auf dem Fußboden schlafen müssen und schon am nächsten Tag mehrere große Familien wieder in die eheliche Wohnung zurückkehren, entweder aufgrund eines Gerichtsbeschlusses oder um es noch einmal im Guten zu versuchen, so daß die Belegung im großen und ganzen gleich bleibt.

Wahrscheinlich hätten wir es viel leichter, wenn wir niemanden mehr aufnähmen, sobald wir voll belegt sind, aber wir sagen uns alle: »Ich bringe es einfach nicht fertig, eine schluchzende Mutter abzuweisen – angenommen, das wäre ich.« Anfangs schliefen die Kinder zu viert auf einer Matratze. Die Mütter mußten auf dem Boden schlafen, und nur für die Schwangeren gab es Betten.

Es ist schon ein ernüchternder Gedanke: diese Frauen, die da mit ihren Kindern auf dem Boden schlafen, müssen unendlich viel ausgestanden haben, um sich mit so primitiven Zuständen abzufinden. Man ist in dem Haus nie für sich, und an Ruhe und Frieden ist überhaupt nicht zu denken. Immer steht schon einer da, der sich waschen will, und oft ist auf den drei Kochern in der Gemeinschaftsküche keine Platte mehr frei. In den Schulferien wimmelt es von Kindern: 80 Kinder in einem 30 Meter breiten Garten.

Aber trotz der unvorstellbaren Enge herrscht in dem Haus eine phantastische Atmosphäre. Es geht gut, weil Frauen, die von ihren Männern mißhandelt werden, fast völlig von ihrer Umwelt isoliert leben, ebenso ihre Kinder. Women's Aid zwingt sie, diese Isolation aufzugeben. Wenn sie in das Haus kommen, leben sie auf Tuchfühlung mit vielen anderen zusammen, die dasselbe durchgemacht haben wie sie. Sie müssen einfach auf ihre Umwelt eingehen. Oft haben sie zum erstenmal seit ihrer Heirat Gelegenheit, mit einer Frau zu sprechen, die sie versteht, weil sie dasselbe erlebt hat. Auch hören sie zu, wenn andere reden, und erfahren dadurch, was ihre Leidensgefährtinnen alles durchgemacht haben. Und sie sehen, daß sie nicht allein sind.

Wir haben inzwischen noch mehr Heime eröffnet. Eines davon liegt außerhalb von London. Es ist den Frauen vorbehalten, die von ihren Männern extrem gequält wurden. Dieses Haus ist voll. Ein anderes hat uns die Wohnungsbaugesellschaft Notting Hill vorübergehend zur Verfügung gestellt. Das ist mit einer Familie pro Zimmer belegt. Bis heute haben wir nur eines der fünf Häuser bekommen, die uns Paddy O'Connor vom Londoner Stadtrat im März 1974 so großartig versprochen hatte, und auch das ist voll belegt. Auch die anderen vier werden ohne weiteres voll werden, wenn wir sie eines Tages bekommen. Man hat uns noch weitere Häuser außerhalb Londons zugesagt, und eine ganze Reihe Familien warten nur darauf, einziehen zu können. Wir werden immer noch mit Bitten um Hilfe überschüttet.

Andere Frauenhilfe-Gruppen in England haben dieselben Erfahrungen gemacht. Sobald irgendwo Wohnraum zur Verfügung gestellt wird, ziehen sofort Leute ein, die ihn dringend benötigen. Manche suchen schon seit Jahren nach einer Unterkunft. In Glasgow sind in einer einzigen Vierzimmerwohnung 31 Kinder und 14 Frauen untergebracht. Natürlich macht man sich Gedanken wegen der Vorschriften gegen Überbelegung und der Feuergefahr (die Wohnung liegt in einem oberen Stockwerk), und man hat schon Frauen abweisen müssen. Das Heim in Brixton war ein paar Tage nach der Eröffnung voll belegt.

Mißhandlung der Ehefrau gibt es seit Jahrhunderten. Bis vor

150 Jahren hatte der Ehemann das gesetzlich verbriefte Recht, seine Frau zu züchtigen und einzusperren. Und bis heute verstößt er gegen kein Gesetz, wenn er sie vergewaltigt. Jahrzehntelang hat man angenommen, daß Gewalttätigkeit gegenüber der Ehefrau nur in Arbeiterfamilien vorkommt, weil die Frauen der Mittel- und Oberschicht nie ein Wort darüber verlauten ließen, wenn es ihnen genauso erging.
Wenn ich mich nicht irre, liegt der Grund, weshalb »mißhandelte Ehefrauen« sich nun endlich Gehör verschaffen können, darin, daß zum erstenmal auch eine Frau aus dem Mittelstand zugegeben hat: »Mir geht es genauso.« Dadurch wird die Sache salonfähig und um so schockierender. Aus der Mißhandlung von Ehefrauen ist jetzt das »Mißhandelte-Ehefrau-Syndrom« geworden. Aber niemandem ist damit gedient, wenn man einen neuen Namen findet und ansonsten alles so weitergeht wie bisher.

3. KAPITEL

Geprügelte Mütter, mißhandelte Kinder

Die folgenden Briefe sind typisch für die Post, die täglich bei Women's Aid eingeht. Manche Frauen haben ihr Martyrium schon hinter sich und schreiben uns, um uns moralisch zu unterstützen und zu bestätigen, daß es ihnen genauso ergangen ist wie unseren Frauen. Andere bitten uns um Hilfe:

Coventry

Sehr geehrte Mrs. Pizzey,
ich muß Ihre Telefonnummer verpaßt haben, als sie in der Fernsehsendung gezeigt wurde; ich hätte Sie schrecklich gern angerufen, aber ich fand Ihre Nummer nicht.
Ich habe das alles, worüber Ihre Frauen in dieser Sendung berichtet haben, selbst durchgemacht.
Vor fünfzehn Jahren wurde ich endlich von der Grausamkeit befreit, als er aufgefordert wurde, mich für einige Zeit zu verlassen, während die Vorbereitungen zu der Gerichtsverhandlung liefen. Man glaubte mir nicht. Als es zur Beweisaufnahme kam, wurde alles so hingedreht, daß es meine Schuld sei und ich es gar nicht anders haben wolle. Mein Mann drehte es so hin, daß ich geistesgestört sei und manchmal ohne Grund furchtbar schreie, und deshalb schlage er mich, damit ich zu schreien aufhöre, aber das war gar nicht wahr. Ich schrie so, weil er mich schlug.
Ja, es stimmt, daß man es doppelt und dreifach zurückgezahlt bekommt, wenn man sich zu verteidigen versucht.
Ich habe einen Sohn und eine Tochter großgezogen, aber die Gerichte und die Leute glauben ihm und nicht mir. Ich glaube, das liegt daran, daß er eine gute Stellung hatte und heute Betriebsleiter ist und damals schon Ehrenbürger unserer Stadt war.
Ich bekomme jetzt kein Geld mehr von ihm und habe keins mehr bekommen, seit meine zwei Kinder aus der Schule kamen – eins ging aufs College –, obwohl er mir eigentlich zwei Pfund zahlen sollte. Ich würde wieder verlieren, wenn ich vor Gericht ginge, wie schon so oft, denn die Gerichte sind immer auf seiner Seite.
Die Gerichte haben ihm erlaubt, unser Haus, das uns beiden gehörte, zu verkaufen. Ich verweigerte meine Zustimmung zu

dem Verkauf, so daß die Sache vor Gericht ging, aber ich hatte damals meine beiden Kinder schon sieben Jahre lang alleine, und er gab mir vier Pfund und zahlte die Hypothek und die Rechnungen. Mein Sohn stand kurz vor seiner Abschlußprüfung in der Schule, aber das Gericht entschied trotzdem, daß wir ausziehen müßten und uns um eine städtische Wohnung bemühen sollten. Ich war arbeiten gegangen, damit wir eine Anzahlung für das Haus leisten konnten. Er trat in eine Bausparkasse ein. Es kam so weit, daß er nie mehr mit uns fortfuhr und auch nicht mehr zahlen wollte, aber andauernd Sex verlangte und mich furchtbar schlug. Manchmal bekam ich Angst und lief im Nachthemd aus dem Haus. Dann sperrte er mich aus und ich mußte in der kalten Garage schlafen.

Jedenfalls wünsche ich Ihnen viel Glück bei Ihrer Arbeit und hoffe, daß Sie viele Frauen von diesen schrecklichen Qualen befreien können. Ich habe alles versucht, aber niemand wollte mir helfen.

Mit freundlichen Grüßen

Andover

Sehr geehrte Mrs. Pizzey,

bitte geben Sie mir einen Rat, was ich tun soll. Ich habe acht Kinder zur Welt gebracht und bin bald 47 Jahre alt. Drei meiner Kinder sind immer noch zu Hause, das jüngste ist sieben. Mein Mann sagt andauernd, ich sei verrückt, und schlägt mich und peitscht mich aus. Er hat mir schon den Besenstiel über den Kopf gehauen, daß ich in ärztliche Behandlung mußte, mir die Schulter ausgerenkt, mich am ganzen Körper grün und blau geschlagen, mir zwei blaue Augen geschlagen und mich in die Rippen getreten. Ich war schon bei der Polizei, aber die sagen, sie könnten gegen häusliche Streitigkeiten nichts unternehmen. Ich war auch bei den Samaritern und beim Rechtsanwalt. Der Rechtsanwalt sagte mir, eine gesetzliche Trennung oder eine Scheidung sei kaum zu erreichen, weil ich ja mit ihm unter einem Dach lebe. Mein Mann ist mit mir zu meinem Arzt gegangen, weil er erreichen will, daß der Arzt mich in eine Irrenanstalt einweist. Mein Arzt hat mir letzte Woche Nervenpillen gegeben, weil ich mit den Nerven langsam am Ende bin, aber er hat meinem Mann gesagt, daß ich nicht verrückt bin.

Meine Kinder schreien, weil er mich vor ihnen anbrüllt und schlägt. Er hat mich schon in der Nacht hinausgeworfen und mir gesagt, ich soll abhauen, aber ich kann doch die Kinder nicht allein lassen, und es ist unheimlich schwer, ein Zimmer zu bekommen, wenn man Kinder hat. Er sagt, wenn ich gehe, bringt er die Kinder in ein Heim. Er hat ihnen nie etwas anzuziehen gekauft, und ich muß ihn immer wieder erinnern, damit er ihnen wenigstens

zweimal im Jahr ein Paar Schuhe kauft, ich selbst kann es mir nicht leisten, ihnen Kleider zu kaufen. Jetzt können Sie sich ungefähr vorstellen, wie es mir geht.
Finden Sie nicht, daß die Gesetze falsch sind und daß es ein Gesetz gegen Ehemänner wie den meinen geben müßte? Bitte adressieren Sie Ihre Antwort an ..., denn er darf nichts davon erfahren, weil sonst nur noch alles schlimmer wird.

Manche Mütter und Kinder wurden dermaßen schlecht behandelt, daß es Jahre dauern kann, bis sie wieder ganz in Ordnung sind. Ganz besonderen Kummer macht uns die Tatsache, daß wir noch nicht das Geld haben, um den körperlich und seelisch völlig erschöpften Frauen und den schwer gestörten Kindern die Hilfe, den Frieden und die Ruhe zukommen zu lassen, die sie so nötig hätten. Die Konfusion des folgenden Briefes spricht für sich selbst:

Brighton
... als ich Sie sprechen hörte, hatte ich das Gefühl, daß Sie sich genauso schämen wie ich, zuzugeben, daß Sie von Ihrem Mann geschlagen werden, und daß es Ihnen jedenfalls schwerfällt, darüber zu sprechen.
Ein paar Tage später kam Erin im Telefongespräch mit Jimmy natürlich darauf zu sprechen, warum man Angst hat, einer solchen Frau zu Hilfe zu kommen: wegen möglicher Racheakte.
Mein Mann trinkt nicht, sondern ist Epileptiker, und als wir heirateten, hatte er häufig Anfälle. Jetzt hat er stärkere Mittel und keine Anfälle mehr.
Es ist Tatsache und von der medizinischen Wissenschaft bestätigt, daß die meisten Epileptiker gewalttätig sind. Als ich noch ledig war, war ich Krankenschwester im öffentlichen Dienst und machte mehrmals Schluß mit meinem späteren Mann. Aber nicht wegen seinem Leiden, sondern weil ich dachte, daß wir nicht zusammenpassen.
Er ist eines von sechs Kindern, aber weil er der Jüngste war, wurde er verzogen und hat nie gelernt, daß man nicht nur nehmen, sondern auch geben muß, und sein Elternhaus war eine Meile vom Dorf weg, und ich glaube, daß er außerhalb der Schule überhaupt nicht mit gleichaltrigen Kindern zusammen war.
Er wurde sehr egoistisch und anspruchsvoll. Seine Familie hat alles versucht, uns beide zu verkuppeln, vor allem die Mutter und zwei seiner Schwestern; sie luden mich ein, sie zu besuchen, dazubleiben und Partys mit ihnen zu feiern.
Als wir uns trennten, kapierten seine Leute endlich. Die ältere

Schwester kam mich besuchen, als wüßte sie von nichts und wollte mir nur eine Freude machen.

An meinem 21. Geburtstag wurde mir endgültig klar, daß ich diese Freundschaft nicht zurückweisen konnte. Mein späterer Mann war damals am College und verdiente deshalb nichts, und er kam in das Schwesternheim, in dem ich wohnte, einen Monat nachdem wir Schluß gemacht hatten. Ich weigerte mich, zu ihm hinunterzugehen, die Hausmeisterin erfand eine Ausrede, und wir berieten uns, wie wir ihn loswerden konnten. Aber er wußte, daß ich da war und eben erst vom Nachtdienst zurückgekommen war.

Als er wiederkam, hatte er einen ganzen Stapel Geschenke für mich: eine Uhr von ihm, eine lederne Briefmappe von seinen Eltern, Schmuck usw. Die andern sagten mir, daß ich ihn unbedingt empfangen müßte, weil die Sachen keiner anderen passen würden und die Geschäfte sie nicht zurücknehmen würden und überhaupt jeder mit Recht beleidigt wäre, wenn man solche Geschenke nicht annimmt, und so kam es, daß ich ihn doch heiratete. Aber ich hatte gar kein gutes Gefühl dabei.

Das war reiner Egoismus von seiner Familie, sie brauchten jemanden, der sich um ihn kümmern würde, und er mußte ja bald von zu Hause weg und sich eine Arbeit suchen.

Er ist Diplom-Ingenieur, und weil ich ihm treu war und keinen lebenden Zeugen mehr habe, der seine Grausamkeit bezeugen könnte, wurde noch immer nicht über die Scheidung entschieden, die ich im März 1972 beantragt habe, als er mich das letztemal mißhandelte. Der einzige Mensch, der gehört hat, wie er mich schlug, war unsere Vermieterin, Frau ... Sie starb ein paar Monate darauf; der Kummer hatte sie krank gemacht, weil sie wußte, daß sie einen gewalttätigen Mann im Hause hatte. Sie war Witwe und wurde sehr neurotisch.

Der letzte tätliche Angriff am 31. März vorigen Jahres kam daher, daß ich sagte, daß die Tapete, die mein jüngster Sohn, der damals sieben Jahre alt war, ausgesucht hatte, mir nicht richtig schien für sein Schlafzimmer; alles in einem einzigen Muster, in zwei verschiedenen Farben; zu verwirrend. Ich stand in der Küche an der Spüle, als auf einmal die Tür zum Flur auflog und mein Mann mit voller Wucht zwei Rollen Tapete nach mir warf, die mich an der Hüfte trafen, und ich lag vor Schmerz gekrümmt auf dem Boden und konnte nicht einmal nach meiner Tochter um Hilfe rufen. Ich konnte nur noch stöhnen.

Meine Tochter, die elf Jahre alt war, kam herunter und wollte wissen, warum ich auf dem Boden lag, und schließlich konnte ich mich mit ihrer Hilfe aufrappeln. Sie hatte Angst, im Haus zu bleiben, und ging durch die Hintertür hinaus. Ungefähr zwanzig

Minuten danach schmiß er noch eine Tapetenrolle nach mir, verfehlte mich aber und beschädigte nur den Küchenherd.
Wäre ich mit dem Rücken zu ihm gestanden, als er die ersten zwei Rollen warf, hätte er mir bestimmt das Rückgrat gebrochen – die ersten beiden Rollen hat er mit unwahrscheinlicher Wucht geworfen. Er kam dann eine Stunde später herunter, um mich zu schlagen, und meine Tochter sah das und fing zu schreien an. Da hörte er auf. Auch mein Sohn kam angelaufen, um zu sehen, was los war. Sie umklammerten sich gegenseitig und weinten.
Ich brachte es nicht fertig, sie zum Abendessen ins Haus zu holen. Ich rief die Polizei an. Der Polizist kam, brachte die Kinder mit und sprach mit meinem Mann. Mein Mann schrie und stritt sich mit ihm, und der Polizist kam zurück und sagte: »Ich kann Ihnen nur einen Rat geben: gehen Sie zu einem Rechtsanwalt.«
Später am Abend wollte mein Mann, daß *ich* ihn um Verzeihung bitten sollte. Als ich gar nicht auf ihn achtete, kam er zu mir her, zerrte mich am Arm aus dem Sessel, stieß mich auf die Couch und schlug mich mehrmals. Er hielt mich fest, aber als er sich einmal bewegte, konnte ich mich losreißen. Ich lief aus dem Haus, um einen Arzt anzurufen.
Mein Arzt unterhielt sich längere Zeit mit mir und war nicht bereit, zu uns ins Haus zu kommen, bevor nicht mein Mann sich beruhigt hatte, aber er schlug mir vor, mit mir zur Polizei zu fahren und uns dort Rat zu holen. Auf dem Weg zur Polizeiwache begegnete uns eine Funkstreife; der Arzt wendete und holte den Polizeiwagen ein.
In der Praxis des Arztes besprachen wir die Lage, und alle waren der Meinung, daß ich die Nacht nicht mit meinem Mann unter einem Dach verbringen dürfte. Ich war bereit, mit einem Taxi nach London zu fahren und meine Tochter mitzunehmen, die ich ja nicht bei ihm zurücklassen konnte. Der Arzt begleitete mich nach Hause, und mein Mann war inzwischen zu Bett gegangen; als er aufstand und wir ihm sagten, worauf wir uns geeinigt hätten, sagte er, daß er sich für die Nacht ein Hotelzimmer suchen würde.
Die Polizisten warteten draußen in ihrem Wagen. Ich hatte darauf bestanden, daß sie nicht mit hereinkamen, weil das nur zu einem Streit geführt hätte. Als der Arzt gegangen war, zog mein Mann sich an, und der Arzt sagte, er würde ungefähr in zwanzig Minuten anrufen, um sich zu überzeugen, daß ich allein war. Mein Mann war dabei, als er das sagte. Mein Mann ging ungefähr um ein Uhr nachts aus dem Haus, fünf- oder sechsmal läutete in der Nacht das Telefon, bis ich abhob, aber dann legte der Anrufer sofort auf.
Mein Mann kam um sechs Uhr morgens heim. Er war nur fünf Stunden weg gewesen, konnte aber nicht ins Haus, weil ich die Türen verriegelt hatte, denn ich wußte ja nicht, in welcher Stim-

mung er sein würde. Ich rief die Polizei kurz an und sagte, was sich abgespielt hatte. Als ich ihm die Tür öffnete, begrüßte er meine zitternde Tochter lächelnd, ging in die Küche und machte sich ein heißes Getränk zurecht. Ich schaute aus dem Fenster, um die Polzisten abzufangen, bevor sie klingelten. Als ich mit ihnen sprach, fing unser Hund zu bellen an. Mein Mann ging zur Tür und sah das Polizeiauto und sprach selber mit ihnen. Der Polizist machte eine sarkastische Bemerkung zu mir, daß die Polizei kein Taxiunternehmen sei und nur in eindeutigen Notfällen zu einem Privathaus kommen dürfe. Aber das hatte ich schon x-mal gehört.
Ich bin nicht oft geschlagen worden, aber immer ging es ums Geld. Einmal warf er in seiner Wut einen Ölöfen um und hatte so starke Verbrennungen, daß er drei Monate im Krankenhaus liegen mußte. Nach einer Weile wurde sein Gehalt nicht mehr weitergezahlt, und ich mußte von der Fürsorge leben. Er gibt mir drei Pfund pro Woche, das ist ein lächerlicher Betrag.
Als er erfuhr, daß ich die Scheidung beantragt hatte, fing er auf einmal an, meinem Sohn Kleider zu kaufen, was er vorher nie getan hatte, und dann fing er an, auch den anderen Kindern Sachen zu kaufen, aber die bittere Atmosphäre in unserem Haus macht uns alle ganz krank.
Meine Eltern sind gestorben, so daß ich niemanden habe, der mir helfen kann.

Manche haben das Glück, daß sie bei Bekannten oder Verwandten Unterstützung bekommen:

Nachdem ich gehört hatte, was die Dame in Ihrer Sendung über Mißhandlungen von Ehefrauen zu sagen hatte, mußte ich meine Erfahrungen zu Papier bringen, um vielleicht anderen Frauen ein bißchen Hoffnung zu machen.
Ich heiratete mit siebzehn, und zwar leider Gottes einen Sadisten, der furchtbar nett zu allen Leuten ist, nur nicht zu seinen eigenen Angehörigen.
Als wir eine Woche verheiratet waren, fing er an, mich zu schlagen, und das ging dann drei qualvolle Jahre lang weiter. Ich litt unter Unterernährung, Knochenbrüchen und verschiedenen anderen Dingen, darunter Messerstichwunden und seelischer Grausamkeit.
Wenn man, wie es bei mir der Fall war, zu verängstigt ist, um auch nur zu versuchen, seinen Mann zu verlassen, ist alles noch schwerer. Ich hatte Glück. Eine Freundin half mir und borgte mir das Geld, das ich brauchte, um mit meiner kleinen Tochter ungefähr 300 Kilometer weit wegzufahren. Sie war damals zwei und ist heute zehn Jahre alt und ein vergnügtes, aufgewecktes Kind.

Ich habe wieder geheiratet, und ihr Stiefvater ist sehr gut zu ihr. Mein zweiter Mann hat mir geholfen, vier Nervenzusammenbrüche zu überstehen, und hat das Leben für mich wieder erträglich gemacht. Man kann nie ganz vergessen, was früher war, aber wenn man wie ich das Glück hat, jemanden zu finden, der Verständnis für die Lage hat, in der man gewesen ist, können Liebe und Freundlichkeit einem das Lebensglück wiedergeben, das einem in Jahren körperlicher Mißhandlung und seelischer Qualen genommen wurde.
Das einzige, was ich auch heute noch nicht fertigbringe, ist, alleine auf die Straße zu gehen. Wenn es nicht unumgänglich wäre, würde ich nicht einmal einkaufen gehen.
Ich lebe immer noch mit der Angst vor meinem ersten Mann, aber ganz allmählich tritt auch dieses Gefühl in den Hintergrund.

Mit das Furchtbarste an der Gewalttätigkeit in der Ehe ist es, wenn man die Kinder sehen muß, die mit geschwollenen Gesichtern und fürchterlichen Striemen von den Schlägen ihres eigenen Vaters herumlaufen. Fatimas Söhne – der eine war zweieinhalb, der andere ein Jahr – hatten am Rücken schlimme Prellungen. Ihr Vater prügelte sie immer so lange, bis sie die Schläge gar nicht mehr spürten. Diese Jungen schrien den ganzen Tag und die ganze Nacht. Wir ließen sie von Ärzten untersuchen, aber diese sagten, es fehle ihnen nichts – die beiden hatten einfach Angst vor allem und jedem, weil ihr ganzes Leben aus Prügeln und Flüchen bestand, wie man aus Fatimas Bericht ersieht.

Ich kam im Jahre 1964 nach England, um mich einer Augenoperation zu unterziehen, und ich lernte meinen späteren Mann dadurch kennen, daß unsere Eltern miteinander bekannt waren, und als ich im Krankenhaus war, besuchte er mich mit seinem älteren Bruder. Sie sagten: »Wenn es Ihnen wieder besser geht, können Sie bei uns wohnen.« Kurz nachdem ich aus dem Krankenhaus entlassen worden war, bat er mich, ihn zu heiraten, aber ich sagte nein, denn ich hatte zu Hause eine gute Stellung.
Am Tag vor meiner geplanten Abreise schmückte er sein Zimmer und erzählte allen, daß wir heiraten würden. Sie sperrten mich mit ihm in diesem Zimmer ein, und er vergewaltigte mich. Ich war sehr beschämt, denn ich bin Mohammedanerin und komme aus einem sehr strenggläubigen Elternhaus. Nach diesem Vorfall war es für mich unmöglich, einen anderen Mann zu heiraten.
Ich fuhr trotzdem nach Hause, erzählte aber niemandem, was passiert war. Ich war ein anständiges Mädchen, und meine Eltern hätten sich meiner sehr schämen müssen. Er schrieb auch, jetzt, da

ich keine Jungfrau mehr sei, würde mich ohnehin keiner mehr nehmen, außerdem hätte ich nur ein Auge und müßte mich eigentlich glücklich schätzen, ihn heiraten zu können. Ich kam im Dezember 1965 zurück, und wir wurden in einer Moschee getraut. Er trank ziemlich viel. Er betrank sich jeden Tag, aber er schlug mich nie; ich glaube aber, das lag nur daran, daß wir bei einem älteren englischen Ehepaar wohnten, das er achtete und vor dem er sich genierte. Als die Frau starb, zog der Mann zu seiner Tochter, und als wir alleine in der Wohnung waren, begann er mich zu schlagen. Er trat mich mit den Füßen und boxte mich. Einmal schlug er mich aufs Auge, daß ich schon dachte, ich würde erblinden.
Als ich zum drittenmal schwanger war, hatte ich einen Asthmaanfall, und er drückte mir ein Kissen aufs Gesicht, aber ein Mädchen aus dem Stock über uns sah es und telefonierte nach einer Ambulanz. Ich war ein paar Tage im Krankenhaus, erzählte aber niemandem, was passiert war. Das Mädchen erzählte dem Arzt und der Polizei, daß mein Mann mich geschlagen hätte, und sie sagten, daß sie etwas gegen ihn unternehmen würden, aber ich bat sie, nichts zu sagen, weil ich zwei Kinder zu Hause hätte und er mir das Leben zur Hölle machen würde, wenn er etwas erführe.
Einmal versuchte er, mich in der Nacht zu erdrosseln, aber ich schrie und jemand, der zufällig vorbeikam, klopfte an die Tür. Er machte nicht auf, und bis die Polizei kam, hatte er mich schon die Treppe hinuntergeworfen und mich auf die Straße hinausgestoßen. Die Polizisten kamen und hoben mich auf, und als sie meinen Mann fragten, was er sich denn dabei gedacht habe, sagte er zu mir: »Hallo, Liebling, komm doch rein.«
Er geht keiner Arbeit nach, hat aber lange Zeit Krankengeld bezogen, bis unser Arzt sich weigerte, ihm noch länger Atteste auszustellen, und jetzt bezieht er Arbeitslosengeld. Wenn er einmal eine Stelle annimmt, bleibt er nur ein paar Wochen und kündigt wieder oder wird entlassen.
Letzten Mittwoch hat er mich mehrmals geschlagen und mich eingesperrt. Am Donnerstag schlug er mich wieder in der Nacht. Ich rannte die Treppen hinunter, um ihm zu entkommen, und ging in die Küche und schloß die Tür ab, aber er trat die Tür einfach auf. Ich rannte in den Garten hinaus und hielt die Tür mit den Händen zu. Er schrie, er werde mich umbringen. Ich rief nach der Nachbarin, die im Haus nebenan wohnte, und sie kam über den Zaun; hinter unserem Garten ist eine Fabrik, und dort schauten ein paar Arbeiter aus dem Fenster und riefen: »Was ist denn los?« Ich rief zurück: »Mein Mann will mich umbringen.« Die Nachbarin klingelte an unserer Vordertür, aber mein Mann sagte: »Das geht

Sie überhaupt nichts an«, worauf die Nachbarin sagte, sie werde die Polizei anrufen.

Am Abend ging er weg und kam um zwei Uhr nachts betrunken nach Hause und fing an, mich zu schlagen. Er hatte meinen Sohn mitgenommen, und mein Sohn sagte, sie seien in einer Kneipe und in einem Wettladen gewesen. Wenn ich mich nicht mit ihm streite, schlägt er mich nicht, aber manchmal hat er mich auch schon geschlagen, damit ich etwas sage.

Am nächsten Tag fing er um fünf Uhr morgens an, mich auf den Kopf zu schlagen. Dann trat er mich. Ich machte die Augen zu, und er schlug mich einfach vor meinen Kindern und trat mir auf die Füße. Er schlug mich Tag und Nacht. Er ging den ganzen Tag nicht aus dem Haus. Mein Neffe kam, mischte sich aber nicht ein, weil er Angst hatte. Ich faltete gerade die Bettdecke, als mein Mann sich hinter mich stellte und mich an den Haaren zog und mich trat. Ich konnte überhaupt nichts dagegen tun. Er ging nach oben, um zu trinken, und ich nahm meine zwei jüngsten Kinder und sagte zu meinem Neffen: »Sag ihm nicht, daß ich weggehe«, aber mein Mann hatte übers Treppengeländer geschaut und das mitangehört, und als ich gerade hinausgehen wollte, zog er mich wieder zurück. Ich rannte wieder hinaus, kam aber nur ein paar Meter weit, dann hatte er mich eingeholt. Ich sah zwei Frauen, die sich auf der Straße unterhielten, und faßte sie an den Händen und bat sie, mir zu helfen. Mein Mann sagte: »Komm, sei doch vernünftig, Liebling.« Eine der beiden Frauen rief nach ihrem Sohn und sagte, sie würde die Polizei holen, aber mein Mann und ihr Sohn gerieten in Streit. Ich blieb eine Weile bei den beiden Frauen stehen. Ich sagte ihnen, mein Mann schlage mich, und die beiden Frauen sprachen mit ihm und sagten dann zu mir: »Warum gehn Sie nicht ins Haus und besprechen alles in Ruhe mit Ihrem Mann, dann wird es schon wieder in Ordnung kommen.« Ich ging auch wieder ins Haus, weil ich die Frau gebeten hatte, die Polizei anzurufen und der Meinung war, daß die Polizei auch kommen werde. Die Frau hatte aber gedacht, daß ich schon mit meinem Mann zurechtkommen würde, und hat die Polizei gar nicht angerufen. Kaum war ich im Haus, da stieß er mich schon wieder herum und trat mich mit Füßen und sagte, er werde mich mit einem Karateschlag umbringen, so daß niemand würde feststellen können, woran ich gestorben sei. Er schlug mich und schlug mich und ich fühlte, wie ich immer schwächer wurde und dachte, ich müßte sterben.

Ich fühlte mich so schwach und wollte nicht in dem Haus sterben, und mein Neffe war ja da. Ich sagte zu ihm: »Halt dich ganz still und verrate mich nicht«, und machte einfach die Tür auf. Ich nahm nur das Baby mit und dachte mir, daß ich noch einmal wiederkommen würde, um die anderen beiden abzuholen. Ich lief die Straße

entlang und stieß mit einem Mann zusammen und bat ihn, mir zu helfen. Er lachte und sagte: »Wie meinen Sie das?« Ich erklärte es ihm und er nahm mich in die Kneipe mit, in der er gerade als Maler arbeitete. Die Wirtin rief die Polizei an und gab mir Wasser zu trinken. Als die Polizisten kamen und mich sahen, wollten sie mich ins Krankenhaus bringen, aber ich sagte, ich hätte noch zwei Kinder und die seien auch in Gefahr zu Hause bei meinem Mann. Sie brachten mich zum Sozialamt, und die Sozialarbeiterin dort sagte: »Wenn man Ihren Mann reden hört, hat man den Eindruck, daß er ein guter Mensch ist.«
Ich bat den Polizisten, mit mir nach Hause zu fahren und meine Kinder abzuholen. Der Polizist sprach mit meinem Mann, und der sagte: »Sie ist meine Frau, und ich kann mit ihr machen, was ich will. Ich würde sie sogar vor Ihnen schlagen.«
Ich bat den Polizisten, mich zu der Sozialarbeiterin, Miss Williams, zu bringen, die für unseren Fall zuständig ist. Miss Williams sagte, ich könnte nicht in ihrem Büro bleiben, erklärte sich aber bereit, mit mir nach Hause zu fahren, damit ich meine Sachen abholen könnte. Ich sagte Miss Williams, daß ich irgendwohin möchte, wo mich niemand finden würde. Miss Williams sagte, ich sollte mir einen Rechtsanwalt nehmen und mich scheiden lassen. Auf die Frage, wo ich denn in der Zwischenzeit bleiben sollte, sagte sie: »Zu Hause natürlich.«
Ich habe keinen Schlüssel zu meinem Haus, deshalb ging mein ältestes Kind durchs Nachbarhaus in den Garten und machte dann die Küchentür auf. Ich ging mit Miss Williams hinein. Mein Mann lag auf dem Bett, und als ich ins Schlafzimmer kam, um meine Sachen zu holen, warf er einen Aschenbecher nach mir und sagte: »Da bist du ja wieder.« Ich antwortete: »Ich gehe für ein paar Tage fort«, und trug meinem ältesten Jungen auf, ein paar Sachen einzupacken. Miss Williams war unten und ich bat sie, heraufzukommen, und sie sagte zu meinem Mann: »Ihre Frau geht nur für ein paar Tage fort.« Er sah mich an und lächelte und sagte auf Französisch: »Ich bringe dich um, wo du auch hingehst.« Miss Williams lächelte und sagte: »Bleiben Sie aber wirklich nicht länger als ein paar Tage.« Niemand glaubt, daß er ein Scheusal ist, weil er immer höflich ist und alle Leute anlügt.
Ich habe niemanden, zu dem ich gehen könnte; unsere Freunde kennen ihn alle, deshalb kann ich nicht bei ihnen bleiben. Seinem Bruder bin ich gleichgültig, der würde mich nur zu ihm zurückbringen. Ich habe meiner Mutter geschrieben und ihr zum ersten Mal gesagt, was für ein Leben ich führe. Er hat auch oft die Kinder geschlagen, vor allem die beiden jüngeren, und sie an die Wand gestoßen.

Fatimas Kinder erholten sich rasch. Schon nach wenigen Tagen lächelten uns die zwei kleinsten an. Der ältere Junge ging mit den anderen Kindern zur Schule. Miss Williams ließ sich erst eines Besseren belehren, als Fatimas Mann drohte, ihr Säure ins Gesicht zu schütten, falls sie ihm nicht verrate, wo seine Frau sich aufhielt. Bis dahin hatte sie nicht glauben wollen, daß er gewalttätig war, weil er »ein so charmanter Mann« sei. So kam es, daß Fatimas Mann eines Tages bei uns vor der Tür stand und weinte und bettelte, seine Frau solle doch zu ihm zurückkommen. Sie weigerte sich und sagte ihm, er solle weggehen und sie in Frieden lassen. Schließlich kehrte sie doch zu ihm zurück, aber es ging nicht gut. Er wurde noch brutaler, und inzwischen hat sie ihn für immer verlassen.

Während Fatimas Kinder nur von ihrem Vater geschlagen wurden, kommen manchmal auch Frauen zu uns, denen wir sehr bald anmerken, daß sie selber ihre Kinder schlagen. In manchen Familien wird die Mutter mißhandelt und reagiert dann ihrerseits ihre Wut und Verzweiflung an den Kindern ab. Es ist leicht einzusehen, wie es dazu kommt, denn wenn eine Frau aufrichtig ist, wird sie sich früher oder später sagen: »Wenn die Kinder nicht wären ...« Ihre Kinder tun ihr leid, aber manchmal sind sie ihr auch lästig.

Laura wurde im Alter von erst vierzehn Jahren von ihrem Vater vergewaltigt und brachte ein mißgebildetes und geistig unterentwickeltes Kind zur Welt. Ihr Vater hatte sie jahrelang immer wieder belästigt, und nachdem Laura Mutter geworden war, trieb er es mit ihren jüngeren Schwestern. Um von zu Hause fortzukommen, heiratete Laura einen neunzehnjährigen Mann. Sie richteten sich eine eigene Wohnung ein, aber schon bald fing er an, sie zu verprügeln. Er hatte eine gute Stellung und arbeitete hart, da er aber nicht lesen und schreiben konnte, war eine Beförderung ausgeschlossen. Er hatte eine fürchterliche Jugend gehabt. Was ihn wahrscheinlich ein für allemal jeden Glauben an die Menschheit verlieren ließ, war der Tod seiner Schwester, des einzigen Menschen, den er während seiner langen Wanderung von einem Waisenhaus ins andere geliebt hatte. Sie war im siebten Monat schwanger gewesen, als ihr Mann ihr in der Badewanne einen tödlichen Stromstoß versetzte. Lauras Mann hatte von daher einen Horror vor Schwangerschaften. Als Laura ihm sagte, daß sie schwanger sei, begann er sie ernsthaft zu schlagen und blieb oft von zu

Hause weg. Das Kind kam zur Welt, aber die Spannungen blieben, und als Laura zu mir kam, sagte sie mir, daß sie seit diesem Baby sieben Fehlgeburten gehabt hatte und sich unbedingt sterilisieren lassen wollte, weil sie ständig schwanger war und ständig geschlagen wurde.

Als sie mich das erstemal anrief, um mir zu sagen, daß sie ihr Baby geschlagen habe, so daß ihm die Nase blutete, rief ich ihre Sozialarbeiterin an und bat sie, sie möglichst sofort aufzusuchen und sie, falls sie sich etwas davon verspräche, zu Woman's Aid zu bringen; wir würden uns eine Zeitlang um Laura und ihr Kind kümmern. Die Sozialarbeiterin fuhr zu Laura und sagte ihr, daß sie vor Gericht kommen könnte, wenn sie ihr Kind schlug.

Kein Krankenhaus war bereit, Laura zu sterilisieren – sie sei noch zu jung und könnte sich später noch mehr Kinder wünschen. Nach zahllosen Gesprächen und endlosem Hin und Her einigte man sich darauf, daß ihr Mann sich sterilisieren lassen sollte, aber es bestand eine so lange Warteliste, daß er erst nach einem halben Jahr an die Reihe gekommen wäre, und das war zu lange. Laura bekam inzwischen ein zweites Kind, das fast ständig im Krankenhaus ist, weil sie sich nicht beherrschen kann und es immer wieder schlägt. Ihr Mann besucht sie von Zeit zu Zeit und hinterläßt ihr meistens ein blaues Auge. Der kleine Junge ist wahrscheinlich auf beiden Ohren taub, weil er so oft geschlagen wurde, und nun endlich wurde doch die Genehmigung dazu gegeben, daß Laura sterilisiert wird. Ihr eigener Entschluß, den sie ja schon vor der Empfängnis des zweiten Kindes gefaßt hatte, war der richtige gewesen.

Manchmal geht es auch so wie in Sarahs Fall: Ihr Mann hatte den mittleren Jungen zu seinem Liebling gemacht, und immer, wenn er sie geschlagen hatte, nahm er den Jungen mit in die Stadt und kaufte ihm ein Geschenk; als der Junge sieben oder acht war, bedeutete es für ihn immer die Aussicht auf etwas Schönes, wenn seine Mutter geschlagen wurde, und deswegen stand er daneben und sah lächelnd zu, um sich bei seinem Vater einzuschmeicheln, doch dafür schlug ihn dann Sarah, sobald der Vater alleine wegging. Dieses Problem löste sich von selbst, als der Junge einen Klassenkameraden mit einer Schere stach und daraufhin in ein Erziehungsheim kam. Aber niemand unternahm etwas, um die beiden anderen Kinder zu Hause zu schützen.

In Marys Fall erkannten wir, daß sie sehr zurückgeblieben war, was sie aber sehr geschickt zu verbergen wußte, bis man sie wirklich näher kennenlernte. Sie konnte weder lesen noch schreiben, aber sie war sehr schön und hatte ein so entzückendes kindliches Wesen, daß man sie einfach gernhaben mußte.

Sie schlug ihre zwei kleinen Kinder. Nicht auf grausame oder sadistische Art, aber immerhin so, wie ein gleichaltriges Kind auf sie reagieren würde. Ich würde sagen, sie war ihrer geistig-seelischen Entwicklung nach ungefähr zehn. Als wir ihrer Sozialarbeiterin von unseren Befürchtungen erzählten, erfuhren wir, daß man darüber Bescheid wußte, daß sie ihre Kinder schlug, und sie im Auge behalten wollte. Wir allerdings stellten fest, daß es mehr brauchte, als sie im Auge zu behalten, um sie zu hindern, ihre Kindern zu mißhandeln, und schon bald kümmerten sich verschiedene Mütter abwechselnd um die Kinder und Mary lag mit einer neuen Schwangerschaft im Bett. Sie sagte uns, sie sei 26. Sie hatte eine Fehlgeburt gehabt, zwei Kinder waren gestorben, das eine durch Ersticken und das andere am Krippentod, und jetzt hatte sie die zwei kleinen Mädchen, die sie zu uns mitgebracht hatte. Wir stellten fest, daß die beiden Todesfälle zumindest sehr fragwürdig waren.

Was Mary braucht, ist die Pflege in der Gemeinschaft, und zwar wahrscheinlich für den Rest ihres Lebens. Sie und ihr Mann haben beide Antrag auf Sterilisation gestellt, denn Mary war der Meinung, daß das ihre letzte Schwangerschaft sein sollte, aber auch hier entschied der Arzt, daß sie noch zu jung sei. Sie kam ins Krankenhaus, und wir kümmerten uns um die Kinder und suchten unterdessen überall nach einer Zuflucht, wo sie nach der Entlassung aus dem Krankenhaus hätte hingehen können. Aber das Problem Mary überstieg unsere Fähigkeiten, und wir beschlossen, die staatlichen Stellen um Hilfe anzugehen. Bei all dem öffentlichen Aufsehen um Kindesmißhandlungen konnte uns das ja nicht schwerfallen. In Wirklichkeit erreichten wir gar nichts. Ein Bett und Frühstück war alles, was die Fürsorge uns für den Fall zusagen konnte, daß wir Mary nicht behielten. Das wäre das Todesurteil für ihre Kinder gewesen, und so nahmen wir sie wieder auf. Zur Zeit ist sie wieder bei ihrem Mann, aber das wird noch einmal tragisch enden, denn wenn auch täglich jemand vom Gesundheitsamt nach dem Rechten sieht, sind die beiden doch die ganze Nacht allein. Wenn wir einmal große Gemeinschaftszentren für

Mütter und Kinder bekommen, wird sie als erste einen Platz erhalten.

Nur wenige Frauen lassen sich dazu hinreißen, ihre Kinder zu schlagen, wenn sie nicht selbst als Kind wiederholt geschlagen wurden. Jane wurde als Kind und als Ehefrau geschlagen, und sie schlägt ihrerseits ihre vier Kinder. Trotzdem schaffte die älteste Tochter Sally die höhere Schule, trotz (oder vielleicht wegen) der seelischen Belastung, die es für sie bedeuten mußte, daß beide Eltern tranken und gewalttätig waren und sie, Sally, praktisch noch den ganzen Haushalt führen mußte.

Ich habe es immer wieder erlebt, daß Kinder, deren Mütter sie mißhandelten, auf behördliche Anordnung in ein Heim gebracht wurden. Ich habe festgestellt, daß das oft für Mutter und Kind katastrophale Folgen hat. Ein Kind, das geschlagen wird, kann trotzdem eine sehr starke Bindung zu seiner Mutter entwickeln. Die Frau braucht ein Kind, und wenn ihr eins weggenommen wird, geht sie hin und bekommt wieder eins. Die Sozialhilfe ist nicht mehr als ein Almosen, weshalb die Frau leicht auf den Gedanken kommt, sich von einem Mann nach dem anderen den Lebensunterhalt bezahlen zu lassen. Unterdessen gibt der Staat für jedes ihrer Kinder etwa 30 Pfund pro Woche aus. Würde man der Mutter 30 Pfund pro Woche geben, hätte sie eine Chance, ihre Familie zusammenzuhalten. Durch die Einweisung eines Kindes in ein staatliches Heim wird die Zwangslage der Mutter nicht beseitigt. Sie tauscht nur ein Problem gegen ein anderes ein. Ich halte es für denkbar, daß in Zukunft die staatliche Fürsorge Mutter und Kind beisammen läßt und notfalls beide in ein Heim einweist.

Ros verbrachte zwei Monate in unserem Zentrum. Sie kam zu uns, nachdem sie ihrem Mann davongelaufen war. Sie hatte ihn in einer psychiatrischen Klinik kennengelernt, wo sie nach einem neuerlichen Nervenzusammenbruch behandelt wurde. Ros war eine von den zahllosen unterprivilegierten Frauen, die in unser Zentrum kommen. Ian, so sagte sie uns, sei grausam und bösartig (was nicht stimmte), und sie hätten nur ein einziges Zimmer, wodurch alles noch viel schwieriger würde. Sie hatte zwei Kinder dabei, und man sah auf den ersten Blick, daß das ältere schwer gestört war. Wir setzten uns mit ihrer Sozialarbeiterin in Verbindung, die uns sagte, daß sie Ros seit Jahren kenne und den Eindruck habe, daß ihr kaum zu helfen sei. Ros' Geschichte erschien uns so kompliziert, daß wir sie baten, sie für uns niederzuschreiben. Dies ist der Anfang ihres Berichts:

Ich schreibe diese Geschichte auf, weil ich glaube, daß ich anderen Frauen, ob ledig oder verheiratet, damit vielleicht helfen kann. Mein Leben lang habe ich nach dem Unmöglichen gesucht: Liebe und Geborgenheit. Sie müssen nämlich wissen, daß ich als Kind niemanden hatte, der mich liebte. Die Leute wandten sich von mir ab. Im Schoß meiner Mutter war es so warm, da entbehrte ich nichts und hatte nichts zu befürchten, aber dann kam der Tag, an dem ich diese warme und sichere Stätte der Geborgenheit verlassen mußte – und mein Leben begann.

Ich blieb einen Monat mit meiner Mutter im Krankenhaus, dann wurde ich in ein Haus gebracht, wo sich kein Mensch darum kümmerte, was mit mir geschah. Man legte mich in schmutzige Bettchen und gab mir schmutzige Fläschchen, und damit niemand auf mich aufzupassen brauchte, banden sie mir die Arme am Bett fest, so daß ich nicht herausfallen konnte. Nach einer Weile rebellierte mein Magen gegen die schmutzigen Flaschen, und ich mußte wieder ins Krankenhaus, weil ich Magen-Darm-Katarrh hatte und man schon glaubte, daß ich sterben würde – ich hätte damit jedenfalls vielen Leuten einen großen Gefallen getan: meine »Mutter« hätte dann wieder zu ihren eigenen Kindern gehen können, aber leider kam es anders. Nachdem mir der Priester die letzte Ölung gegeben hatte, besserte sich mein Zustand wieder. Ich war noch einmal davongekommen, durfte am Leben bleiben – aber wozu? Ich kam also wieder in die Wohnung dieser Frau zurück und blieb dort, bis ich sechs war. Sie hatte noch andere Kinder, einen Jungen und ein Mädchen, und alles, was meine richtige Mutter (zu der ich immer Tante sagte) mir mitbrachte, wurde mir weggenommen und den beiden gegeben. Bei Regen und Gewitter mußte ich im Hof draußen bleiben. Auch bei kaltem Wetter mußte ich ohne Bettdecken, nur mit meiner Wolljacke zugedeckt, schlafen.

Die Leute hatten mich jedenfalls bald satt und überlegten, wo sie mich hinschicken könnten, und so kam ich in ein Kloster in Chertsey. Dann kam ich dort weg und in ein anderes Kloster in Willesden. Dann wurde ich krank und kam in ein Heim für Rekonvaleszenten in Dover, und von dort kam ich an einen Ort in Suffolk. Weil damals Krieg war und alle Kinder evakuiert wurden, hat es sicher noch viele andere gegeben, die genauso verängstigt und eingeschüchtert waren wie ich und sich schrecklich nach ihrer Mutter und ihrem Vater sehnten. Ich wurde bald zu meinen Eltern zurückgebracht und begann ein neues Leben in einer französischen Schule. Ich gab mir dort aber nicht besonders viel Mühe. Ich wünschte heute, ich hätte es getan. Ich kam daraufhin in eine

andere Schule, wo sie mich alle auslachten. Ich mußte lange Röcke bis zu den Knöcheln tragen, und sie nannten mich alle »Bohnenstange« und sagten immer: »Paß auf dem Heimweg auf, daß du nicht in einen Gully fällst.« Ich hatte nie Freunde, und meine Mutter und mein Vater mochten mich auch nicht. Ich kam aus der Schule und ging arbeiten, damit mein Vater ein bißchen mehr trinken konnte. Er hatte einen Eimer in seinem Zimmer, weil wir drei Treppen hinunter mußten, wenn wir auf das Klo im Hof wollten, und als ich eines Tages heimkam, sagte er, ich hätte seine Hemden nicht richtig gebügelt, nahm einen Lappen, tauchte ihn in den Urineimer und steckte ihn mir in den Mund. Ich mußte ihm auch immer die Zigaretten drehen, bevor ich zu Bett ging, seine Schuhe putzen und mucksmäuschenstill in der Küche sitzen – er ging regelmäßig um sieben Uhr abends zu Bett.
Meine Mutter arbeitete den ganzen Tag. Sie schlief nicht mit ihm und konnte ihn nicht leiden. Er konnte mich auch nicht leiden. Mit der Zeit sprach er überhaupt nicht mehr mit mir und legte mir Zettel hin, auf die schrieb er, was ich tun sollte. Meine Mutter sah ich nur sehr selten, und abends im Bett bekam ich oft furchtbare Angst, weil ich immer seine Hände auf mir spürte. Meine Mutter kam meistens um ein Uhr nachts von einem Mann heim, der in der Kneipe beschäftigt war, in der sie als Köchin arbeitete.
Als ich noch zur Schule ging, passierte mir eines Tages etwas Schreckliches. Ich fühlte etwas auf meinem Stuhl und dachte, ich hätte mich irgendwo verletzt. Ich schaute hin und sah, daß es Blut war. Ich rannte aus dem Klassenzimmer zur Arbeitsstelle meiner Mutter und erzählte ihr davon, aber sie sagte: »Sei nicht albern, das bekommt man eben ab und zu. Jetzt geh wieder in die Schule zurück.« Ich wußte immer noch nicht, was es war. Meine Mutter und mein Vater ekelten sich jedenfalls davor, über Sachen wie Sex und Menstruation zu sprechen, und als ich dann in eine Druckerei arbeiten ging, dachte ich immer noch, daß der Klapperstorch die Babys bringt. Die anderen Mädchen zogen mich immer auf. Ich machte in der Druckerei einen Schulungskurs mit, aber die anderen lachten mich immer noch aus und neckten mich. Meine Röcke waren albern, genauso meine Schuhe und meine Frisur, und ich war zu schüchtern, um mit jemandem Freundschaft zu schließen, obwohl ich mich nach Freundschaft sehnte. Ich hörte, wie die andern sich immer über das Ausgehen, über das Kino usw. unterhielten, aber mich luden sie nie ein. Ich habe dann in der Druckerei gekündigt.
Ich wurde dann Verkäuferin bei Woolworth am Buchstand, und da war ein Junge, der oft kam und sich etwas zu lesen kaufte, und ich freundete mich richtig an mit ihm und traf mich mit ihm nach der Arbeit, aber meine Mutter und mein Vater wußten nichts

davon. Ich sagte ihnen immer, ich müßte Überstunden machen, und sie glaubten mir das. Eine Zeitlang waren wir sehr ernsthaft befreundet, dieser Junge und ich. Ich erfand alle möglichen Ausreden, um am Sonntag von zu Hause weg zu können, ich sah mir sogar Spiele von Reservemannschaften an. Später nahm er mich auch öfter zu seinen Eltern mit, und das waren sehr nette Leute. Ich war glücklich, daß sich endlich einmal jemand für mich interessierte. Dann wurde er eingezogen, und am letzten Tag kam er zu mir zu Woolworth und fragte mich, ob ich ihn heiraten wollte. Ich war natürlich glücklich, aber ich mußte mir auch Sorgen machen. Ich mußte es ja meinen Eltern sagen. Ich sagte es meiner Mutter, sie sagte es meinem Vater und er sagte sofort: »Nein.« Er sagte meiner Mutter, sie sollte die Adresse meines Freundes ausfindig machen, und ich mußte sie ihr sagen, und dann schrieb er meinem Freund einen ganz gemeinen Brief, daß er mich nicht ernähren könnte und mich nie wiedersehen dürfe, aber ich traf mich trotzdem noch mit ihm, und wir gingen immer mit seinen Freunden und deren Freundinnen aus. Als ich einmal in der Nacht heimkam, packte mich mein Vater und sagte, ich sollte mir den Dreck vom Gesicht wischen und mich waschen, und zum ersten Mal weigerte ich mich, und er verpaßte mir eine anständige Tracht Prügel. Er mochte es nicht, daß ich mir die Lippen anstrich oder das Gesicht puderte. Dann kam mein Freund nach Singapur, und er versprach, mir regelmäßig zu schreiben. Ich mußte dann jeden Morgen den Briefträger abfangen, weil meine Mutter manchmal meine Briefe aufmachte und sie dann verbrannte.

Während mein Freund in Übersee war, arbeitete ich weiter, und ich fragte den Abteilungsleiter, ob ich am Abend Überstunden machen könnte, Auslagen dekorieren und so, weil ich richtig Angst davor hatte, nach Hause zu gehen, wo ich immer allein war. Na, jedenfalls verging die Zeit und mir ging es so auf die Nerven, daß mein Vater andauernd trank und meine Mutter immer die ganze Nacht arbeitete, daß ich eines Tages in die Apotheke ging und mir Aspirintabletten und Beruhigungssaft kaufte und alles auf einmal schluckte. Das schadete mir aber nichts, außer daß ich sehr schläfrig davon wurde. Ich hatte auch einen Brief von meinem Freund bekommen, in dem er mir schrieb, daß er sich eine andere Freundin suchen würde, wenn ich ihn nicht heiratete, und als er aus Singapur zurückkam, machte er es auch so. Er heiratete ein Mädchen, das er vor mir gekannt hatte. Meine Mutter und mein Vater gerieten darüber vor Freude ganz außer sich.

Sie ließen mich jetzt abends zu Hause immer arbeiten, und am Sonntag holte mein Vater mich um fünf Uhr morgens aus dem Bett, und dann mußte ich Holz hacken und er machte dann seine

Runde durch die Kneipen. Er legte sich auch eine Freundin zu, und als ich einmal mit meiner Mutter in der ... straße ins Kino ging, wen sehen wir da auf einmal hinter uns auf der Rolltreppe? Meinen Vater mit einer Frau. Als wir oben angekommen waren, sagte ich zu ihm: »Wer ist denn das?« Er sagte, ich solle mich gefälligst um meinen eigenen Kram kümmern. Er war betrunken und packte mich an den Haaren und schleifte mich die Straße entlang bis zur Polizeiwache Tottenham Court Road, und dort sagte er den Polizisten, sie sollten mich nehmen und einsperren, denn er wolle mich nicht mehr sehen, aber die Polizisten sagten ihm, er solle mich heimbringen, und wenn er mich noch mal mißhandelte, würden sie ihn einsperren, also mußte er tun, was sie ihm sagten.
Ich weiß noch, als ich zur Schule ging, kam er immer betrunken nach Hause und konnte nicht die Treppen hinaufsteigen, weshalb er auf allen vieren hinaufkroch, und er trieb mich immer in die Ecke des Zimmers und schlug mich auf den Kopf und sagte: »Wozu bist du bloß auf der Welt?« Das habe ich mich selber auch oft gefragt ...
Jedenfalls, als es mit meinem Freund aus war, ging ich von Woolworth weg und arbeitete dann in einer Fabrik für Elektrogeräte, und dort lernte ich meinen ersten Mann kennen. Er war ein Frauenheld, und ich unterhielt mich öfter mit ihm, ging aber nie mit ihm aus. Na ja, einmal zu Weihnachten hatten wir in dieser Fabrik eine Party, und er machte mich so betrunken, daß ich mit ihm in einen Lagerraum ging, und dort vergewaltigte er mich. Ich hatte keine Ahnung von Sex, obwohl ich schon achtzehn war, und dachte, ich wäre krank, als ich die Tage nicht mehr kriegte. Ich fragte eine Frau, die neben mir arbeitete, und sie meinte, ich würde wohl ein Baby bekommen. Ich hatte fürchterlichen Bammel vor meinen Eltern und wollte es verheimlichen, aber mir wurde morgens immer schlecht, und meine Mutter fragte mich eines Morgens, ob ich was mit einem Mann gehabt hätte. Ich sagte ja, und da nannte sie mich eine Schlampe, und ich sagte, das hätte ich nicht gewollt. Jedenfalls sagte sie es meinem Vater, und der brachte mich fast um, und dann kam eines Abends mein Freund vorbei, und ich sagte ihm, ich würde ihn heiraten müssen, und er fragte »Warum denn das?«, und ich sagte »Ich kriege ein Kind von dir«, aber da gab er mir einen Schlag in die Magengrube, daß ich rosa Sternchen und alle Farben sah. Er sagte, daß er es mit seiner Mutter und seinem Vater besprechen müßte. Das tat er auch, und es wurde beschlossen, daß wir doch heiraten sollten. Meine Mutter und mein Vater waren gar nicht glücklich darüber, und sein Vater auch nicht. Wir gingen zum Standesamt, und als Tag für die Trauung wurde ein Samstag festgesetzt.

So ging der Bericht weiter, Seite um Seite. Es war das erstemal, daß Ros eine Gelegenheit bekommen hatte, sich in aller Ruhe hinzusetzen und ihre Gedanken und Erinnerungen zu sammeln, und so brachte sie ihre ganze Lebensgeschichte zu Papier.

Weder ihre noch seine Eltern kamen zu der Trauung auf dem Standesamt, und beide Elternpaare weigerten sich auch, das junge Paar bei sich wohnen zu lassen. Ros hatte dann eine Fehlgeburt. Eine zweite Fehlgeburt hatte sie, nachdem ihr Mann sie die Treppe hinuntergeworfen hatte, und als sie aus dem Krankenhaus kam, war sie ganz allein.

Sie ging zu ihren Eltern zurück, aber ihr Vater warf sie schon bald wieder hinaus, sie ging auf die Straße und landete schließlich in dem die ganze Nacht geöffneten Lyons. Sie fing an, Benzedrin zu nehmen, und zwar in immer höheren Dosen, bis sie ins Krankenhaus St. Thomas eingeliefert wurde. Als sie herauskam, probierte sie es noch mal bei ihren Eltern, aber ihr Vater blieb dabei, daß sie sich nie mehr blicken lassen sollte.

Sie ging dann wieder ins Lyons zurück und nahm auch wieder Drogen. Dann lernte sie den Vater ihres ersten Kindes kennen. Als sie ihn ihren Eltern vorstellte, gaben sie nach und nahmen die beiden auf. Als aber ihre Mutter merkte, daß sie schwanger war, schob sie sie in ein Mütterheim ab. Der Vater des Babys verbüßte zu der Zeit eine Gefängnisstrafe wegen Raubes und Körperverletzung. Ros zog zu der Familie eines Mädchens, das sie in dem Heim kennengelernt hatte, aber sie mußte bis zehn Uhr abends als Platzanweiserin arbeiten und das Baby, Anthony, wurde von der Frau, die auf es aufpassen sollte, so vernachlässigt, daß es starb. Ros kam mit Blasenkatarrh, Unterernährung und Bronchitis ins Krankenhaus.

Sie ging dann wieder nach London und überredete ihre Mutter, sie wieder bei sich aufzunehmen. (Der Vater war unterdessen gestorben.) Sie hatte innerhalb von drei Monaten achtzehn verschiedene Arbeitsstellen. Dann kam Anthonys Vater aus dem Gefängnis, und bald darauf war sie schon wieder schwanger, aber der Mann hatte noch eine andere Freundin. Ihre Mutter ließ sie daraufhin in eine psychiatrische Klinik einweisen. Als ihre Tochter Julie zur Welt kam, wurde sie ihr nach sieben Tagen weggenommen, weil sie in der Klinik nicht für sie sorgen konnte. So ging die Geschichte endlos weiter. Jedesmal wenn Ros aus dem Krankenhaus entlassen wurde, konnte sie nur wieder zu ihrer Mutter gehen, und ihre Mutter wollte sie nicht haben. Als ihr Sohn Alan zur Welt kam, brachte die Mutter ihn eine Woche nach der Geburt in ein Heim. Ros unternahm eine ganze Reihe von Selbstmordversuchen. Anthonys und Julies Vater war erneut mit dem Gesetz in Konflikt geraten und erwürgte sie beinahe, als sie damit drohte, ihn anzuzeigen. Als dann die Polizei ins Haus kam, verriet sie ihn tatsächlich, und er bekam fünf Jahre.

Der Vater ihres Sohnes Joe war ein um fünfzehn Jahre älterer, ziemlich ungehobelter Ire. Als sie nach der Geburt nicht gleich wieder arbeiten gehen konnte, verprügelte er sie. Und dann brachte er Joe fort, als Ros einkaufen war. Als er zu ihr zurückkehrte, wurde er immer brutaler und trank immer mehr, und Ros bekam noch mehr Angst.

Ros unterbrach die Aufzeichnung ihrer Lebensgeschichte, weil Ian vorbeigekommen war und lange mit uns gesprochen hatte. Gewiß hatte er selber eine ganze Menge Probleme, aber er war nicht so gewalttätig, wie sie befürchtete. Ros' größtes Problem war, daß sie fast panische Angst vor allen Männern hatte, und wenn Ian nur ein bißchen lauter redete, steigerte sie sich gleich in einen hysterischen Zustand der Angst vor einem möglichen Streit hinein. Wir versuchten es mit den staatlichen Familien- und Eheberatungsstellen, aber nachdem Ros und Ian mehrmals vereinbarte Termine nicht eingehalten hatten, meinten die Beamten: »Wir haben nicht den Eindruck, daß diese beiden Wert auf unsere Hilfe legen.« Man könne eben nichts tun, wenn die Leute selber sich nicht helfen lassen wollten. Es kam einem schon sehr sonderbar vor, daß zwei Menschen sich in einer solchen Notlage befanden und niemand ihnen die Hand zur Hilfe reichen wollte.

Wir interessierten Ian und Ros für die Squatters-Bewegung, und sie besuchten gemeinsam ein paar Versammlungen, obwohl Ros noch immer bei uns wohnte. Damals bekam Ian einen Brief, in dem Ros mitgeteilt wurde, daß ihr Sohn Alan jetzt sechzehn Jahre alt sei und der Staat nicht mehr für ihn zu sorgen brauche und sie jetzt eine Bleibe für ihn finden müsse.

Ros fiel aus allen Wolken. Was ihr passiert war – und, wie ich feststellte, auch Hunderten anderer Frauen passiert –, ist folgendes: Jedesmal, wenn eines ihrer Kinder ihr weggenommen oder in ein Heim gebracht oder adoptiert wurde, ersetzte sie es durch ein anderes. Sie hatte insgesamt sieben Kinder zur Welt gebracht, und diesen einen Sohn – Alan – fast völlig vergessen.

Ros nahm Verbindung mit der Sozialarbeiterin auf, und der Junge rief in großer Aufregung an, weil er seine Mutter sehen wollte, an die er sich nicht erinnern konnte, ebenso die zwei Halbschwestern, von deren Existenz er nichts gewußt hatte. Er kam eines Morgens in die Belmont Terrace 2, und ich werde nie sein Gesicht vergessen, als er seine Mutter sah – eine verbrauchte, vorzeitig gealterte, abgehärmte Frau mit geschwollenen roten Händen, die in dem tristen kleinen Haus stand. Sie weinte, und er bemühte sich tapfer, die Tränen zu unterdrücken. Er kam sie noch ein paar Mal besuchen, aber wohl nur, um sich endgültig zu überzeugen, daß der schöne Traum, den er sicherlich eine Zeitlang geträumt hatte, nicht in Erfüllung gehen konnte. Ich nahm Verbindung mit dem Wohnheim auf und erzählte den Leuten, in welchem Zustand sich seine Mutter befand, aber sie sagten mir, daß er bereits mit dem Gesetz in Konflikt geraten sei und sie nicht mit ihm fertig würden. Außerdem, so erfuhr ich, war er in den letzten Wochen besonders häufig betrunken und gewalttätig gewesen.
Eine andere Sozialarbeiterin erzählte mir dann von Ros' Sohn Joe, der in der Schule Schwierigkeiten hatte und bei seinem Vater wohnte, der ihn schlug und mißhandelte: Man habe versucht, Joe dort fortzuholen, aber das sei schwierig, weil der Junge sich lieber schlagen lasse, als in ein Heim zu gehen. Er sei praktisch von Kindheit an auf der Straße gewesen, und es käme wohl nur eine geschlossene Anstalt für ihn in Frage – vielleicht sei er deshalb bei seinem Vater immer noch besser dran.
Es war inzwischen Ende Dezember geworden, und Ros verließ das Zentrum, um mit Ian Weihnachten zu feiern. Obwohl es uns schwerfiel, entschlossen wir uns, sie im neuen Jahr nicht mehr aufzunehmen, weil wir sahen, daß nicht Ian ihr Problem war. Er war freundlich und gutmütig und konnte nicht für die Geister der Männer verantwortlich gemacht werden, die Ros mißhandelt hatten. Außerdem war es unfair, ihn von den Kindern zu trennen, denn er war ihnen sehr zugetan.
Vor ein paar Tagen habe ich Ros auf der Straße gesehen. Sie ist immer noch mit Ian zusammen, arbeitet immer noch in der Squatters-Bewegung und bewohnt immer noch mit ihrer Familie ein einziges Zimmer.

Die Kinder mißhandelter Ehefrauen haben keine Chance. Als ich die Geschichte von Jennifers neun Brüdern und Schwestern Steinchen für Steinchen zusammensetzte, stellte sich heraus, daß sie alle auf die eine oder andere Art in Schwierigkeiten waren. Ein Junge war im Gefängnis, und drei seiner Brüder hatten auch schon gesessen. Ein paar von den Mädchen waren bei Kaufhausdiebstählen erwischt worden und in Erziehungsanstalten gewesen. Ich fragte mich, ob diese Tragödien nicht zu vermeiden gewesen wären, wenn wir schon vor dreißig Jahren eine Selbsthilfeorganisation wie Women's Aid gehabt hätten, die damals die Mutter vor Gewalttätigkeiten bewahrt hätte.

Jennifer wurde im Alter von zwölf Jahren von ihrer Mutter getrennt. Die Wohlfahrt war der Ansicht, daß die Mutter nicht geeignet sei, ihre zehn Kinder zu erziehen, vor allem, weil sie durch ständige Mißhandlungen ihres Mannes völlig entnervt war, und so wurden die Kinder auf Pflegeeltern und Kinderheime verteilt, und die Mutter wurde Streunerin.

Jennifer kam zu einem Ehepaar in Pflege, das sie grausam behandelte, sie schlug und ihr nichts zu essen gab. Sie brannte schließlich durch und nahm eine Arbeit in einem Hotel an, wo sie ihr erstes Kind bekam, ging dann nach London und zog ruhelos umher, bis sie einen anderen Mann kennenlernte, mit dem sie dann zwei weitere Kinder hatte. Er ließ sie mit den drei Kindern unter vier Jahren in einer Wohnung im dritten Stock einer Mietskaserne in Hammersmith sitzen. Kein Kinderwagen, keine Familie, nichts als eine heruntergekommene Wohnung in der feindseligen, freudlosen Welt der Obdachlosen, die als der Abschaum der Menschheit gelten und in solchen Gettos zusammengepfercht werden, um dort endgültig zu verkommen.

Fünf Wochen vor dem Brand wurde ihr der Strom gesperrt, weil sie die Rechnung nicht bezahlt hatte, und sie saß ohne Heizung im Dunkeln und bat schließlich die Wohlfahrt, sich ihrer Kinder anzunehmen, weil sie selbst es nicht schaffte. Sie sagte, es sei unmöglich, weil sie keine vernünftige Bleibe hätten und sie überall Schulden hätte.

Am selben Tag ging sie zur Münzwäscherei und ließ die Kinder so lange alleine in der Wohnung. Wahrscheinlich hatte sie einen illegal angeschlossenen elektrischen Heizofen in Betrieb, oder ein Kind hatte etwas darübergeworfen. Als sie auf dem Rückweg von der Wäscherei um die Ecke bog, kamen jedenfalls Rauch und Schreie aus ihrer Wohnung.

Die Nachbarn standen vor dem Haus, und sie konnte ihre

Kinder schreien hören. An eine Rettung der Kinder war nicht mehr zu denken, weil das Feuer schon viel zu weit um sich gegriffen hatte, und wohlmeinende Leute hielten sie mit Gewalt zurück. Die Feuerwehrleute gingen hinein, aber da war es schon viel zu spät. Als sie wieder herauskamen, sahen sie sie haßerfüllt an, denn schließlich hatte sie ihre Kinder unbeaufsichtigt in der Wohnung zurückgelassen.

Die Polizei kam, besichtigte die verbrannten Leichname und nahm Jennifer mit auf die Wache. Zwei Stunden war sie in einer Zelle eingesperrt, während die Polizisten ermittelten, ob sie vorbestraft war. Währenddessen machten sie ihr Vorwürfe, daß sie ihre Kinder alleingelassen habe, sagten, daß sie dafür bestraft werden müsse, und deuteten an, daß die Strafe ziemlich hart ausfallen könne. Zum Glück stand Jennifer noch so unter der Schockwirkung, daß sie gar nicht richtig mitbekam, was die Männer da faselten.

Es existierte natürlich keine Akte über sie, und deshalb schickten sie sie mitten in der Nacht auf die Straße, obwohl sie keine Bleibe mehr hatte und auch keine Bekannten, bei denen sie hätte übernachten können. Sie irrte umher, bis sie eine betrunkene Frau traf, die sie früher einmal gekannt hatte; bei dieser Bekannten konnte sie dann übernachten. Tags darauf ging Jennifer zur Wohlfahrt, wo man ihr eröffnete, daß sie keinen Anspruch auf eine Unterkunft mehr habe, da sie ihre Kinder verloren habe und sie jetzt als ledige Obdachlose geführt werde. Man gab ihr außerdem den Rat, besser nicht mehr zu ihrer ausgebrannten Wohnung zurückzukehren, weil die Nachbarn, die nie einen Finger gerührt hatten, um ihr zu helfen, sie sonst lynchen könnten. Eine Sozialarbeiterin hatte dann wenigstens Mitleid mit ihr und schickte sie zu uns.

Als Jennifer in unser Frauenhaus kam, war sie seelisch völlig aus dem Gleichgewicht. Sie war sehr schlank, hatte langes schwarzes Haar und sah nicht so alt aus, daß man ihr drei Kinder zugetraut hätte. Sie hatte die Leichname ihrer drei Kinder identifizieren müssen. Von dem Kleinsten war nur eine Plastiktüte mit Überresten übriggeblieben, aber die beiden älteren hatten schwarz verkohlte Gesichter gehabt, die mit den freiliegenden Zähnen zu einer qualvollen Grimasse verzerrt schienen. Jennifer lag inmitten von zwölf anderen Frauen und Kindern auf ihrem Feldbett und schaukelte in ihrem Schmerz immerzu hin und her. Wir gaben ihr Kaffee und Suppe und versuchten nach Kräften, ihr durch Freundlichkeit und gutes

Zureden über den furchtbaren Verlust hinwegzuhelfen. Sie hatte schon so viel durchgemacht, daß sie kaum eine Gefühlsbewegung erkennen ließ, abgesehen von dem Hin- und Herschaukeln und den Alpträumen, von denen sie am Morgen immer ganz erschöpft war. Wir fürchteten, sie könnte den Verstand verlieren, aber sie blieb bei uns und ich sprach stunden- und tagelang mit ihr über die Kinder, und schließlich kam sie zu der Einsicht, daß sie es schlechter gehabt hätten, wenn sie am Leben geblieben wären.
Die Beerdigung war noch einmal eine schwere Prüfung für sie, und wir brachten Unmengen von Blumen ans Grab. Ihre Sozialarbeiterin kam auch, und wir stellten schockiert fest, daß man nur einen Styroporsarg bekommt, wenn man auf Staatskosten begraben wird. Die drei kleinen Särge wurden in die Grube hinuntergelassen, aber die sparsamen Konstrukteure hatten nicht daran gedacht, daß Eisengriffe in diesem leichten Material nicht halten, und einen Moment lang sah es so aus, als würde das mittlere Kind uns direkt vor die Füße rollen. Der Vikar war angeheitert und zu nichts zu gebrauchen; wir schmückten den Grabhügel über und über mit Narzissen und fuhren mit Jennifer heim. Es war ausgestanden.
Sie hat jetzt eine Stelle nicht weit von unserem Zentrum und kommt ab und zu einmal vorbei. Wir haben die Gemeinde dazu gebracht, ihr eine Wohnung zur Verfügung zu stellen, wobei wir die Tatsache ausnutzten, daß die Leute ein schlechtes Gewissen hatten, weil sie sich nicht um Jennifer gekümmert hatten, als sie so dringend Hilfe gebraucht hätte; außerdem hatten sie natürlich kein Interesse daran, daß wir die Sache an die große Glocke hängten. Aber in einem Punkt setzten sie sich doch durch: Sie lehnten es ab, ihr einen Zuschuß zum Erwerb von Möbeln zu geben, weil die angesengten Sachen aus ihrer alten Wohnung angeblich noch verwendbar waren. Die Interessen der Steuerzahler müßten gewahrt werden, hieß es.
Die größte Gefahr für Jennifer bestand jetzt darin, daß sie versucht sein konnte, sich gleich wieder ein paar Kinder anzuschaffen, und wir mußten ihr lange zureden und ihr einen annehmbaren Ersatz anbieten. Sie ließ sich dann doch eine Spirale einsetzen und erklärte sich bereit, ab und zu die Babys von Müttern zu pflegen, die neu zu uns gekommen waren und sich erst einmal ausruhen mußten.
Wir haben festgestellt, daß die Töchter der Frauen, die zu uns kommen, meist passiv und kontaktscheu sind, im Gegensatz

zu den Jungen, die mehr zu Aggression und Zerstörungswut neigen. Das heißt jedoch nicht, daß die Mädchen weniger stark geschädigt wären.
Die folgenden Berichte zeigen, wie einige der Mädchen das Leben in ihrer Familie empfanden:

Audrey, elf Jahre alt
Ich bin hier, weil mein Vater meine Mama schlägt. Mein Vater war sehr grausam. Er hat uns nichts anzuziehen gekauft. Wenn mein Vater mit meiner Mutter schimpfte, wurde ich sehr nervös und konnte nicht schlafen und manchmal wurde ich sehr krank.
An einem Sonntagabend kämmte meine Mutter meiner Schwester das Haar, und mein Vater nahm einen großen Stuhl und warf ihn durch die Luft und traf damit meine Schwester. Eigentlich wollte er meine Mutter treffen. Jeden Sonntag stritt er sich mit meiner Mutter.

Regina, 13 Jahre alt
Ich bin hier, weil mein Vater jeden Abend, wenn er ausging, vorher zu meiner Mutter sagte »Komm doch mit einen trinken« und Mama immer sagte »Nein, ich bleibe hier, ich bin müde und will ins Bett gehn«. Er ging dann trotzdem immer und kam betrunken heim und prügelte meine Mama, und ich habe alles gesehen und gehört. Er hörte die ganze Nacht nicht damit auf, so daß meine Mama aufstehn und sich zu meiner kleinen Schwester ins Bett legen mußte, aber er kam ihr nach und zog sie wieder heraus. Wenn er meine Mama schlug, versuchte mein großer Bruder, ihn zurückzuhalten, aber mein Vater stieß ihn weg, und deshalb rief er dann mich zu Hilfe, aber mein Vater schrie mich nur an, ich solle abhauen und stieß mich weg. Wenn wir tagsüber etwas spielten und er war schlechter Laune, dann sagte er etwas wie »Jetzt hört auf mit dem Krach, ihr blöden Kühe« oder »Gebt Ruhe, ihr Drecksbälger«, und wenn wir dann weiterspielten, dann schlug er uns und schickte uns ohne Abendessen ins Bett, aber Mama brachte uns dann heimlich etwas, aber wenn er es merkte, dann schlug er meine Mama, wie er es jede Nacht tut.
Eines Tages kam ich von der Schule nach Hause, stellte meine Schultasche in mein Zimmer wie immer und ging ins Wohnzimmer. Ich war kaum drin, als mein Vater mir nachkam. Als er die Unordnung im Wohnzimmer sah, sagte er: »Warum hast du nicht aufgeräumt, du faules Stück?« Ich wollte ihm sagen, daß ich eben erst nach Hause gekommen war, aber er hörte mir nicht zu und deshalb sagte ich: »Eigentlich sollst du ja aufräumen, während Mama arbeitet.« Daraufhin schlug er mich und schickte mich ins Bett. Als er dann endlich das Abendessen machte, hörte ich meine

Schwester fragen: »Papa, soll ich Regina zum Abendessen rufen?« Er antwortete: »Nein, das faule Miststück bekommt nichts zu essen.« Als Mama heimkam, erzählte ich es ihr, und sie gab mir ein paar Chips und ein bißchen Wurst. Ein paar Tage später hat er sie wieder verprügelt. Ich bin gleich nach meinen Ferien hierher gekommen, weil er versucht hat, meine Mutter zu erwürgen, und sie es nicht mehr aushielt, so daß wir von zu Hause fortgehen mußten.

Bernadette, 12 Jahre alt
Wir sind nach Chiswick gekommen, weil mein Stiefvater furchtbar gemein zu meiner Mama ist. Er schlägt sie ins Gesicht und verprügelt sie. Er streitet immer mit ihr und hört nie auf. Sie haben sich schon wegen einem winzigen Stecker gestritten und können sich nie vertragen. Aber wenn er sie schlägt, dann schlägt sie nie zurück. Sie könnte ihn ja treten, und das würde ihm eine Lehre sein und er würde es dann vielleicht nie mehr tun. Es wird ihm auch eine Lehre sein, daß wir jetzt alle fortgegangen sind. Er ist ein richtiger Idiot. Er ist der dümmste Mann, den ich kenne.

Die Inzestrate in diesen Familien ist hoch, weil der Mann sich nicht in der Rolle des Ehemanns/Vaters/Beschützers/Ernährers der Familie sieht. Wenn die Mädchen heranwachsen, erregen sie ganz selbstverständlich sein sexuelles Interesse – und zwar im allgemeinen im Alter von acht bis neun Jahren –, und wenn die älteste Tochter dreizehn oder vierzehn ist und andere Freunde hat, wendet sich der Vater dem nächstjüngeren Mädchen in der Familie zu.
Das kleine Mädchen, das auf die Annäherungsversuche seines Vaters eingeht, kommt schon im zarten Alter zu dem Schluß, daß es sich aus eigener Kraft innerhalb der Familie behaupten muß. Sie verführt den Vater, wenn er guter Laune ist – entlockt ihm mit ekstatischen Verrenkungen Geld –, und wenn sie älter wird, erkennt sie, daß sie beide Eltern erpressen kann. Wenn der Vater sich ihr direkt nähert, willigt sie gnädig ein, klagt aber dann der Mutter ihr Leid. Über den Vater übt sie jetzt eine sehr reale Macht aus, weil sie es ja jederzeit »sagen« kann, und Inzest gilt ja in unserer Gesellschaft als ein abscheuliches Verbrechen.
Die Mutter erkennt in dieser Situation meist, daß sie ihrer Tochter hilflos ausgeliefert ist. Selbst wenn sie über die Situation unglücklich ist, sind ihr die Hände gebunden, weil ihr Mann und das Kind sich gegen sie verbünden. Oft sorgt aber

eine inzestuöse Beziehung zwischen Vater und Tochter auch dafür, daß die Mutter nicht so oft geschlagen wird, und dafür ist sie dankbar.

Karen brachte als Folge ihrer Beziehung zu ihrem Vater ein schwer mißgebildetes Kind zur Welt. Sie hatte sich ihm zum ersten Mal im Alter von neun Jahren hingegeben, und das ging weiter, bis sie mit fünfzehn das Elternhaus verließ. Als sie fort war, wandte sich der Vater ihrer achtjährigen Schwester zu, und Karen erfuhr das, als die Kleine zu ihr kam und sagte, sie hätte »Blut im Höschen«. Karen sah nach und wußte sofort, was passiert war. Sie zeigte ihren Vater an, aber das Verfahren wurde wegen Mangels an Beweisen eingestellt.

All diese Mädchen lernen in sehr frühen Jahren, ihren Körper dazu zu benutzen, sich irgendwelche Vorteile zu verschaffen. Viele von ihnen haben mitangesehen, wie ihre Mutter vergewaltigt wurde, und sie haben bei ihren Eltern nie eine Geste der Zuneigung oder der Liebe gesehen, so daß Sex für sie nur eine beliebig verwendbare Ware ist und sie die Beziehungen zwischen Mann und Frau nur aus dem Blickwinkel der Befriedigung von Bedürfnissen sehen.

Oft kommt es auch vor, daß die kleine Tochter den ersten Annäherungsversuch ihres Vaters aufs heftigste ablehnt und bei der Mutter vor ihm Schutz sucht. Dadurch riskieren beide, immer wieder geschlagen zu werden, aber im allgemeinen gibt der Vater dann auf, es sei denn, er ist betrunken und vergewaltigt das Kind. In der Regel weiß der Vater, daß er die Komplicenschaft braucht, denn im Gegensatz zur »normalen« Mißhandlung von Frau und Kindern ist der Inzest seit Jahrhunderten verpönt.

In Gesprächen mit Frauen taucht immer wieder die Frage auf, warum sie denn einen Mann geheiratet hätten, der sie mißhandelte. Eine mögliche Antwort ist, daß es sich dabei um einen Weg handelt, mit der verwirrenden Mischung von Schuldbewußtsein und Mitleid fertig zu werden, die sich im Lauf der Jahre aufbaut, wenn man mit einem gleichgültigen oder unfreundlichen oder brutalen Elternteil zusammenlebt. Das gilt sowohl für Männer wie für Frauen.

Die Unklarheiten darüber, ob der Vater bzw. die Mutter gut oder schlecht sei, führt zu einer dauernden schweren Beunruhigung des Kindes. Wenn der Erwachsene gut zu ihm ist, bekommt das Kind Schuldgefühle wegen des Hasses, den es zu den Zeiten empfindet, wenn die Mutter bzw. der Vater »böse« ist. Die Verwirrung wird noch gesteigert durch starke Gefühle des Mitleids, weil das Kind merkt, daß die Eltern hilflos sind und die Liebe und Zuneigung des Kindes brauchen. Wenn die Mutter bzw. der Vater böse ist, empfindet das Kind Haß und Verachtung für den Erwachsenen, aber auch für sich selbst, weil es sich wieder einmal zu Mitleid hat hinreißen lassen. All diese starken, übermächtigen Gefühle toben in der Seele des Kindes, und wenn sie geweckt wurden, als das Kind zwei oder drei Jahre alt war, wird es sie sein Leben lang nicht mehr los. Natürlich bringt jede normale Kindheit einige dieser Gefühle mit sich, aber das Kind vermag sie zu bewältigen, wenn ihm ein Mindestmaß an Liebe und Geborgenheit zuteil wird.

Die älteste Tochter einer Familie trägt meist die Hauptlast der Verantwortung für die anderen Kinder. Die Mutter, die viele Jahre lang von ihrem Mann mißhandelt wurde, wird ihren Aufgaben immer weniger gerecht, und so wird die Tochter im Alter von zwölf oder dreizehn Jahren zur Hausgehilfin, was natürlich auf Kosten ihrer Ausbildung geht. Wir sehen das immer wieder bei den größeren Familien, die zu Women's Aid kommen. Die Tochter, die schon in sehr jungen Jahren die Verantwortung für Haushalt und Familie übernommen hat, wirkt meist wie eine Erwachsene en miniature.

Wenn ein junges Mädchen sechzehn Jahre lang für eine Familie gesorgt hat, und mit einem schwierigen und gefährlichen Vater fertig wurde – wobei man sich vor Augen halten muß, daß es das Mädchen ist, das die Polizei oder den Doktor ruft, Nachbarn holt, ihre Mutter nach einer Prügelei pflegt, die jüngeren Kinder beschützt und sie in Sicherheit bringt –, dann ist es natürlich, wenn sie, sobald sie dann das Elternhaus verlassen hat, normale Beziehungen zu normalen jungen Männern unbefriedigend findet. Aber sie braucht nicht lange, um einen gestörten jungen Mann zu finden, den sie bemuttern kann. Vielleicht wird sie Krankenschwester und lernt ihn im Krankenhaus kennen, und vielleicht ist das der Grund, warum so viele Krankenschwestern zu uns kommen. Auffällig ist auch, wie hoch der Anteil der Arztfrauen an den mißhandelten Ehefrauen aus gehobenen Schichten ist. Es ist denkbar, daß ein übertriebenes Bedürfnis, andere zu pflegen und zu umsorgen oder in die Pflegeberufe zu gehen, bei Jungen und Mädchen entsteht, die Leid erfahren haben, aber noch nicht die Gefühlsreife besitzen, um mit dem Leid anderer fertig zu werden.

4. KAPITEL

Das Kind ist der Vater des Mannes

Es ist auffällig, wie sehr sich das Verhalten der Jungen von dem der Mädchen unterscheidet. Noch nie wurde eines unserer Mädchen wegen zu aggressiven Verhaltens von der Schule gewiesen. Alle Schäden an unserem Haus und an den Nachbarhäusern werden von den Jungen verursacht. Sie haben schon ganze Mauern eingerissen und zertrampeln immer wieder die Gärten in der Nachbarschaft. Empörte Nachbarn rufen an und beschweren sich, daß unsere Jungen ihre kleinen Hunde gesteinigt hätten. Ich kann den Kindern keinen Vorwurf machen, weil ich weiß, in was für einer Umgebung sie aufgewachsen sind, aber wir können uns glücklich schätzen, daß unsere Nachbarn so tolerant sind.
Wir haben nicht das Geld, um bei Womens's Aid genügend Leute zur Betreuung der Kinder einzustellen, aber die Leute, die wir haben, sind ausgezeichnet. Wir haben eine Gruppe von Männern und Frauen aufgebaut, die sich ganz den Kindern widmen und ihre Probleme verstehen. Wichtig ist vor allem, daß wir gute, sanftmütige, liebevolle Männer finden, die mit den Kindern arbeiten. Es ist schmerzlich zu sehen, wenn Kinder jedesmal gleich zusammenzucken, wenn sie einen Mann auf dem Flur oder in ihrem Spielzimmer sehen. Viele rennen auch sofort schreiend in ihr Schlafzimmer. Dank den Männern, die jetzt mit uns arbeiten, erfahren die Kinder allmählich, daß ein Mann auch umarmen und küssen kann, umarmt und geküßt werden darf und auch den Wutausbruch eines Kindes hinnehmen kann, ohne seinerseits mit Wut und Gewalttätigkeit zu reagieren.
Jeanne, die Leiterin unserer Spielgruppe, kommt sowohl mit den sanftmütigen wie mit den haßerfüllten Jungen aus. Die meisten fragen sie irgendwann über ihr Eheleben aus und können es kaum glauben, wenn sie ihnen sagt, daß sie noch nie von ihrem Mann geschlagen wurde.
Bei den schwer gestörten Kindern sind oft viele Stunden

liebevoller Zuwendung nötig, um ihnen zu helfen, Ordnung in ihre verwirrten Gefühle zu bringen. Der vierjährige Fred glaubte, er sei ein Hund, als er zu uns kam, und klammerte sich laut wimmernd an mich. Monatelang mußten wir ihn abwechselnd auf den Arm nehmen. Sein Vater, der unter Halluzinationen litt, hatte ihn bös geschlagen und auf andere Arten eingeschüchtert, und das einzige Mitglied der Familie, das seinen Schlägen entging, war der Hund, weshalb Fred darauf verfiel, das Verhalten des Tieres nachzuahmen. Er machte sich ausschließlich durch Jaulen und Wimmern verständlich, aber nachdem wir ihn monatelang geküßt und geherzt hatten, fing er langsam an zu sprechen und mit den anderen Kindern zu spielen.

Wayne war dreieinhalb, als er mit seiner Mutter zu uns kam, weil sie von ihrem Mann einen Messerstich in den Kopf bekommen hatte. Wayne war regelmäßig von beiden Eltern geschlagen worden. Wenn man die Arme um ihn legte, reagierte er mit Treten und Schlagen, Spucken und Kratzen, weil dies das einzige Verhalten war, das er gelernt hatte. Er brachte seine Gefühle durch Gewalt zum Ausdruck, weil normale Umgangsformen oder gar Zärtlichkeiten ihm unbekannt waren. Nach monatelanger liebevoller Pflege durch Jeanne in der Spielgruppe und freundliche Behandlung seitens aller anderen Mitglieder der Gemeinschaft beantwortet er jetzt einen Kuß mit einem Kuß.

Als Jim zu uns kam, hatte er schon mitangesehen, wie seine Mutter mit dem Kopf voran die Treppe hinuntergeworfen, durch ein geschlossenes Fenster gestoßen, vergewaltigt, in den Bauch getreten, mit Messern angegriffen, nackt aus dem Haus gejagt, bis zur Bewußtlosigkeit gewürgt und geschlagen worden war. Mit seinen vier Jahren hatte er sich schon die zweifelhafte Auszeichnung erworben, wegen Gewalttätigkeit aus seiner Spielgruppe ausgeschlossen zu werden. Er trat immer gegen die Wände und verprügelte die anderen Kinder. Er hatte einen Sprachfehler und war am ganzen Körper mit einem Ekzem bedeckt, an dem er ständig herumkratzte und -zupfte. Er sah schrecklich aus. Etwa nach einer Woche hellte sich sein Gesicht auf, und der Schorf begann abzuheilen, aber er brauchte noch viel liebevolle Zuwendung.

Bill steckte voller Haß. Mit seinen vierzehn Jahren hat er es schon mehrmals mit der Polizei zu tun bekommen. Gewalttätig wird er unter anderem immer dann, wenn er Freunden von den schrecklichen Zuständen in seiner Familie erzählt und die Freunde ihm dann bei einem Streit eben das vorhalten, was er ihnen anvertraut hat. Ich habe ihm erzählt, wie es mir ging, wenn ich den Müttern meiner Freundinnen mein Leid klagte. Sie hörten mir sehr mitfühlend zu und luden mich von da an nie mehr zu sich ein. Die Zurückweisung durch »normale« Kinder gab Bill nur noch mehr das Gefühl, allein und isoliert zu sein. So wurde er zum Außenseiter.

James hatte von frühester Kindheit an zusehen müssen, wie seine Mutter mit einem rotglühenden Schürhaken verbrannt wurde, wie Zigaretten auf ihrem Gesicht ausgedrückt wurden, wie ihre Beine mit einem Messer aufgeschlitzt wurden und seine Schwester Prügel bekam, bevor er an der Reihe war. Als seine Mutter sich schließlich entschloß, ihren Mann zu verlassen, unternahm der Vater einen halbherzigen Versuch, sich an einem Dachbalken zu erhängen: Der Lederriemen zerriß von seinem Gewicht. James ist jetzt neun und hat schon drei Jahre wegen Depressionen im Krankenhaus zugebracht. James' Problem ist ein soziales Problem und nicht etwa die Folge einer krankhaften Veranlagung. Eigentlich sollte sein Vater im Krankenhaus behandelt werden, aber an den wagt sich niemand heran. James ist kein dummes Kind, er ist nur einfach vor Angst wie gelähmt, und deshalb kann er bis heute noch kaum lesen oder schreiben. Dieses Manko wird er mit all seinen anderen Handikaps wohl bis zum Ende seiner Schulzeit mit sich herumtragen.

Die meisten Kinder, die in unser Zentrum kommen, sind wie James in ihrer schulischen Entwicklung zurückgeblieben. Das ist kaum verwunderlich, wenn man überlegt, daß sie ja tagtäglich zu Hause in einer alptraumhaften Situation sind. In der Schule haben sie tagsüber gewissermaßen Schonzeit, aber wenn der Nachmittag zu Ende geht, stellt sich allmählich die Angst davor ein, was der Abend wieder bringen wird.

Zu Hause sind sie sehr oft die einzigen Zeugen der Mißhandlungen, in der Schule kommen sie mit »normalen« Kindern zusammen. Die meisten lernen schon bald, daß es am klügsten ist, überhaupt nicht darüber zu reden, was sich zu Hause wirklich abspielt. Weil Kinder die Konformität brauchen, machen sie sich in der Phantasie ein Bild von ihren Eltern zurecht, das in etwa dem entspricht, was sie vom Familienleben ihrer Klassenkameraden und Freunde wissen. Sie sind sich aber der Tatsache bewußt, daß sie diese Scheinwelt nur draußen

aufrecht erhalten können und sich wieder der Gewalttätigkeit stellen müssen, sobald sie nach Hause kommen. Sie geraten in einen verwirrenden Widerstreit zwischen den sozialisierenden Einflüssen in der Schule und dem im Elternhaus herrschenden Chaos.
Für Peter und seine Schwester Emma war die Schule der wichtigste Teil ihres Lebens gewesen, wie man aus ihren Berichten darüber ersieht, warum sie zu Womens's Aid kamen:

Peter, 10 Jahre alt
Ich bin nämlich deshalb nach Chiswick gekommen, weil meine Mutter von meinem Stiefvater schlecht behandelt worden ist, und ich bin daran gewöhnt, weil wir schon einmal umgezogen sind, aber mir gefällt es in der Schule, weil wir dort in der Spielstunde schöne Spiele machen dürfen und Fußball spielen und am Donnerstag einen Spielclub haben.
Mir gefällt es in ..., weil wir dort am Park gewohnt haben und ich es nicht weit zu meinem Freund hatte und wir in der Schule mit Kastanien gespielt haben.

Emma, 14 Jahre alt
Ich bin nach Chiswick gekommen, weil meine Mutter von meinem Stiefvater schlecht behandelt wurde. Ich wollte nicht nach Chiswick, weil es mir in ... sehr gut gefällt, und in meiner Schule war es so schön, und wenn ich hier wohnen würde, müßte ich in eine andere Schule gehen. Wir sind schon einmal von zu Hause fort, aber da sind wir zu meiner Tante gezogen und mußten in die Alfred-Sutton-Schule gehn. Dort hat es mir nicht gefallen, und ich bin wieder nach Hause zurückgegangen und in meine alte Schule, und ich sollte wieder zurück, aber jetzt bin ich in Chiswick. Ich finde die Schule furchtbar, bis ich mich dann daran gewöhnt habe, aber ich bin sicher, daß wir wieder nach ... zurückgehen werden.

Die Mutter von Peter und Emma kam zu uns, als sie wieder einmal schwanger war. Sie hatte aus erster Ehe mehrere Kinder. Ihr zweiter Mann war bösartig und schlug sie und alle seine Stiefkinder. Seine eigenen Kinder behandelte er normal. Peter war das gefährlichste von allen Kindern, die wir je im Haus gehabt haben, und das will etwas bedeuten.
Man braucht die Jungen in unserem Haus nur zu beobachten, um zu wissen, daß sie potentiell die nächste Schlägergeneration sind. Viele von ihnen sind schon mit drei Jahren extrem

gewalttätig. Mit elf sind sie potentielle Kriminelle. Wo sich normale Kinder ein bißchen balgen oder sich einfach anschreien würden, um ihrem Unmut Luft zu machen, kämpfen sie auf Leben und Tod. Es ist so, wie die Jesuiten sagten: »Gebt uns einen Knaben, bis er sieben Jahre alt ist, und wir geben euch den Mann.« Die Gewalttätigkeit pflanzt sich von Generation zu Generation fort. Alle Männer, die regelmäßig Frau und Kinder schlagen, kommen aus Familien, wo sie Gewalttätigkeiten gesehen oder am eigenen Leibe erfahren haben. Sie haben gesehen, wie ihr Vater ihre Mutter schlug, oder wurden als Kinder selbst geschlagen. Gewalttätigkeit gehört zu ihrem normalen Verhalten. Wie alle Kinder haben sie gelernt, indem sie nachahmten, was sie sahen und was sie erlebten.
Ich glaube, das überzeugendste Beispiel dafür, wie gewalttätige Männer wiederum gewalttätige Männer hervorbringen, ist das von Doras Familie. Dora war zusammen mit ihrer Schwiegertochter Sylvia zu Woman's Aid gekommen. Sylvia wurde von Doras Sohn genauso behandelt wie seinerzeit Dora von ihrem Mann.
Das vollständigste Beispiel für dieses Muster ist Joans Familie. Joan kam Ostern 1973 zu uns. Das Sozialamt hatte sie zu uns geschickt, weil man sich dort Sorgen wegen des Verhaltens ihres Mannes machte. Sie hatte vor Gericht eine Verfügung erwirkt, die ihrem Mann das Betreten der ehelichen Wohnung untersagte, und außerdem die Scheidung beantragt; als Gründe hatte sie fortwährende Grausamkeit angegeben. Es zeigte sich jedoch, daß es absolut unmöglich war, ihren Mann aus der Wohnung fernzuhalten. Als sie mit ihrer Verfügung nach Hause kam, wartete er, bis es dunkel war, drang dann gewaltsam in die Wohnung ein und verprügelte sie. Nachbarn hörten die Frau schreien und riefen die Polizei. Die Polizisten ließen sich die Verfügung zeigen und sagten, es täte ihnen sehr leid, aber sie könnten den Mann deswegen nicht verhaften. Nur die Gerichtsvollzieher und Gerichtsdiener haben das Recht, jemanden auf Grund einer gerichtlichen Verfügung zu verhaften. Sie tun Montag bis Freitag von 9.30 bis 17.30 Uhr Dienst. Die Polizisten rieten ihr, am nächsten Morgen ihren Rechtsanwalt aufzusuchen, noch einmal vor Gericht zu gehen und ihren Mann wegen Mißachtung des Gerichts vorladen zu lassen. Sie tat das auch, der Richter verwarnte ihren Mann scharf und drohte ihm an, daß er ins Gefängnis käme, wenn er noch einmal mit Gewalt in die Wohnung eindringe.

Trotzdem kam er schon nach zwei Wochen wieder. Er fuhr mit einem Lastwagen rückwärts durch die Hecke in den Vorgarten, drohte seiner Frau an, eine Dogge auf sie zu hetzen, warf die Fenster ein und drang schließlich in das Haus ein. Wir hatten vorsorglich eine andere Frau als Zeugin zu Joan geschickt, so daß er diesmal nicht dazu kam, sie zu schlagen. Am nächsten Morgen ging Joan wieder zu ihrem Rechtsanwalt, und ihr Mann wurde erneut vor Gericht zitiert. Es dauerte allerdings eine Zeit, bis man ihn ausfindig gemacht hatte und ihm die Vorladung zustellen konnte, weil er ständig die Wohnung wechselte. Als er dann endlich vor Gericht erschien, ordnete der Richter sieben Tage Untersuchungshaft zur Erstellung eines psychiatrischen Gutachtens an. Als die sieben Tage um waren, sah sich der Richter (es war jedesmal ein anderer) den Bericht an, in dem von »Persönlichkeitsstörungen« die Rede war, akzeptierte seine unterwürfige Entschuldigung und ließ ihn laufen.
Joan sah ihn vor der Schule stehn, als sie ihre drei Jungen abholen ging. Er hatte den Jungen gesagt: »Das nächste Mal ist eure Mutter dran.«
Ein Tag verging. In der darauffolgenden Nacht drang ihr Mann um drei Uhr erneut in die Wohnung ein. Diesmal bedrohte er sie mit dem Messer, vergewaltigte sie, schleifte sie an den Haaren durchs Zimmer und schlug sie so brutal an den Kopf, daß ihr das Trommelfell platzte. Joan ging wieder zu ihrem Rechtsanwalt, der ließ ihn abermals vorladen, und der Richter (wieder ein anderer, der zudem offenbar noch nicht einmal die Akten gelesen hatte) gab ihm *sieben Tage*. Joan hatte mittlerweile auch den letzten Rest ihres Zutrauens zur Justiz verloren. Sie zog endgültig mit ihren drei Jungen bei uns ein.
Ihr Mann war ohne Eltern aufgewachsen. In der Schule, in der er erzogen worden war, war sinnlose Brutalität an der Tagesordnung gewesen. Man hatte ihn dort oft an die Veranda gebunden und ausgepeitscht.
Es ist interessant, daß ihr Mann seine Gewalttätigkeit nicht auf Joan beschränkt, sondern auch Mitglieder seiner eigenen Familie schlägt. Sogar seine eigene Mutter mußte ihm durch Gerichtsbeschluß verbieten lassen, ihre Wohnung zu betreten.
Als Joans Jungen mit ihrer Mutter zu uns kamen, war ich alles andere als begeistert. Sie waren zehn, sieben und fünf und sahen aus, als könnten sie kein Wässerchen trüben, aber vor allem der Älteste war unglaublich grob und aggressiv. Wenn

ihm irgend etwas nicht paßte, bekam er immer gleich beängstigende Wutanfälle und schrie und fluchte wie ein Droschkenkutscher. Der Mittlere war sehr zurückhaltend und hing ständig seiner Mutter am Schürzenzipfel, während der Jüngste das gewinnendste, engelhafteste Lächeln aufsetzen konnte und gleichzeitig den andern Kindern, die vorbeiliefen, ein Bein stellte. Wir erfuhren, daß ihr Vater, wenn er sich langweilte, zu Hause die ganze Einrichtung demoliert hatte, und, wenn er sich noch mehr langweilte, mit dem Luftgewehr auf das Geschirr zu schießen pflegte, bis alles in Scherben lag. Derlei Zeitvertreib finden kleine Jungen natürlich ungemein aufregend. Die Nachbarn hatten alle Angst vor ihm, und wenn sie sich, wie einer es tatsächlich einmal tat, über die Schreie aus seinem Haus beschwerten, wurden ihnen die Fensterscheiben eingeworfen oder ihre Haustiere wurden übel zugerichtet. In den Augen seiner Söhne war der Vater eine Art Supermann, der allen anderen überlegen war, sogar der Polizei.
Der mittlere Junge hing besonders an der Mutter, und ihm drohte der Vater oft an, er werde ihn umbringen, was sicherlich erklärte, warum das Kind so zurückhaltend war. Der Jüngste war dagegen sein Liebling, und das war der kleine Junge, der für mich aufschrieb, warum er zu Woman's Aid gekommen war:

Ich bin vor ein paar Monaten zu Women's Aid gekommen. Ich bin hierhergekommen, weil wir sonst nirgends hinkönnen. Ich bin hierhergekommen, weil mein Papa immer meine Mama schlägt. Er hat sie an den Haaren die Treppe raufgezogen. Er hat auch mich mal hinter meiner Mama an die Wand gedrückt. Er boxt sie immer. Ich habe meinen Papa genau so lieb wie meine Mama.

Wir haben folgendes Grundmuster festgestellt: Der gewalttätige Mann kommt aus einem Elternhaus, in dem es ebenfalls Gewalt gab und alle furchtbar unglücklich waren. Er versucht das auszugleichen, indem er sich so bald wie möglich ein eigenes Heim schafft. Vor der Hochzeit ist er charmant und zuvorkommend, weil er ja in der Ehe die Geborgenheit zu finden hofft, die er stets vermißte. Für die meisten Mädchen ist Heiraten das höchste Ziel, je eher desto besser, und so bekommt der Mann meistens seinen Willen. Die meisten der Frauen, die zu uns kommen, haben kurz nach der Schulentlassung geheiratet. Die meisten waren bei der Eheschließung unter 24 Jahre alt. Wenn der Mann dann zu prügeln anfängt, ist die Frau total verwirrt, es sei denn, sie kommt aus einer Familie, in der es genauso zuging – dann neigt sie dazu, sich passiv in diese Rolle zu fügen. Normalerweise bezieht sie die ersten Schläge schon in den Flitterwochen, weil der Mann noch ein unreifes, gestörtes Kind ist, das auf jede seelische Belastung mit einem ungehemmten Ausbruch reagiert, und was bei einem Fünfjährigen ein harmloser Wutanfall ist, kann bei einem Einundzwanzigjährigen ein aggressiver Akt mit tödlichen Folgen sein.

Meistens verbietet der Mann seiner Frau jede Form von Empfängnisverhütung. Probiert sie es trotzdem, und er kommt dahinter, schlägt er sie um so mehr, weshalb sie es lieber sein läßt und dann bald schwanger wird. Die Schwangerschaft selbst ist oft Anlaß zu noch brutaleren Mißhandlungen. Manche Babys kommen mit Hirnschäden zur Welt und viele als Frühgeburten.

Johns Mutter kam zu uns Monate vor seiner Geburt. Sie war 21 und litt sehr unter den Folgen eines Verkehrsunfalls. Sie war durch die Windschutzscheibe eines Sportwagens geschleudert worden, ihr Gesicht war kreuz und quer von Narben durchfurcht, und die Nase war plattgedrückt. Sie war nach dem Unfall drei Wochen im Krankenhaus und wurde dann in eine psychiatrische Klinik überwiesen, um sich dort von den seelischen Folgen des Unfalls zu erholen. Dort lernte sie einen mitfühlenden Mann kennen, den ihr entstelltes Gesicht nicht abzustoßen schien, und sie verließen gemeinsam die Klinik und zogen zusammen. Er entpuppte sich als äußerst brutaler Mann, der schon mehrfach bewaffnete Raubüberfälle verübt hatte, und sie suchte schließlich bei uns Schutz.

Nach ein paar Wochen stellte sie fest, daß sie schwanger war, und ging zu ihm zurück, in der optimistischen Hoffnung, daß er sich nun ändern werde. Wir verloren sie für ein paar Monate aus den Augen, bis sie mit dem Baby zu uns kam. Er hatte sie geschlagen, wenn das Baby schrie, sie war daraufhin ihrerseits wütend auf das Baby geworden. John war damals vier Monate alt. Er schrie die ganze Zeit. Sein Körper war ganz steif, und er schmiegte sich einem nicht in den Arm, wie es Babys sonst tun. Er schien sich in einem Zustand beständigen Schreckens zu befinden. Er wedelte wild mit den über den Kopf erhobenen Ärmchen, und beim geringsten Geräusch rollte er mit den Augen. Er stieß auch beharrlich sein Fläschchen weg. Er mißtraute jedem und allem. Seine Mutter sagte, sie würde ihn eines Tages aus dem Fenster werfen. Wir riefen das Sozialamt an und fragten, ob sie vorübergehend eine Pflegestelle für das Baby hätten. »Wir halten es nicht für gut, wenn Säuglinge in diesem Alter von der Mutter getrennt werden«, erfuhr ich. Schon recht – aber wir finden es nicht gut, wenn Babys aus dem Fenster geworfen werden. John und seine Mutter brauchten Ruhe. Wir kannten eine warmherzige, mütterliche Frau, die John in Pflege nahm, und seine Mutter schlief ununterbrochen drei Tage lang. Unglücklicherweise fand ihr Mann heraus, wo sie war, und terrorisierte sie mit Drohungen, bis sie schließlich entnervt zu ihm zurückging. Sie holten das Baby von der Pflegemutter ab. Wir werden sie bestimmt wiedersehen, und ich hoffe, daß wir ihr dann mehr als sechs Fuß Boden anbieten können.

Das Baby verbringt die ersten Tage seines Lebens in der Sicherheit des Krankenhauses und kommt dann nach Hause. Eines der ersten Probleme ist, daß der Vater es nicht erträgt oder es nicht ertragen will, wenn das Baby schreit. Das Schreien verursacht ihm Unlustgefühle, weil es ihn an seine eigenen schlechten Erfahrungen in der Kindheit erinnert. Wenn deshalb das Baby schreit, gerät er in Wut und verlangt von der Mutter, daß sie für Ruhe sorgt. Der Säugling spürt, daß die Mutter nervös und gereizt ist, und schreit deshalb weiter. Der Vater droht der Mutter an, daß er sie schlägt, falls sie das Baby nicht zum Schweigen bringt. Das Kind ist nun in größter Gefahr, weil die Mutter unter dieser Belastung letztlich Gewalt gegen das Kind anwenden kann. Sie kann das Baby heftig schütteln oder ihm ein Kissen auf den Kopf legen, weil sie in panischer Angst davor lebt, erneut geschlagen zu werden.
Manche Babys überleben dann auch nicht. Täglich sterben zwei Säuglinge eines gewaltsamen Todes. Diejenigen, die trotz der Roheit der Eltern am Leben bleiben, sind vielleicht körperlich zäh, aber seelisch geschädigt. Was immer geschieht, das Kind hat keine Chance. Wenn es eine gute Beziehung zur Mutter hat, macht es sich damit vielleicht den Vater zum Feind.
Der Junge, der sich unter solchen Umständen am besten behauptet, ist der potentielle brutale Ehemann der neuen Generation. Er lernt, sich von beiden Eltern zu lösen und selbständig zu werden. Er geht keine Bindungen ein, knüpft aber Kontakte zu jedermann. Er ist beliebt, fröhlich, auf nette

Art frech, solange er ein Kind ist. Wenn er älter wird, verwandelt sich die liebenswerte Frechheit in Aggressivität und Bösartigkeit. Sein geselliges Wesen irritiert die andern, weil er seine Beliebtheit dazu benutzt, andere zu manipulieren, und meistens nimmt er Partei für seinen Vater und verachtet die Mutter. Der Vater ist das stärkste Familienmitglied und auch der, von dem man Geld bekommen kann. Der Junge fängt deshalb an, die Mutter genauso zu behandeln wie der Vater.
Er provoziert Auseinandersetzungen und findet es leichter, seine Mutter zu hassen, als mit dem Schmerz darüber fertig zu werden, daß er sie nicht beschützen kann. Ein solches Kind hat sein Leben lang Schwierigkeiten. Sein Weg durch die Schule ist mit Klagen der Lehrer gepflastert. Er lügt, betrügt und stiehlt. Man verzeiht ihm jedoch viele seiner Missetaten, weil er so treuherzig dreinschaut, so gewinnend lächelt und immer verspricht, daß er sich bessern wird. Wenn ein solcher Junge zu uns kommt, macht er es sich sofort gemütlich. Er wird nur gewalttätig, wenn man ihm in die Quere kommt, dann aber rücksichtslos; normalerweise bezähmt er aber seine Wut so weit, daß er ein bestimmtes Ziel damit erreicht, und selbst mitten im heftigsten Ausbruch beherrscht er sich und beobachtet genau, welche Wirkungen er bei den andern erzielt.
Natürlich reagiert jedes Kind seinem Temperament entsprechend auf die Situation in der Familie. Der Junge, der mit einer engen Mutterbeziehung aufwächst, empfindet es als besonders schmerzlich, wenn sie schlecht behandelt wird. Er kann ihr nicht helfen, wenn sie geschlagen wird, und da viele Ehemänner darauf bestehen, daß die Kinder zusehen, sieht er erst zu und wirft sich dann dazwischen und versucht den Vater von der Mutter wegzureißen. In diesem Augenblick bekommt er oft selbst Schläge ab. Ein solches Kind ist in einem Dilemma, weil ihm die starken Gefühle für beide Eltern schmerzlich bewußt werden. Der Junge identifiziert sich mit dem Vater als dem Mann in der Familie, und manchmal benimmt sich der Vater auch wie ein normaler Vater.
Im Fernsehen und im Kino gibt es meist einen Guten und einen Bösen, und das Kind kann den Guten identifizieren, der am Schluß meistens Sieger bleibt. Zu Hause ist der Vater zugleich der Gute und der Böse, und das Kind steht in dem heftigen Konflikt, zugleich lieben und hassen zu müssen. Es ist schon für ein normales Kind schwer genug, mit diesen widerstreitenden Gefühlen für die Eltern fertig zu werden, aber es ist für

ein kleines Kind fast unerträglich, den glühenden Haß auf den Vater nach einer schweren Mißhandlung der Mutter in Einklang zu bringen mit der Reaktion auf die bittere Reue, die der Vater oft ein paar Stunden später zeigt. Die Kinder verzeihen aber ihrem Vater immer wieder, und ihre Liebe ist genauso real und stark wie bei den Kindern, die einen guten Vater haben.

Wenn ein solches Kind zu Women's Aid kommt, klammert es sich verschreckt und verängstigt an seine Mutter. Unter seelischer Belastung verliert ein solcher Junge jede Selbstbeherrschung und bekommt einen Wutausbruch, bei dem er meist wild um sich schlägt, sich auf den Boden schmeißt, mit den Füßen tritt und sich den Kopf anschlägt. Oft muß man ihn mit Gewalt von einem Kind losreißen, auf das er sich gestürzt hat, oder sogar von einem Erwachsenen. Mir haben solche Kinder schon öfter gesagt, daß sie sich nur »wirklich« fühlen, wenn sie einen Wutausbruch haben, nicht dagegen, wenn sie sich normal und beherrscht verhalten.

Es ist kaum verwunderlich, daß solch ein Kind zu einem Mann heranwächst, der immer gleich explodiert, wenn ihm etwas nicht paßt. In dem Alter, in dem die Kinder sonst allmählich lernen, sich in die menschliche Gesellschaft einzufügen und richtig auf die Anforderungen zu reagieren, die ihre Umwelt an sie stellt, übernehmen diese Kinder das Verhaltensmuster ihrer Väter, die alle Probleme mit den Fäusten lösen. Wenn irgend etwas sie ärgert oder stört, reagieren sie automatisch mit dem Versuch, es aus der Welt zu schaffen. Papa kann sogar die Gerichte an der Nase herumführen, und alle Nachbarn fürchten sich vor ihm. Er ist allmächtig. Schon viele der Männer, die ihre Frauen schlagen, wurden als psychisch krank diagnostiziert, aber die Maschinerie der *Mental Health Act* wird oft von Leuten bedient, die offenbar nach dem Motto handeln, daß nur der Tod die Ehepartner scheiden dürfe. Für die Frau, die uns diesen Brief schrieb, wäre es beinahe so weit gekommen:

Nottingham

Seit achtzehn Jahren leiden ich und meine Kinder unter den Gewalttätigkeiten meines Mannes. Er wurde schließlich verhaftet und der schweren Körperverletzung angeklagt, nachdem er mich mit dem Metallrohr eines Staubsaugers geschlagen hatte. Solange die in der *Mental Health Act* niedergelegten Bestimmungen für die Einweisung psychisch kranker Menschen in Anstalten nicht geändert werden, wird es immer solch tragische Fälle geben. Mein Mann wurde fünfmal für unzurechnungsfähig erklärt, und obwohl er ein Grenzfall war, wurde er jedesmal sofort wieder entlassen, wenn die Behörden ihn als geheilt ansahen, und das sogar, nachdem er einmal mein neun Monate altes Baby zu mir gebracht hatte, weil er glaubte, er habe es erdrosselt, und meinen anderen Sohn in kaltes Wasser gesetzt, damit ihn die Radiowellen nicht verbrannten. Aber er konnte nichts dafür. Wenn ich heute erbittert bin, dann nur deshalb, weil mir niemand glauben wollte und niemand auf mich hörte, wenn ich sagte, daß er im Interesse der Allgemeinheit unter Aufsicht bleiben müsse. Jetzt ist er für immer in eine Anstalt eingewiesen worden. Ich bin über sechzig und infolge der Mißhandlungen meines Mannes schwer behindert.

Das ist kein Einzelfall. Jede Woche bekommen wir Briefe von Frauen, die in ständiger Angst vor ihren Männern leben, die sie oftmals schon fast umgebracht haben.

Shrewsbury
Bitte helfen Sie uns. Ich lebe in ständiger Angst, daß ich eines Tages erdrosselt werde und meine zwei Kinder dann niemanden mehr haben. Ich habe sogar schon ein Testament gemacht. Ich bin jetzt 13 Jahre verheiratet; meine Tochter ist zwölf, mein Sohn zwei. Mein Mann verliert scheinbar den Verstand, wenn er seine Anfälle bekommt, er wird ganz blau im Gesicht und Speichel tropft ihm aus dem Mund, seine Augen werden ganz glasig und er spuckt mir ins Gesicht und packt mich an der Gurgel. Das geht nun schon drei Jahre lang so. Vorher hat er mich immer geschlagen und herumgestoßen. Letztes Jahr war er in einer Nervenklinik, und er war bei seiner Mutter, als das über ihn kam und der Arzt ihn in die Klinik einwies. Später sagte man uns dann, es sei ein Fall von Unvereinbarkeit der Charaktere, deshalb ist mein Mann nicht mehr zu dem Arzt gegangen.
Ich gebe mir die größte Mühe, ihm zu helfen, aber es wird immer schlimmer mit ihm. Vor drei Wochen hat er mich windelweich geprügelt. Der Arzt riet mir, für ein paar Tage zu meinen Eltern zu gehen. Nach zehn Tagen fuhr ich wieder heim, weil meine Eltern bettlägerig sind und die Ruhe mir ohnehin nicht zu helfen schien, also fuhr ich zurück. Außerdem mußte meine Tochter in die Schule.
Ich stehe seit drei Jahren auf der Warteliste des Wohnungsamtes, aber jetzt bekam ich den Bescheid, daß ich nie ein Haus bekommen werde, solange ich ihn nicht verlasse. Ich habe versucht, in der Gegend von ... Zimmer zu bekommen, aber es ist hoffnungslos.

Der Ort ist zu klein.
Wenn es stimmt, daß wir charakterlich nicht zueinander passen, wie kommt es dann, daß er in der Kneipe einschläft und dann nach Hause kommt und auf mich losgeht? Manchmal weckt er mich auch um halb sechs morgens und schlägt mich.
Mit mir geht es bergab. Bitte können Sie mir sagen, wo ich eine Bleibe finden kann, damit ich nicht mehr in diesem Haus bleiben muß. Meine Eltern würden mir etwas Geld für ein Haus geben, aber es scheint unmöglich zu sein, eine Hypothek zu bekommen.
Mit freundlichen Grüßen,
V. P.

Cardiff

Sehr geehrte Mrs. Pizzey,
ich bin in der unglücklichen Lage, daß mich mein Mann ständig schlägt, seit ich einmal eine Art Ohnmachtsanfall hatte. Ich habe versucht, meinen Mann zu verlassen, aber da ich eigentlich aus Indien bin (ich bin Anglo-Inderin, mein Mann ist Engländer), habe ich kaum Verwandte in der Gegend von London. Ich habe festgestellt, daß es sehr schwer ist, als verheiratete Frau eine eigene Unterkunft zu finden.
Das letztemal – im August 1972 – hatte mein Mann einen seiner Tobsuchtsanfälle, und nachdem er mich verprügelt hatte, sperrte er mich aus. Ich ging zur Polizei, weil ich Asthma hatte und meine Tabletten im Haus waren. Wir erreichten aber nichts, und wenn mich nicht eine Nachbarin bei sich aufgenommen hätte, hätte ich die ganze Nacht in der Kälte draußen bleiben müssen, denn mein Mann machte nicht einmal der Polizei auf, weshalb die Beamten unverrichteter Dinge wieder wegfuhren.
Ich habe versucht, eine gesetzliche Trennung zu erreichen, aber der Rechtsanwalt sagte, wir bräuchten einen Zeugen, und die Nachbarin konnte nicht vor Gericht aussagen, weil ihr Mann nicht wollte, daß sie sich da einmischte. Der Rechtsanwalt meinte außerdem, daß ich vorher in eine eigene Wohnung umziehen müßte. Ich erkundigte mich, ob es möglich sei, das Haus auf meinen Namen umzuschreiben, aber das war unmöglich, und so gab ich schließlich nach langen vergeblichen Bemühungen auf, denn die dauernden Sorgen und die Belastung durch meine vier Jungen (im Alter von zwölf, elf, neun und sechs Jahren) hatten mich sehr krank gemacht. Mein Mann versprach den Kindern und mir, daß er es nie wieder tun würde.
Anfang dieses Jahres versuchte er, mich zu erwürgen, und drückte mir den Hals zu, bis ich nicht mehr wußte, was mit mir geschah. Mein Mann ist sehr verantwortungslos und gibt mir nur Geld fürs Allernötigste, und wenn ihm das Geld ausgeht, nimmt er sich

welches vom Haushaltsgeld. Ich bekomme manchmal zwanzig Pfund und manchmal weniger. Wenn ich alles bezahlt habe, ist für Notfälle nichts mehr übrig. Mein Mann geht ziemlich oft aus und ist ein starker Raucher und verzichtet nie auf etwas, aber wenn ich auch nur ein Wort über das Haushaltsgeld sage, zum Beispiel, wenn er mir etwas von den zwanzig Pfund abzieht, schlägt er mich gleich. Er war noch zehnmal schlimmer, wenn ich schwanger war. Ich habe ein behindertes Mädchen im Krankenhaus in ..., und deshalb wurde ich sterilisiert, weil er mich während der ganzen Schwangerschaft geschlagen hatte.

Die Kinder sind jetzt viel größer und mein viertes Kind schreit, wenn er auf mich losgeht. Er verspricht immer wieder, daß er es nie mehr tun wird, aber wenn er einmal anfängt, kann er gar nicht mehr aufhören.

Letzte Nacht hat er mich auf den Mund geschlagen, so daß mir die Lippe aufplatzte, die ganz schwarz und blau ist, und außerdem habe ich eine Platzwunde am Hinterkopf. Er hat die letzte Zeit das Geld zum Fenster hinausgeworfen und uns kurz gehalten, deshalb stellte ich ihn zur Rede, und das war das Ergebnis. Am schlimmsten ist er, wenn er betrunken ist, und dann schlafwandelt er auch und läßt alle Lichter an. Ich kann überhaupt nicht mehr mit ihm reden, weil er immer gleich zuschlägt. Ich fürchte mich vor den Nächten, in denen er trinken geht und dann betrunken nach Hause kommt.

Ich muß ganztägig als Stenotypistin arbeiten. Ich bleibe nur hier, weil die Kinder da sind, sonst würde ich auf und davon gehen.

Ich wäre Ihnen sehr verbunden, wenn Sie mir helfen oder mir einen Rat geben könnten.

Sussex

Ich schreibe Ihnen nur, um Ihnen zu sagen, wie sehr es mich freut, daß endlich einmal jemand die Öffentlichkeit auf das Schicksal der mißhandelten Ehefrauen und ihrer unglücklichen Kinder hinweist. Was ich so unfaßlich finde, ist die Tatsache, daß solche Männer wieder heiraten dürfen. Wenn jemand seinen Hund mißhandelt hat und deswegen vor Gericht kommt, wird ihm ja auch für eine bestimmte Zeit das Halten eines Hundes verboten, und zwar völlig mit Recht.

Ich war neunzehn Jahre lang mit einem lebensgefährlich Verrückten verheiratet. Er war nicht nur grausam zu mir, er war auch grausam zu den Kindern. Er hielt mich auch immer ganz kurz mit dem Geld, so daß ich wieder arbeiten gehen mußte, als das jüngste Kind erst anderthalb Jahre alt war; aber deswegen war ich auch nicht besser dran, denn solange ich selbst verdiente, gab er mir noch weniger Geld, oder gar keins. Ich habe zweimal wegen

fortgesetzter Grausamkeit und Vernachlässigung der Unterhaltspflicht eine gesetzliche Trennung erreicht, und schließlich wurde ich aus denselben Gründen von ihm geschieden.
Jedesmal, wenn ich schwanger war, trat er mich absichtlich in den Bauch, aber Gott sei Dank kamen die Kinder wenigstens alle normal zur Welt, was sie aber bestimmt nicht ihrem Vater zu verdanken haben.
Mehrmals sah ich mich gezwungen, zur Polizei zu gehen, und ich muß zugeben, daß die Polizeibeamten im allgemeinen sehr verständnisvoll waren, ein oder zwei allerdings fanden die ganze Sache nur lustig. Ich war verzweifelt. Mein Arzt wußte von den Mißhandlungen, aber als ich ihn bat, in meinem Scheidungsprozeß als Zeuge auszusagen, lehnte er das aus religiösen Gründen ab.
Bei der Wohlfahrt erfuhr ich kurz vor meiner Scheidung, daß ich den Kinderschutzbund um Hilfe hätte bitten können, der dann dafür gesorgt hätte, daß mein Mann uns genug zum Leben gegeben hätte, aber woher soll man das wissen, wenn es einem niemand sagt? Mir wird richtig schlecht, wenn ich mir vorstelle, daß irgendeine arme Frau dieselben Qualen durchmachen muß. Er haßte die Kinder dermaßen, daß ich vor seinen Augen nicht einmal etwas für sie stricken oder nähen durfte. Er neidete ihnen sogar die Zeit, die ich ihnen widmete, um sie zu baden, solange sie noch klein waren. Fast unglaublich ist auch, daß er nichts, was den Kindern gehörte, im Haus herumliegen sehen konnte. Er warf Spielzeug, Kleider und alles andere einfach irgendwohin, nur damit es ihm aus den Augen kam. Nichts durfte ihn je daran erinnern, daß Kinder im Haus waren. Mir war ganz klar, daß er krank war und in Behandlung gehörte, aber das war für mich kein Trost, denn freiwillig ging er nicht ins Krankenhaus, und zwingen konnte ihn niemand. Ich weiß, daß er wieder geheiratet hat und daß seine zweite Frau ihn verlassen hat. Ich weiß auch, daß er mit noch zwei anderen Frauen zusammen gelebt hat, die ihn beide wieder verließen. Sie sehen also, er hat offensichtlich seine sadistischen Neigungen immer noch nicht verloren. Wahrscheinlich wird er sich nie ändern.

Wir haben uns schon manchmal gedacht, daß wohl erst eine von uns Frauen in Women's Aid umgebracht werden muß, damit man unsere Situation ernst nimmt. Im Haus werden wir ständig von wütenden Ehemännern bedroht, von denen manche auch bewaffnet sind. Die Polizei kommt nicht schnell genug, um uns zu schützen. Man ist überarbeitet, wie immer, und außerdem haben es die Beamten nicht gerne, wenn sie eintreffen und die Männer sind mittlerweile davongelaufen. Man hat uns schon so oft die Fensterscheiben eingeworfen, daß

wir jetzt alle Fenster auf der Straßenseite zusätzlich mit Plexiglas versehen ließen, was uns ungefähr dreihundert Pfund gekostet hat. Mir wäre ja das neue kugelsichere Glas noch lieber gewesen, aber das hätte zweitausend Pfund gekostet, und die haben wir nicht, deswegen müssen wir uns mit dem Plexiglas begnügen.
Ins Haus eingebrochen ist bis jetzt erst ein einziger Ehemann, aber wir hatten Glück, daß er kein Messer dabei hatte. Der Tag, an dem Edmund einbrach, begann ganz normal, aber schon bald sagte jemand: »Lees Mann ist draußen.« Lee rannte nach oben und verbarrikadierte sich mit den Kindern. Er kam viermal an die Vordertür. Wir versuchten, ihn zur Vernunft zu bringen und baten ihn, über seinen Rechtsanwalt eine Aussprache mit seiner Frau zu beantragen, aber wir sahen bald ein, daß es keinen Zweck hatte, weil er Halluzinationen hatte. Er war überzeugt, er sei der liebe Gott und sei gekommen, den Drachen zu töten, weil er den Befehl dazu bekommen habe.
Zehn Minuten, nachdem er aufgetaucht war, ging eine von uns ins Büro, um die Polizei anzurufen. Auf einmal flogen durch die großen Fenster auf der Straßenseite riesige Betonbrocken herein. Überall lagen Glasscherben herum. Manche der Brocken verfehlten nur knapp die Säuglinge, die im ersten Stock in ihren Bettchen schliefen. Dann war alles still. Zehn Minuten vergingen. Die Polizeiwache ist nur ein paar hundert Meter entfernt an derselben Straße.
Dann krachte etwas im Haus. Edmund war mit den Füßen voran durchs Kellerfenster ins Haus eingedrungen. Viele der Frauen gerieten in Panik und schrien. Die Kinder hatten überhaupt keine Angst. Jenny, Pat, Anne und John Ashby kämpften mit ihm und hielten ihn im Erdgeschoß fest. Er brüllte und tobte und schrie, er würde Lee umbringen, und er war stark wie ein Bulle. Ich suchte in aller Eile die Kinder zusammen und schickte sie nach unten ins Spielzimmer. Dann schloß ich die Kellertür und stellte mich mit einer leeren Orangensaftflasche in der Hand davor und versuchte, möglichst resolut auszusehen.
Ich hörte, wie die Frauen oben mit ihm rangen. Mir kam es vor wie eine Ewigkeit, aber dann riß er sich los und kam auf mich zugerannt. Kurz vor mir bremste er schlitternd, und wir sahen uns an; dann drehte er sich um und rannte die Treppen hinauf. Ich glaube nicht, daß mein fester Blick ihn abgeschreckt hatte. Aber ich bin nicht gerade zierlich gebaut, und vielleicht ver-

danke ich es dieser Tatsache, daß mir eine böse Prügelei erspart blieb. Mit vereinten Kräften konnten wir ihn schließlich bezähmen und aus dem Haus drängen. Er kam durchs Kellerfenster wieder herein, und wir bugsierten ihn wieder hinaus.
Zwanzig Minuten, nachdem wir angerufen hatten, kam die Polizei und nahm ihn mit.
Seine kleine Tochter war durch den Auftritt ihres Vaters so durcheinander gekommen, daß sie wieder zu beißen anfing, nachdem wir es ihr gerade abgewöhnt hatten. Sie legte sich zu einem der Säuglinge ins Bettchen und richtete ihn so zu, daß wir ihn ins Krankenhaus bringen mußten. Wir beratschlagten alle miteinander, was zu tun sei, und die Frauen mußten sich beherrschen, um nicht ihrerseits auf Cherie einzuschlagen, während sie ihre eigenen Kinder an sich drückten. Nach ein paar Wochen fing sich das Mädchen jedoch wieder.
Edmund bekam drei Monate für den Schaden, den er am Haus angerichtet hatte, kam aber ins Gefängniskrankenhaus, weil er immer noch Halluzinationen hatte. Er demolierte mehrmals seine ganze Einrichtung, weil er sich vor bösen Geistern fürchtete, die Macht über seinen Geist und seinen Körper hätten. Er hat es insofern schwer, als er hier überhaupt keine Angehörigen oder Verwandten hat. Er würde sehr gerne in sein Heimatland und zu seinen Verwandten zurückkehren. Wir baten deshalb Neville Vincent um das Geld für ein Flugtikket, aber er hätte ein paar Tage nach der Entlassung aus dem Gefängnis fliegen sollen, und zu der Zeit war er schon der psychiatrischen Abteilung des Hackney Hospitals überstellt worden. Die Psychiater dort waren nicht der Meinung, daß er gemütskrank sei. Edmund wurde zum Flughafen gefahren, aber er flog nicht ab. Nach übereinstimmender Auffassung aller, die mit ihm zu tun gehabt hatten, hätte ihn ein Krankenpfleger begleiten müssen, aber niemand wollte die Verantwortung für die Kosten eines Krankenpflegers übernehmen, der ihn bis nach Guyana begleitet hätte. Er ist immer noch im Hackney Hospital. Er schreibt Lee anhängliche Briefe, die sie immer zum Weinen bringen, aber sie weiß, daß sie nicht zu ihm zurück kann – es wäre zu gefährlich. Er kann aber jederzeit auf eigenen Wunsch entlassen werden und dann eines Tages wieder vor ihrer Tür stehen.

Manche der Männer, die ihre Frauen mißhandeln, sind Alkoholiker, aber der Alkoholentzug führt nicht automatisch dazu, daß sie nicht mehr prügeln. Die Gewaltreaktion kann durch alles mögliche ausgelöst werden. Es kann Alkohol sein, ein schreiendes Kind oder Pech beim Wetten. Und bei den meisten ist es nicht mit einem einzigen Schlag getan – einmal angefangen, können sie scheinbar gar nicht mehr mit Prügeln aufhören. Sie dreschen einfach drauflos, mit Fäusten, Füßen, Gegenständen, allem, was gerade zur Hand ist. Der vierzehnjährige Junge, von dem der folgende Bericht stammt, hat, so weit er sich zurückerinnern kann, zugesehen, wie seine Mutter geschlagen wurde:

Wir sind zu Women's Aid in Chiswick gekommen, weil mein Vater meine Mutter geschlagen hat. Er hat sie immer geboxt, und wenn sie dann hinfiel, hat er sie in den Bauch getreten. Er war kein guter Vater und auch kein guter Mann. Wir haben uns nicht vertragen, und nicht einmal unsere Verwandten konnten uns besuchen kommen, weil er sich immer mit ihnen prügeln wollte und dann gesagt hat, sie sollten abhauen. Nach dreiundzwanzig Jahren, in denen sie die Hölle auf Erden gehabt hat, hat sich meine Mama deshalb entschlossen, fortzugehen und in einer anderen Gegend ein neues Leben anzufangen; so kamen wir nach England, und wir zogen zu Mamas Bruder, aber der hatte nur eine Einzimmerwohnung, so daß wir nicht lange bleiben konnten und Mama zum Sozialamt ging. Dort haben sie uns gesagt, daß wir hierher gehn sollen.

Die folgenden Briefe sind typisch für die Post, die täglich bei uns eingeht:

Tower Hamlets

Sehr geehrte Mrs. Pizzey,
ich habe die Sendung von Jimmy Young gehört und habe mich gefreut, daß jetzt etwas getan wird, um uns unglücklichen Frauen zu helfen, die von ihren Männern geschlagen werden. Mein Mann ist schon oft gewalttätig geworden. Er schlägt mich nicht so regelmäßig, wie die Männer in manchen der Beispiele, die Sie anführten, aber ich hab schon überall außer im Gesicht Prellungen und blaue Flecken gehabt. Es ist nicht so, daß er mir nur eine runterhaut und aufhört, sondern er macht andauernd weiter. In letzter Zeit schlägt er mich immer öfter auf den Kopf, und ich habe auch schon öfter Schwindelanfälle bekommen. Letzten Sonntag hat er mich mit einem Messer bedroht und dann beinahe erwürgt.
Es wird immer schlimmer, trotz aller Versprechungen, und mir

wäre wirklich eine Trennung das liebste, aber wo soll man denn mit vier Kindern hin?
Mein Mann sagt, er wird mir nie die Kinder überlassen, wenn ich von ihm weggehe. Wie ist da die juristische Lage?
Ich würde mich freuen, bald von Ihnen zu hören.

Sehr geehrte Mrs. Pizzey,
ich habe von dem guten Werk gelesen, das Sie an diesen armen unglücklichen Ehefrauen tun. Ich schreibe Ihnen, weil ich selbst eine dieser Frauen war, aber ich mußte körperliche und seelische Grausamkeit zugleich hinnehmen. Mein Mann schlug mich, vor allem an den Kopf, und quälte mich immer, indem er mich zwang, drei- oder viermal in der Nacht Geschlechtsverkehr mit ihm zu haben, hielt mich Nacht für Nacht wach, weil wir uns darüber stritten, und schließlich mußte ich ins Krankenhaus. Ich bin erst 39, und die Schwester auf meiner Station meint, daß ich am Ende meiner Kräfte bin. Ich sehe aus wie eine sechzigjährige Frau.
Ich hätte fast den Verstand verloren. Ich mußte fünfmal vor Gericht, bis ich endlich die Trennung durchgesetzt hatte, und Glück hatte ich nur einmal, als ich nämlich zwei kleine Zimmer fand. Ich habe zwei Kinder; das eine hat Asthma und das andere ist sehr nervös, weil sie immer im Bett lagen und uns zuhörten. Niemand hat mir jemals geholfen, und deshalb tun mir diese Ehefrauen leid, und ich kenne auch selbst welche, die von ihren Männern zum Wahnsinn getrieben werden. Aber sie müssen sich das alles gefallen lassen, weil sie nicht wissen, wo sie sonst hin sollen. Ich habe es zehn Jahre ausgehalten, aber die Wohlfahrt greift erst ein, wenn es in einer dieser Familien eine furchtbare Tragödie gibt, und dann ist es natürlich zu spät. Und wer hat am meisten darunter zu leiden? Natürlich die Kinder.

Schottland

Sehr geehrte Mrs. Pizzey,
nachdem ich die letzten beiden Minuten Ihres Interviews im zweiten Hörfunkprogramm gehört und den Artikel im *Daily Mail* gelesen hatte, fühlte ich mich gedrängt, Ihnen zu schreiben. Ich bin eine ehemalige »mißhandelte Ehefrau« und habe meinen Mann schließlich mit meiner jetzt neun Monate alten Tochter verlassen. Sie kam mit einem angeborenen Hüftgelenkleiden zur Welt. Sie war in ..., wo ich herkomme, in Behandlung, und mir fiel die Entscheidung, die Behandlung zu unterbrechen, sehr schwer, so sehr ich mir auch wünschte, dem Alptraum des Zusammenlebens mit einem Alkoholiker, der jede Nacht seine Frau schlug, zu entfliehen.
Ich werde nicht näher auf die Einzelheiten der grausamen Behand-

lung eingehen, die ich erduldete, obwohl ich gerne dazu bereit bin, falls ich Ihnen damit irgendwie nützlich sein kann.

Mein Mann ist praktischer Arzt, und an der Universität war er Amateurboxer, er hat also nicht nur Köpfchen, sondern ist auch stark; außerdem verdient er genug, um sich Whisky zu kaufen, soviel er will.

Ich habe ihn schon vorher viermal verlassen, ging aber immer wieder zu ihm zurück, weil er jedesmal herausbekam, wo ich war – meistens bei meinen Eltern –, und mich und die andern Tag und Nacht belästigte und bedrohte, gleichzeitig aber versprach, daß er sich bessern würde, und mich beschwor, zu ihm zurückzukommen, weil er mich liebe.

Er ist ein sehr guter Arzt und ein angesehener Bürger. Er hat jedoch darauf bestanden, auch mein Arzt zu sein, und mich mit größter Mißachtung behandelt, sogar als ich in der zwölften Schwangerschaftswoche beinahe eine Fehlgeburt gehabt hätte, und auch bei und nach der Entbindung. Ich entband zu Hause und ohne Hebamme.

Diesmal, als ich den Entschluß gefaßt hatte, ihn für immer zu verlassen, ganz gleich, welche Konsequenzen das hat, hatte ich das Glück, daß mein Bruder und seine Frau, die ich seit Jahren nicht gesehen hatte, eines Tages zu mir kamen und mir anboten, mich in ihrer kleinen Wohnung aufzunehmen. Ich bin ausgebildete Lehrerin und habe jetzt eine Stelle, einen ausgezeichneten Rechtsanwalt und einen sehr verständnisvollen praktischen Arzt.

Es ist jetzt zwei Monate her, daß ich meinen Mann verlassen habe, und nach der ersten Erleichterung darüber, daß ich keine seelische und körperliche Grausamkeit mehr auszuhalten brauche, versuche ich jetzt, mich an eine sehr ungewisse Zukunft anzupassen, und diese Umstellung ist von ständigen Alpträumen und Depressionen begleitet. Ich habe immer das Gefühl gehabt, daß ich niemanden hatte, an den ich mich wenden konnte; meine Angehörigen wohnen weit entfernt, und vor Freunden und Bekannten schäme ich mich, weil sie alle eine sehr gute Meinung von meinem Mann hatten.

Oft saß ich da und dachte: »Wenn ich nur jemanden hätte, mit dem ich reden könnte, wenn ich nur wüßte, wo ich hin soll.«

Ich kann mich insofern glücklich schätzen, als ich einen starken Charakter habe, meine Verwandten gutmütig sind und ich weiß, was man tun muß, um staatliche Unterstützung zu bekommen; ich habe einen guten Rechtsanwalt, der sich alle Mühe gibt, so rasch wie möglich meine gesetzliche Trennung und das Sorgerecht für mein Kind zu erreichen.

Ich glaube, daß eine Einrichtung wie Woman's Aid unbedingt notwendig ist für Frauen wie mich, denen überhaupt nichts anderes übrigbleibt, als bei ihrem Mann zu bleiben und alles, was sich daraus ergibt, in Kauf zu nehmen – und vergeblich bei gleichgültigen Bekannten, entfernt wohnenden Verwandten, verständnislosen Wohnungs- und sonstigen Ämtern oder der Fürsorge um Hilfe nachsuchen.

Ich glaube, man braucht ungeheure Willenskraft (und der Wille mancher Frauen ist durch die jahrelangen Mißhandlungen völlig gebrochen), um erstens den Bruch zu vollziehen und zweitens standhaft zu bleiben, sobald man richtig begriffen hat, was es heißt, »ganz allein auf der Welt dazustehen«. Man muß der Tatsache ins Auge sehen, daß man Mutter, Vater, Ernährer und Haushälterin zugleich sein und bei alledem mit der ständigen Angst fertig werden muß, in meinem Falle der Angst, von meinem Mann ausfindig gemacht und erneut mißhandelt zu werden. Ich kann mein alptraumhaftes Dasein in der Vergangenheit nicht vergessen, aber ich ertrage auch nicht den Gedanken, als Sonderling, ja beinahe als Außenseiter abgestempelt zu werden von einer Gesellschaft, die überwiegend überhaupt keine Vorstellung davon hat, was mißhandelte Ehefrauen aushalten müssen.

Ich hoffe aufrichtig, daß wir uns einmal kennenlernen und daß ich Ihnen irgendwie helfen kann.

Nach unseren Erfahrungen sind nur wenige der Männer in der Lage, ihr eigenes Verhalten objektiv zu beurteilen. In dem Film *Scream quietly* schilderte Kath, wie sie einmal mit ihrem Mann aus war und beide einen Mann beobachteten, der eine Frau zusammenschlug. Ihr Mann sagte: »Schau dir das an, ist das nicht widerwärtig?« Als Kath sagte: »Wieso, du machst es doch mit mir genauso«, erwiderte er: »Das ist doch was anderes, du bist doch meine Frau.«

Die Männer tun alles, um den Frauen Schuldgefühle einzuimpfen, daß sie sie verlassen haben. Viele wollen sich um nichts in der Welt scheiden lassen und beantragen das Sorgerecht für die Kinder – auch wenn sie diese schon auf offener Straße mit einem Lederriemen verprügelt haben. Andere fangen an zu trinken und gehen auf die Straße. Manche machen Selbstmordversuche. Im Moment wissen wir von fünf Fällen, in denen ein verlassener Mann eine Überdosis genommen hat. Manche meinen es offenbar nicht besonders ernst mit dem Vorsatz, sich umzubringen, und nehmen zwanzig Aspirintabletten, aber einer hat sich immerhin zwei Luftgewehrkugeln in den Kopf geschossen. Andere spielen den reuigen Sünder und überzeugen damit auch jeden, der sich gerne überzeugen läßt. Eines meiner bizarrsten Gespräche führte ich mit Lesleys

Sozialarbeiterin. Sie rief mich an, um mir zu sagen, daß es Lesleys Mann furchtbar leid täte, und ob sie nicht zu ihm zurückkehren wolle. Ich erwiderte: »Aber Sie wissen doch, daß er sie mit kochendem Wasser überschüttet hat, so daß sie an den Brüsten Verbrennungen zweiten Grades davontrug.« »Ja, sicher, das weiß ich«, sagte sie, »aber es tut ihm wirklich furchtbar leid.«

Diejenigen, die den Mechanismus durchschauen – daß der Mann nur seinen Charme spielen läßt, um seinen Willen zu bekommen, und sofort wieder andere Töne anschlägt, wenn er nichts erreicht –, äußern sich so zynisch wie dieses zehnjährige Mädchen über die angebliche Reue des Vaters: »Er hat gesagt, er wird es nie mehr tun, aber das ist doch immer dieselbe alte Leier.«

Helen, 13 Jahre alt

Wir sind hierher nach Chiswick zu Women's Aid gekommen, weil mein Vater fast jede Nacht nach Hause kam und sein Abendessen verlangte. Er hat auch immer gesagt, daß meine Mama einen Freund hat. Eines Nachts, als meine Mama und mein Papa einen fürchterlichen Streit hatten, bin ich aus dem Bett aufgestanden und gleich zur Polizei gerannt. Die Polizei hat mich in einem Auto heimgefahren und meinem Vater gesagt, daß er das nie mehr tun soll. Dann haben wir ihn verlassen, als er beim Hunderennen war, und wir sind nach Schottland gefahren, aber wir waren erst ein paar Wochen weg, als er wieder ankam und sagte, daß er es nie mehr tun würde, aber das ist doch immer dieselbe alte Leier.

Das nächstemal war ich mit meinem Vater allein zu Hause, weil meine Mama meine Schwester und meinen Bruder nach Schottland brachte, und er ist trotzdem fast jeden Abend in die Kneipe gegangen und hat mich zu Hause allein gelassen. Ich bin zu meiner Oma gegangen, aber sie und der Opa haben gesagt, daß er das Recht hat, auszugehen, weil meine Mama es genauso macht. Aber das stimmt nicht, meine Mama ist nie weggegangen und hat uns alleine gelassen. Einmal in der Nacht, als meine Mama auch nicht zu Hause war, hat er den Vogel aus dem Käfig gelassen und sich dann einfach ins Bett gelegt, und so mußte ich um zwölf Uhr nachts zu meiner Oma gehen und meinen Opa holen. Es wäre am besten, wenn er eines Tages in ein Sanatorium käme.

Ganz selten kommt es vor, daß ein Mann wirklich bereut und sagt: »Briefe wie dieser, Worte wie die, welche ich hier schreibe, schlummern in fast jedem Mann, aber die meisten von uns sind zu maulfaul, schüchtern und dumm, um sie zu äußern, vor allem gegenüber den Menschen, denen wir so sehr weh getan haben.« Dieser einstmals gewalttätige Mann schrieb uns an dem Abend, an dem er unseren Film gesehen hatte. Ich mußte weinen, als ich seinen Brief las.

Ich hörte meine Frau mit vielen Stimmen sprechen, während ich Ihre Sendung ansah. Und jeder dieser Berichte brachte mir die Scham und die Gewissensbisse in Erinnerung, die sich immer **nach** dem Wahnsinn eines Anfalls von Brutalität einstellten: Der neuerliche Vorsatz, es »nie wieder« zu tun. Ich verlor immer jedes Mitgefühl und jeden Rest von Vernunft in dem Augenblick höchster Frustration, **bevor** der Schlag fiel, genau wie bei ihr jedes Mitgefühl und jeder Rest von Vernunft im Augenblick der letzten Provokation erstorben gewesen sein müssen. Was es so besonders tadelnswert machte, war die Tatsache, daß wir ansonsten zwei »normale«, einigermaßen intelligente und vernünftige Menschen waren, durchaus in der Lage, uns auszudrücken und fast mit allen Menschen gut auszukommen außer miteinander, und das auch nur manchmal nicht.
Unsere drei Kinder sind jetzt in alle Winde zerstreut und wissen nicht mehr, wo sie eigentlich »zu Hause« sind, doch bis auf den Jüngsten, der jetzt fünfzehn ist, sind sie zum Glück alt und selbständig genug, um ihr eigenes Leben zu führen und ihre eigenen Entscheidungen zu fällen. Meine Frau (man gewöhnt sich so schwer an, »ehemalige« vor das »Frau« zu setzen!) führt eine Art Zigeunerleben mit einem anderen Mann in der Hotelbranche. Ich lebe allein und sehr zurückgezogen und bekomme nur selten Besuch von den Kindern oder Bekannten, und meine Erinnerungen beinhalten viel mehr Kummer als Trost. Daß mir die Möglichkeit genommen ist, unmittelbar Buße zu tun, ist die größte Strafe.
Ein Herzversagen im Jahre 1972 und vor kurzem nun zwei Herzanfälle innerhalb von drei Monaten haben mir klargemacht, daß mir womöglich nicht mehr viel Zeit für Wiedergutmachung bleibt (als Agnostiker finde ich auch in der Religion keinen Trost!), und meine Invalidenrente ist nicht so hoch, daß ich davon nennenswerte Beträge für wohltätige Zwecke abzweigen könnte. Andererseits kann ich es mir aber auch nicht leisten, Ihnen gar kein Geld zu schicken, denn Männer wie ich machen ja durch ihr Verhalten Ihre Arbeit erst notwendig, und obwohl ich weiß, daß auch eine Million Pfund nicht ausreichen, einen einzigen Schlag vergessen zu machen oder auch nur die Reue darüber zum Ausdruck zu bringen, glaube ich doch, daß Sie verstehen werden, worum es mir geht.
Sie werden wahrscheinlich auch verstehen, was meine Frau im

September letzten Jahres dazu brachte, mich eilends im Krankenhaus zu besuchen, als meine »Pumpe« beinahe den Dienst versagt hätte. Ich glaube, sie hat jetzt keinen Grund mehr, *Angst* vor mir zu haben; es ist nur noch eine besondere Art Freundschaft und, so hoffe ich, bis zu einem gewissen Grad auch Verzeihen. Egoistisch wie ich bin, hoffe ich, daß sie nichts von Ihrer Initiative erfährt. Das würde nur Erinnerungen an Dinge bei ihr wachrufen, von denen ich möchte, daß sie sie vergißt.
Mit freundlichen Grüßen

Später schrieb er mir einmal: »Ein einziger Akt der Brutalität ist genauso schädlich, ruft genauso viel bleibende Furcht hervor, macht auf ein zusehendes Kind genauso viel Eindruck wie hundert stets wiederkehrende gewalttätige Akte.« Die Kinder sind es, die am meisten darunter zu leiden haben, und wenn sie erwachsen sind, lassen sie ihre eigenen Kinder leiden, und das Muster wiederholt sich in jeder Generation. Die Antwort ist einfach – man muß diese Generation von Kindern davor bewahren, daß sie in Gewalttätigkeit eingeübt wird. Aber wann wurden jemals öffentliche Mittel bereitgestellt, bevor das Kind in den Brunnen gefallen war? Seit Generationen begnügen sich die wohltätigen Organisationen und in neuerer Zeit die staatlichen Wohlfahrtseinrichtungen damit, nach jeder Familienkrise die Scherben aufzusammeln. Niemand kommt auf den Gedanken, nach den Ursachen dieser Schwierigkeiten zu fragen, niemand unternimmt etwas, sie zu beseitigen.

5. KAPITEL

Problem – was für ein Problem?

Wahrscheinlich könnte nur ein Charles Dickens das Labyrinth von Gleichgültigkeit, Bürokratentum, Gefühllosigkeit und schlichter Unfähigkeit beschreiben, das sich zwischen einem in Not geratenen Menschen und den vielen Institutionen ausbreitet, die dafür da sind, ihm zu helfen, vom Wohnungsamt bis zum Kinderschutzbund.
Die Frauen und Kinder, die eines Tages bei Women's Aid landen, sind der lebende Beweis für dieses Labyrinth – oder besser gesagt für ein kleines Eckchen davon. Wenn eine Frau sich und ihre Kinder vor den Mißhandlungen eines brutalen Ehemannes retten will, kann sie zu ihrem Hausarzt hinken, sich zur Ambulanz des nächsten Krankenhauses schleppen, unter Qualen ihren Sozialarbeiter aufsuchen, die Polizei zu Hilfe rufen, den Marriage Guidance Council oder die Family Service Unit anflehen oder einen Bittgang zum Kinderschutzbund tun und dann doch, während man sich allseits die Hände in Unschuld wäscht, nur den einen oder anderen wohlfeilen Rat und keinerlei praktische Hilfe bekommen.
Insgesamt 5500 Frauen haben sich bisher an Women's Aid gewandt, und jede einzelne von ihnen hat bestätigt, daß die Institutionen, die eigentlich der Beweis für die Menschlichkeit unserer Gesellschaft sein sollten, in Wirklichkeit ihrer Aufgabe einfach nicht gerecht werden. Dieses Kapitel befaßt sich mit einigen der wichtigsten unter diesen Institutionen sowie mit den Gründen für ihr Versagen.
Infolge der Hektik, die sich aus der Behandlung von so vielen Fällen innerhalb von nur zweieinhalb Jahren ergab, ist die Dokumentation bei Women's Aid manchmal zu kurz gekommen. Aber die 270 Fälle, die ich während eines bestimmten Zeitraums gründlich dokumentieren konnte, vermitteln eine Vorstellung davon, wie verbreitet sowohl die Mißhandlung von Ehefrauen als auch die Unfähigkeit der zuständigen Stellen ist, mit diesem Problem fertig zu werden. Übrigens wurden

in 67 dieser Fälle nicht nur die Mütter, sondern auch die Kinder geschlagen.

Die Fälle wurden uns überwiesen vom Sozialamt, von der Polizei, von Bewährungshelfern, von den Citizen's Advice Bureaux der St. John's Ambulance, von Ärzten, den Samaritern, dem Kinderschutzbund und der Presse. Wir wollen uns einige dieser Institutionen etwas näher betrachten und nach den Gründen für ihr Versagen suchen.

Sozialämter

Das Motiv hinter der Arbeit aller Einrichtungen der Familienfürsorge ist es, die Familie zu unterstützen und zu stärken. Eine mißhandelte Ehefrau, die sich aus ihrer völlig verfahrenen Ehesituation zu befreien versucht, kann auf wenig Verständnis von einem Sozialarbeiter hoffen; in vielen Fällen wird sie sogar auf offene Feindseligkeiten stoßen.

Der Sozialarbeiter ist gehalten, ein Eheproblem stets von beiden Seiten aus zu betrachten, was normalerweise auch gerecht und vernünftig ist; aber wenn es schon so weit gekommen ist, daß die Frau brutal geschlagen wird, ist es wohl kaum noch sehr sinnvoll, sich Zeit zu lassen, um das Für und Wider des Falles genau abzuwägen.

In der Mehrzahl der Fälle, in denen eine mißhandelte Ehefrau sich an das Sozialamt wendet, wird man ihr sagen, daß man nichts für sie tun könne, weil sie (a) genaugenommen nicht obdachlos ist, da sie eine Wohnung hat, in die sie zurückkehren kann, und einen Mann, der sie unterhält, weshalb ein Anspruch auf staatliche Unterstützung zu verneinen sei, und weil (b) das Sozialamt kein moralisches Urteil über eine Ehe fällen dürfe. Damit ist gemeint, daß man nicht Partei nehmen möchte; die Beschaffung einer Unterkunft für die Ehefrau wäre jedoch gleichbedeutend damit, daß man den Ehemann für schuldig erklärt. Die Beamten kommen jedoch nie auf die Idee, daß sie mit der Verweigerung einer Unterkunft für die Ehefrau den Ehemann für unschuldig erklären.

Das einzige echte Hilfsangebot, das eine solche Frau erhält, ist das Angebot des Sozialarbeiters, ihren Mann zu besuchen. Dadurch gerät sie in ein Dilemma, denn falls sie heimgeht, nachdem der Sozialarbeiter bei ihrem Mann war, kann es ihr sehr leicht passieren, daß er sie schwer mißhandelt, weil sie ihn in eine demütigende Lage gebracht hat. Allzu zahlreich sind die Ehemänner, die einem Sozialarbeiter Besserung geloben und eine halbe Stunde später ihre Frau schlimmer verprügeln als je zuvor.

Ich muß mich immer wieder über die Naivität der Sozialarbeiter wundern, die einen anrufen und sagen: »Mr. Jones hat versprochen, daß er seine Frau nie wieder schlagen wird, und ich finde, sie sollte ihm noch eine Chance geben.« In dem Fall, den ich hier zitiert habe, war die Frau 19 Jahre verheiratet. Sie war so brutal mißhandelt worden, daß ihr Gesicht wie ein umgepflügtes Feld aussah, und auch ihre beiden Kinder waren von Geburt an mißhandelt worden. Bei Women's Aid wurde ihr zum erstenmal in all den Jahren eine Bleibe angeboten. Sie hatte oft versucht, von ihrem Mann loszukommen, und ihr Fall war in ihrem Wohnort und der näheren Umgebung gut bekannt.

Aber da war der Sozialarbeiter, der den Ehemann kannte, von dessen gutem Ruf er wußte und sogar zugab, daß er Angst vor ihm hatte, dennoch aber der Frau den Rat gab, nur auf ein Versprechen des Ehemannes hin, zu ihm zurückzukehren. Es ist mir einfach schleierhaft, wie ein Sozialarbeiter so naiv sein kann anzunehmen, daß ein Mann, der jahrelang gewalttätig war, sich über Nacht ändern könne. Ich habe den Verdacht, die meisten Sozialarbeiter wissen sehr gut, daß sich der Mann nie ändern wird, aber sie müssen damit rechnen, daß sie selbst Zielscheibe seiner Aggressivität werden, wenn die Frau ihn erst einmal verlassen hat. Viele dieser Ehemänner führen sich auch wirklich dementsprechend auf, vor allem wenn sie überzeugt sind, daß der Sozialarbeiter den Aufenthaltsort der Frau kennt und ihn nicht verraten will. Manche Sozialarbeiter machen sich aber gar nicht die Mühe, ihn geheimzuhalten. Sie geben dem Ehemann unsere Adresse und Telefonnummer und wälzen damit die Verantwortung auf uns ab.

Da die meisten dieser Ehemänner schon geraume Zeit vor der Eheschließung gewalttätig waren, ist es eigentlich auch unfair zu behaupten, die Schwierigkeiten lägen in der Ehe. Aber der Sozialarbeiter, der durch Ausbildung oder Gehirnwäsche auf diese beschränkte Auffassung fixiert wurde, wird immer wieder versuchen, die Sprünge oberflächlich zu kitten, und der Frau sagen, ihr Mann sei krank und brauche sie und sie müsse den Kindern zuliebe bei ihm bleiben. Das letztere Argument wird immer wieder vorgebracht, obwohl aus der Schule, von den Nachbarn usw. überwältigende Beweise dafür geliefert werden, daß die Kinder durch die herrschende Situation schwer geschädigt werden.

Da die Sozialarbeiter überwiegend mit gestörten Familien zu tun haben, sehen sie Gewalttätigkeit bei den Leuten, die sie betreuen, beinahe schon als den Normalfall an. Sie versuchen einem sogar allen Ernstes einzureden, daß ein ungebildeter Mann, der seine Frau schlägt, damit auf unbeholfene Art zum Ausdruck bringt, daß er seine Frau liebt. Wenn man darauf erwidert, Mißhandlung von Ehefrauen sei nicht auf die Arbeiterklasse beschränkt, sondern vielmehr in allen Bevölkerungsschichten anzutreffen, fallen die Sozialarbeiter aus allen Wolken. Das liegt aber nur daran, daß sich Frauen aus dem Mittelstand eben nicht ans Sozialamt wenden, wenn sie Hilfe brauchen.

Sozialarbeiter müssen lernen, die Frau zu achten, der sie helfen sollen. Allzu viele sind der Ansicht, daß Prügel vom Ehemann gewissermaßen etwas Alltägliches seien, und reden den Frauen zu, sich damit abzufinden. Jedesmal, wenn die Mutter bei der Fürsorge vorspricht, muß sie sich sagen lassen, daß man leider nichts tun könne, außer die Kinder in ein Heim einzuweisen. Aber wehe der Mutter, die in diese Falle geht.

Sobald eine Mutter in ihrer Verzweiflung die Kinder weggibt, wird sie als Alleinstehende und nicht mehr als Familie geführt. Für sich allein findet sie wahrscheinlich ein Zimmer oder eine Einzimmerwohnung, aber um die Kinder zurückzubekommen, muß sie eine angemessene Wohnung für die Familie vorweisen können. Da sie aber keine Kinder mehr zu versorgen hat, kann sie bei der Vergabe von Sozial- oder Gemeindewohnungen nicht berücksichtigt werden. Sie steht also vor der praktisch unlösbaren Aufgabe, auf dem freien Markt eine Wohnung oder ein Haus für sich und die Kinder zu finden. Meist läuft es darauf hinaus, daß sie die Kinder für immer verliert und nur das Recht behält, sie zu besuchen. Dann aber verlangt nur allzu oft die Natur ihr Recht, und die Frau schafft sich noch mehr Kinder an.

Sozialarbeiter, die den Frauen anbieten, die Kinder in Heime einzuweisen, sind sich dieser Konsequenz durchaus bewußt, aber sie warnen die Mütter nicht davor und sie halten sich auch nicht vor Augen, wie unmenschlich es ist, den Kindern den Elternteil wegzunehmen, der sie liebt.

Viele Sozialarbeiter ärgern sich immer wieder über die Probleme mit mißhandelten Ehefrauen, aber kaum einer unternimmt etwas, um die Situation von Grund auf zu ändern. Seit Jahren läßt man diese Probleme auf sich beruhen, und das in einem modernen Wohlfahrtsstaat, der es angeblich mit seinen sozialen Aufgaben ernst nimmt. Alle Sozialarbeiter müssen sich ankreiden lassen, daß sie um diese Zustände wissen und bislang nichts dagegen getan haben.

Staatliche Fürsorgestellen haben uns bei Women's Aid schon Fälle aus dem ganzen Land überwiesen, aber keine hat uns auch nur einen Penny dafür bezahlt, daß wir die Mütter aufnahmen. So hat das Sozialamt Hammersmith, einer unserer größten »Kunden«, Zahlung versprochen, unsere Rechnungen jedoch unbeachtet gelassen. In Ealing, von wo uns am zweithäufigsten Fälle überwiesen werden, hat man sich damit einverstanden erklärt, daß wir die von dort kommenden Familien aufnehmen, gleichzeitig aber bemerkt, daß eine Beteiligung an den Kosten nicht in Frage komme, weil wir *persona non grata* seien. Wir sind von Anfang an in einer schwierigen Lage gewesen, weil uns die Mütter viel wichtiger sind als das Geld. Wenn ein Sozialarbeiter uns erklärt, daß er eine Mutter mit ihren Kindern wieder heimschicken muß, wenn wir sie nicht aufnehmen, verlangen wir eine Kostenbeteiligung, obwohl wir wissen, daß das völlig aussichtslos ist – und wir nehmen die Frau mit ihren Kindern immer auf.

Manchmal setzt der Sozialarbeiter die Familie in ein Taxi und schickt sie zu uns. Wenn die Mutter dann zu uns kommt, hat sie zwar einen Zettel mit unserer Adresse, aber keine Ahnung, wie der Sozialarbeiter heißt, der sie zu uns geschickt hat – manche Sozialarbeiter nennen mit Absicht ihren Namen nicht. Sobald die Mutter eine Nacht in unserer Gemeinde verbracht hat, können sich die Sozialarbeiter ihres bisherigen Wohnorts weigern – und sie weigern sich auch wirklich –, auch nur noch einen Finger für sie zu rühren, weil sie juristisch gesehen in eine andere Gemeinde verzogen ist und damit alle Rechte auf Wohnraumbeschaffung eingebüßt hat. Unsere Gemeindeverwaltung ist mit dieser Praxis verständlicherweise ganz und gar nicht einverstanden, denn sie hat dazu geführt, daß sich die ohnehin schon lange Liste der Wohnungssuchenden in Chiswick noch um 200 Mütter und Kinder vergrößert hat.

Als grotesk muß man es auch bezeichnen, daß Sozialamt und Sozialhilfe zwei getrennte Einrichtungen sind, denn in Wahrheit sind sie unlösbar miteinander verflochten. Anstatt Hand

in Hand zu arbeiten, rivalisieren die beiden Ämter miteinander, und wenn beispielsweise eine Mutter Gas und Strom gesperrt bekommt, weil sie die Rechnungen nicht bezahlen konnte, argumentiert das Sozialamt, daß die Sozialhilfe einen Teil der Kosten übernehmen müsse, und dann hebt ein Feilschen zwischen den beiden Seiten an, während die Mutter mit ihren Kindern in ihrer dunklen und ungeheizten Unterkunft sitzt.
Sozialarbeiter müssen sich an alle möglichen umständlichen Vorschriften halten und allen möglichen bürokratischen Anforderungen genügen. Ein Hauptproblem besteht darin, daß sie nur auf bessere Bezahlung und bessere Aufstiegschancen hoffen können, wenn sie sich von der praktischen Sozialarbeit zurückziehen und administrative Aufgaben übernehmen; man verliert deshalb meist schon nach kurzer Zeit den wirklich begabten und menschlichen Sozialarbeiter, der ja auch eine Familie hat und eine Hypothek abzahlen muß und von dem erschreckend niedrigen Gehalt, das man den Sozialarbeitern im Außendienst zahlt, nicht leben kann. So trifft man ihn dann schon nach wenigen Jahren wieder, wie er mit einem langen Titel ausgestattet irgendwo hinter einem Schreibtisch sitzt und zwar mehr verdient, aber auch weniger Befriedigung in der Arbeit findet. Die Hauptleidtragenden aber sind die Menschen, denen er mit seiner Begabung und seinen Kenntnissen helfen könnte – wenn er noch Sozialarbeiter wäre.
Ein recht kräftiger Hoffnungsschimmer sind die Sozialhelfer, die uns bei Women's Aid jetzt für ein Praktikum von drei Monaten zugewiesen werden. Diese Leute kommen vom North London Polytechnics, von der London School of Economics, vom Politechnikum Chiswick und anderen Fachoberschulen. Sie sind in Sozialarbeit ausgebildet und verkörpern die Zukunft im Sozialwesen. Sie sehen sich nicht als Wächter über das Gewissen der Gesellschaft und Überbringer guter Ratschläge sowie des Segens, der von oben kommt. Sie entfernen sich von der veralteten Vorstellung, daß Hilfe von den sozialen Stellen beratenden Charakter haben müsse, und nähern sich der Überzeugung, daß das, was die meisten Leute wirklich brauchen, praktische Hilfe zur Bewältigung unmittelbarer Probleme ist.
Mir wäre es am liebsten, wenn die Sozialämter in ihrer heutigen Form aufgelöst würden. Anstelle dieser Büros mit ihren Schreibtischen, Schreibmaschinen und Vorschriften in drei-

facher Ausfertigung sollte es große Gemeinschaftshäuser geben, in denen sich jeden Tag die Sozialarbeiter des Bezirks mit den Leuten unterhalten, die das Zentrum aufsuchen, um sich Rat zu holen oder eine Tasse Kaffee zu trinken oder etwas mit den Gemeindeschwestern zu besprechen. Die notwendige Verwaltung könnte weiterhin im Rathaus durchgeführt werden, aber das Führen von Karteien über die betreuten Personen könnte weitgehend eingeschränkt werden.

Heute hat es kaum Zweck, den Versuch zu machen, am Vormittag einen Sozialarbeiter zu sprechen, denn da nimmt er an einer Konferenz teil. Diese Konferenzen nehmen den ganzen Vormittag in Anspruch, dann ist Mittagspause, und am Nachmittag macht er dann seine Besuche; so kommt es, daß die meisten Ratsuchenden, die zu Hause kein Telefon haben, mit ihren Kindern an Telefonzellen herumlungern müssen, und es kann Tage dauern, bis sie den Sozialhelfer einmal ans Telefon bekommen.

Ich habe einmal einen Sozialarbeiter gefragt, was denn geschähe, wenn sich während einer der Konferenzen ein Notfall ereignete und die betreffende Frau sich nicht mit ihrem Sozialarbeiter in Verbindung setzen könne. Der Sozialarbeiter erwiderte mir, in seinem Amt handelten alle nach dem Motto: »Wenn jemand anruft und behauptet, es sei furchtbar dringend, einfach vierundzwanzig Stunden lang nichts unternehmen, dann wendet er sich an eine andere Stelle.« Während der Konferenzen kann man zwar den diensthabenden Beamten erreichen, aber der kennt natürlich den Fall nicht und kann einem noch weniger helfen als der Sozialarbeiter.

Da die meisten Sozialarbeiter aus Mittelstandsfamilien kommen oder durch ihre Ausbildung die Vorurteile des Mittelstandes übernommen haben, sind ihre Ansichten über die Rolle der Mutter oder die richtige Kindererziehung oft völlig verfehlt, was die Verhältnisse in Arbeiterfamilien betrifft. Oft wird man feststellen, daß ein Sozialarbeiter sich mehr um die Reinlichkeit der Kinder als um die Frage kümmert, ob sie genug Liebe bekommen, und daß er viel zu schnell mit der Einweisung der Kinder in ein Heim zur Hand ist, wenn er das Gefühl hat, daß die Mutter es nicht schafft.

Viele Sozialarbeiter klagen darüber, wie schlampig, ungewaschen und ungepflegt eine mißhandelte Ehefrau sei, und machen sich nicht die Mühe, einmal darüber nachzudenken, wie sich die wiederholten Mißhandlungen auf die Persönlichkeit und das Selbstbewußtsein der Frau auswirken müssen. Statt einer helfenden Hand bekommt die Mutter den kalten Blick einer angewiderten *Amtsperson*, und es ist kein Wunder, daß die Mütter, die zu Women's Aid kommen, sich abfällig über die Sozialarbeiter und den Wohlfahrtsstaat äußern.

Die Polizei

Die Einstellung der Polizei zur Frage der Mißhandlung von Ehefrauen verrät eine zwar verständliche, dennoch aber abzulehnende schizophrene Haltung zur Frage der Gewalttätigkeit. Stellen wir uns vor, Constable Upright geht eines Nachts Streife und kommt dazu, wie Mr. Batter auf offener Straße eine Frau mißhandelt. Mr. Batter hat der Frau schon das Gesicht blau geschlagen und will ihr gerade einen Tritt verpassen, als Constable Upright den Schauplatz betritt. Der Schutzmann kennt seine Pflicht und tut sie. Er nimmt Mr. Batter fest, der anschließend wegen schwerer Körperverletzung vor Gericht kommt und zu zehn Jahren Freiheitsentzug verurteilt wird.
Zehn Jahre danach ist Constable Upright wieder auf Streife und bekommt den Auftrag, einmal nachzusehen, was in der Wohnung des kürzlich aus der Haft entlassenen Mr. Batter los ist; Nachbarn haben im Revier angerufen, sie hätten laute Schreie aus der Wohnung gehört. Mr. Batter mißhandelt seine Frau. Er hat sie mit kochendem Wasser verbrüht und ihr das Nasenbein gebrochen, und im Augenblick ist er dabei, ihr mit einem Klauenhammer die Zehen zu zertrümmern. Was tut Constable Upright, als er in die Wohnung kommt? Verhaftet er Mr. Batter? Natürlich nicht.
Er klopft an die Wohnungstür, und Mr. Batter sagt ihm, er solle »abhauen«. Er sagt Mr. Batter, die Nachbarn hätten sich beschwert und er möchte einmal seine Frau sehen. Mr. Batter erwidert, er und seine Frau hätten eine kleine Meinungsverschiedenheit gehabt, und holt seine Frau, die ein ganz geschwollenes Gesicht hat und weint. Der Polizist nimmt trotzdem keine Verhaftung vor. In einem Fall schlug der Mann sogar im Beisein des Polizisten seine Frau und wurde trotzdem nicht verhaftet. Der Polizist gab der Frau nur den Rat, am nächsten Tag aufs Gericht zu gehen und ihren Mann vorladen zu lassen, aber er wußte, daß sie nichts dergleichen tun würde,

weil sie ja mit ihrem Mann in der gleichen Wohnung hätte bleiben müssen, während ihre Anzeige gegen ihn lief.

Manche Polizisten zeigen einen gewissen Grad an Verständnis für die Zwangslage einer mißhandelten Ehefrau, aber die überwiegende Einstellung der Polizei ist die zunehmende Feindseligkeit, weil die Beamten immer wieder in dieselbe Wohnung gerufen werden, und die Frau sich standhaft weigert, von sich aus etwas zu unternehmen. Schon bald kennt man die Familie auf dem Revier, und die Beamten lassen sich Zeit, wenn wieder mal eine Beschwerde eingeht.

Ich habe den Eindruck, die Polizisten werden mit der Zeit gegen Gewalttätigkeit abgehärtet, da sie es mit so vielen verschiedenen Formen von Gewaltverbrechen zu tun haben. Es ist viel leichter, sich anzugewöhnen, in solchen Frauen nur nichtsnutzige Schlampen zu sehen, als hilflos zusehen zu müssen, wie sie immer wieder kommen und jedesmal noch ein bißchen verzweifelter sind.

Die Polizeibeamten kommen offenbar nie auf den Gedanken, daß es ihre Pflicht ist, das Sozialamt oder den Kinderschutzbund zu benachrichtigen, wenn sie feststellen, daß Kinder geschlagen wurden. Wir haben uns schon viele Male mit Polizeirevieren angelegt, wenn eine Mutter von ihrem Mann mißhandelt und hinausgeworfen worden war und die Kinder beim Manne zurückblieben. In der Regel hat der Mann schon allerlei auf dem Kerbholz und ist der Polizei kein Unbekannter. Das Polizeirevier ist die erste Stelle, wo die Mutter sich hinwendet, doch dort erklärt man ihr, daß Besitz neun Zehntel des Rechts ausmacht und die Polizei nichts unternehmen kann, um die Kinder von dem Mann wegzuholen. Man würde meinen, daß die Beamten dann wenigstens einer sozialen Einrichtung mitteilen, daß die Kinder in Gefahr sind. Aber das tun sie nicht.

Eines Nachts bekamen wir einen Anruf von einem Ehepaar, das auf der Straße einen kleinen Jungen aufgelesen hatte, der bitterlich weinte und am ganzen Körper Blutergüsse hatte. Die beiden hatten die Polizei angerufen, doch die ließ auf sich warten. Deshalb kamen sie auf den Gedanken, inzwischen schon einmal bei uns anzurufen. Wir kamen zu dem Schluß, daß der Junge sich nicht mehr heim traute, weil der Vater ihn so geschlagen hatte, wahrscheinlich in einem durch Alkohol verursachten Wutanfall. Wir schlugen dem Ehepaar vor, den Jungen zu uns zu bringen; wir würden ihn über Nacht dabehalten und tags darauf den Kinderschutzbund einschalten. Leider Gottes trafen gleich darauf die Polizeibeamten ein und nahmen den Jungen mit. Wir erkundigten uns am nächsten Tag auf dem Polizeirevier und bekamen die Auskunft, man habe die Eltern des Jungen angerufen, und die hätten ihn abgeholt. Ob das Sozialamt benachrichtigt worden sei, wollten wir wissen. »Natürlich«, wurde uns prompt geantwortet. Ich prüfte das nach. Auf dem Sozialamt wußte man von nichts.

Sozialhilfe

Diese verkalkte Einrichtung des Wohlfahrtsstaates ist dazu da, Leid zu lindern, indem sie den Armen und Bedürftigen mit Geld unter die Arme greift. Aufgrund ihrer Ausbildung und ihrer Weltanschauung neigen die Leute in diesen Ämtern dazu, jeden, der kommt und um Unterstützung bittet, für arbeitsscheu zu halten, und ihn entsprechend zu behandeln. Allerdings bringt auch der Angestellte hinter dem Schreibtisch oft weniger nach Hause, als die Familien zur Verfügung haben, die bei ihm einen Antrag stellen, so daß man es ihm nicht verwehren kann, wenn er ab und zu ruppig wird.

Wie bei solchen Organisationen üblich, wird zuviel Wert auf die Verwaltung und zuwenig auf die Resultate gelegt. Die Maschinerie verschlingt zuviel Geld, zuwenig geht an diejenigen, zu deren Unterstützung sie aufgebaut wurde. Unsummen werden für Schnüffelei und Bespitzelei ausgegeben, um die relativ unbedeutende Zahl von Leuten ausfindig zu machen, die sich eine Unterstützung betrügerisch erschleichen, womit der Öffentlichkeit bewiesen werden soll, daß man nicht leichtfertig mit dem Geld des Steuerzahlers umgeht.

Der erste Mensch, mit dem es eine mißhandelte Ehefrau und Mutter zu tun bekommt, ist wahrscheinlich die Frau am Anmeldeschalter des örtlichen Sozialhilfeamtes. Dort erfährt sie bereits, daß man nicht daran denkt, ihr Geld zu geben, weil sie ja ein Dach über dem Kopf hat und einen Mann, der sie unterhält. Nur wenn sie beweisen kann, daß sie bereits juristische Schritte unternommen hat, wird man es sich vielleicht doch noch einmal überlegen.

Auch durch Tränen lassen sich die Leute nicht rühren, denn sie sind es gewohnt, daß bei den Frauen, die zu ihnen kommen, die

Tränen fließen – entweder aus Kummer über ihr Unglück oder aus Wut über die Behandlung, die man ihnen amtlicherseits angedeihen läßt. Auch kleine Kinder, die der Mutter am Rockzipfel hängen, nützen nichts. Aber wenn es schon recht spät ist und die Mutter genügend Zivilcourage hat, um sich zu weigern, das Amt zu verlassen, gibt man ihr vielleicht ein paar Pfund, damit sie irgendwo übernachten kann.

Wenn sie am nächsten Tag wiederkommt, nachdem sie bei einem Rechtsanwalt war, wird man ihr sagen, daß sie Geld für die Miete nur unter der Voraussetzung erhält, daß sie eine Wohnung findet und dort auf den Besuch eines Beauftragten des Sozialhilfeamtes wartet. Es ist aber fast unmöglich, eine Wohnung zu finden, wenn man kein Geld für die Kaution und die Mietvorauszahlung hat. Ein Teufelskreis – die bedauernswerte Mutter gibt auf und kehrt zu ihrem brutalen Mann zurück.

Wir bei Women's Aid hatten insofern Glück, als es uns gelang, ein gutes Verhältnis zu der hiesigen Dienststelle aufzubauen. Die Leute dort sind flexibel und großzügig zu allen Frauen, die zu uns gekommen sind. Aber auch sie konnten uns nicht helfen, als entschieden wurde, daß die Mietbeihilfe für eine Familie, unabhängig von der Anzahl der Kinder, nicht mehr als 3,50 Pfund pro Woche betragen dürfe. Dabei wird auch das schäbigste Obdachlosenasyl mit 6 Pfund pro Erwachsenem subventioniert, zuzüglich eines bestimmten Betrages für jedes Kind, aber es nützt uns nichts, wenn wir dieses Argument anführen. Das ist allerdings nicht Schuld unserer örtlichen Dienststelle, sondern auf eine regionalpolitische Entscheidung zurückzuführen. Solange freiwillige Initiativen wie die unsere aber nicht auf unbürokratische Hilfe seitens des Sozialhilfeamtes rechnen können, besteht immer die Gefahr, daß sie sich nach kurzer Zeit wegen Geldmangels wieder auflösen müssen. Auf diese Weise wurden vielversprechende Versuche, dringende soziale Probleme zu lösen, im Keim erstickt.

Das Gesundheits- und Sozialministerium ist vielleicht der Ansicht, daß es »in mehrfacher Hinsicht Fortschritte gegeben hat«, seit wir dem Minister, Sir Keith Joseph, im Sommer 1972 eine Dokumentation vorgelegt haben. Aber in Wirklichkeit ist es mit diesen Fortschritten nicht weit her.

Jack Ashley hat mir einen Brief des damaligen Premierministers Edward Heath gezeigt, in dem dieser behauptet, jede

Frau, die beim Sozialhilfeamt vorstellig werde und um Hilfe bitte, um ihren gewalttätigen Mann verlassen zu können, bekäme unverzüglich Geld für Unterkunft und Essen. Diese Behauptung war entweder eine unverfrorene Lüge, oder sie ist als Beweis dafür zu sehen, daß die Politiker und die Beamten, auf deren Rat sie hören, oft die wenigste Ahnung von den wirklichen Zuständen haben. Die Erfahrungen der Frauen, die in unser Zentrum kommen, beweisen das immer wieder.

Krankenhäuser

Die Krankenhäuser stecken den Kopf tief in den Sand. Sie berufen sich darauf, daß es ihre Aufgabe sei, Kranke gesund zu machen, und sie nichts angehe, was außerhalb des Krankenhauses geschieht.
Die Frau eines Taxifahrers wurde mit Polizeieskorte im Krankenwagen in ein Krankenhaus hier am Ort gebracht. Der für medizinische Fragen zuständige Sozialarbeiter rief uns an, um uns zu sagen, daß die Frau zwar einen schweren Schock davongetragen habe, trotzdem aber nach ein paar Stunden Ruhe entlassen werden würde; sie fürchte sich aber, zu ihrem Mann heimzufahren, und er wolle deshalb anfragen, ob wir sie aufnehmen würden. Wir willigten ein, aber ehe wir zur Ambulanz des Krankenhauses durchkamen, um anzukündigen, daß wir sie abholen würden, hatte ein Arzt sie schon überredet, doch nach Hause zu gehen, und die Polizei hatte sie heimgefahren.
Am nächsten Morgen bekam ich einen Anruf von der Polizei; die Frau war nur mit einem Mantel über der Unterwäsche aufs Revier gekommen, weil ihr Mann sie erneut mißhandelt hatte. Die Polizeibeamten fragten mich, ob sie die Frau zu uns bringen könnten. Als sie bei uns eintraf, waren wir alle so entsetzt, daß wir kein Wort hervorbrachten. Sie hatte am ganzen Körper riesige Quetschungen und blutete aus mehreren Wunden. Als die Polizeibeamten sie am Abend zuvor nach Hause gebracht hatten, hatten sie festgestellt, daß der Ehemann weggegangen war und das Haus abgeschlossen hatte. Sie hatten die Tür aufgebrochen und die Frau dann allein gelassen. Der Mann kam später betrunken nach Hause und verprügelte die Frau.
Ich habe mich einmal mit einem Chirurgen in einem Kranken-

haus unterhalten, der seelenruhig zugab, daß er oft schon ein und derselben Frau fünf- oder sechsmal die Nase eingerichtet hatte, wodurch der Allgemeinheit gewaltige Kosten und der Frau nicht unbeträchtliche Schmerzen und Unannehmlichkeiten entstanden waren; trotzdem fühlte er sich nicht verpflichtet, die Frau zu fragen, wie sie zu ihren häufigen Verletzungen kam.

Ich habe oft feststellen müssen, daß Ärzte und anderes Krankenhauspersonal nur sehr ungern eine Diagnose bestätigen, die dazu führen könnte, daß sie vor Gericht als Zeugen aussagen müssen; ebenso groß ist die Abneigung, irgend etwas zu unternehmen, wodurch sie in eine Auseinandersetzung hineingezogen werden könnten. In einem Fall wurde ein drei Monate alter Junge ins Krankenhaus aufgenommen, nachdem er einen Schlag an die Kopfseite bekommen hatte, der ihn ständig erbrechen ließ und es erforderlich machte, jeden Tag mit Röhren Flüssigkeit aus dem Gehirn abzulassen. Die Leute im Krankenhaus weigerten sich zu bestätigen, daß die Flüssigkeitsansammlung auf den Schlag zurückzuführen war, obwohl man aufgrund dieser Aussage eine gerichtliche Anordnung erreicht hätte, die den sehr gewalttätigen Vater von dem Baby ferngehalten hätte. Die Leute im Krankenhaus gingen auf Nummer Sicher und blieben bei der zu nichts verpflichtenden Aussage, daß die Störung zwar möglicherweise auf einen Schlag zurückzuführen sei, genausogut aber auch eine andere Ursache haben könne. Während ich dies schreibe, wartet der Vater darauf, das Baby zurückzubekommen, falls es überhaupt noch am Leben ist. Er ist drogensüchtig und notorisch gewalttätig. Diese Art Leisetreterei ist es, mit der sich die Krankenhäuser ihren Nimbus bewahren und sich als Institutionen behaupten, die vom Gemeinwesen getrennt sind, statt sich ihm in dienender Funktion zu integrieren.

Wenn diese Leute einen schwierigen Fall vorliegen haben, berufen sie eine Fallkonferenz ein, auf der sie dann beschließen, daß der Fall wirklich schwierig ist, und bis man dann ein ausgiebiges Schwätzchen gehalten und seine Tasse Tee getrunken hat, ist der, dem die Konferenz gegolten hat, wahrscheinlich aus lauter Verzweiflung längst auf und davon.

So etwas wie Gewalt kennt man einfach nicht in sauberen, ordentlichen und gut geführten Krankenhäusern. Sollte doch einmal jemand seine guten Manieren vergessen und zu toben anfangen, dann sind ja genügend kompetente, besonnene

Leute da, die ihn mit einer wohlgezielten Injektionsnadel zur Vernunft bringen. Zu diesem Mittel griff man jedenfalls in einem Krankenhaus, in dessen Ambulanz ein Ehemann seine Frau mißhandelte. Ansonsten unternahm man nichts.

Man denkt sich in einem Krankenhaus nichts dabei, eine Frau nach Hause zu entlassen, die von ihrem Mann auf brutalste Weise mißhandelt wurde. Zu uns kam einmal eine westindische Krankenschwester, die in drei Wochen entbinden sollte. Sie hatte einen verrenkten Hals und Kratz- und Bißwunden am ganzen Körper. Sie stöhnte und weinte, und wir bekamen nicht viel aus ihr heraus. Ich rief in dem Krankenhaus an, das sie entlassen hatte, und fragte, was man sich denn dabei gedacht hätte; eine Säuglingsschwester antwortete mir in vorwurfsvollem Ton, daß das Mädchen das Kind eines anderen Mannes erwarte. Die unausgesprochene Einstellung war, daß »sie nur bekommt, was sie verdient hat«. Ein paar Stunden später schluckte die bedauernswerte Frau die Pillen, die man ihr im Krankenhaus gegeben hatte, alle auf einmal, und wir mußten sie in ein anderes Krankenhaus bringen. Das war jedoch wieder so ein Fall, in dem eine Frau, die von ihrem Mann mißhandelt worden war, notdürftig versorgt und wieder heimgeschickt wurde, als hätte sie die Schläge irgendwie verdient, während ein anderer Patient mit denselben Verletzungen mindestens eine Woche lang stationär behandelt worden wäre.

Je eher man einsieht, daß große Krankenhäuser keineswegs am besten geeignet sind, der Allgemeinheit zu dienen, um so besser. Je größer sie sind, um so unpersönlicher werden sie und um so größer ist die Gefahr, daß Ärzte und Pflegepersonal den Kontakt mit den Menschen verlieren, für die sie eigentlich da sind. Als die Krankenhäuser noch klein waren, kümmerte man sich viel besser um den einzelnen.

Vor allem aber sollte es keinem Krankenhaus erlaubt sein, eine Patientin, die offensichtlich mißhandelt wurde, zu entlassen, ohne festzustellen, ob sie auch eine Bleibe hat, wo sie in Sicherheit ist, und ohne die zuständigen staatlichen Stellen zu benachrichtigen.

Dora war fünfzehnmal schwanger gewesen und hatte zehn Kinder geboren, und ihre einzigen Ferien waren die Aufenthalte auf der Entbindungsstation und die Tage, die sie mit Verletzungen, die ihr Mann ihr beigebracht hatte, im Krankenhaus verbrachte. Viermal schon hatte das Krankenhaus den Priester kommen lassen, damit er ihr die letzte Ölung gab, aber immer wieder war sie schließlich nach Hause zu ihrem gewalttätigen Mann entlassen worden. Offensichtlich machte man sich mehr Sorgen um ihr seelisches als um ihr körperliches Wohlergehen.

Psychiatrische Kliniken

Eine mißhandelte Ehefrau landet schnell in der nächsten psychiatrischen Klinik. In der Mehrzahl der Fälle wird sie aufgenommen, weil sie schon so oft eine Überdosis Tabletten genommen hat, daß die Ärzte im allgemeinen Krankenhaus die Geduld verlieren und sie zum Psychiater überweisen, der sie dann wegen »Depressionen« in die psychiatrische Klinik einweist. Man weiß, daß sie über einen langen Zeitraum hinweg brutal mißhandelt wurde, verdrängt das aber, während sie ein paar Wochen lang mit starken Tranquilizern behandelt wird. Danach sagt man ihr, es gehe ihr schon viel besser, und schickt sie nach Hause.
Die Psychiater sind in der Regel Männer und haben die Überzeugung, daß die Frau unterbewußt die Mißhandlungen braucht. Wenn sie tief in sich hineinsehen und ihre Fehler zugeben könnte, wäre alles in Ordnung und ihr Mann würde sie nie mehr schlagen.
Diese Interpretation ruft bei der Frau Schuldgefühle und Unsicherheit hervor. Ist es vielleicht doch ihre eigene Schuld? Sie fängt an, sich Gedanken zu machen. Es ist nicht schwer, ihr einzureden, daß sie versagt hat, weil sie ohnehin schon das Gefühl hat, daß sie in der wichtigsten Sache ihres Lebens versagt hat – in ihrer Ehe. Meist glaubt sie dem Psychiater und kehrt mit dem festen Entschluß, sich zu bessern, zu ihrem Mann zurück.
Aber sie kehrt zu einem Mann zurück, dessen Neigung zur Gewalttätigkeit schon lange vor der Heirat bemerkbar war, und die Frau ist über kurz oder lang abermals in der psychiatrischen Klinik, diesmal mit noch stärkeren Depressionen. Nun gibt sie auf und läßt sich gehen. Sie ringt die Hände und weint, weil sie ihre Kinder zu Hause gelassen hat, fühlt sich aber in der Klinik sicher und hat Angst vor der Rückkehr nach Hause. Der Psychiater, dem das Weinen der Frau auf die Nerven geht, kommt manchmal zu dem Schluß, daß es am besten wäre, eine Leukotomie vorzunehmen und damit die Angst auszuschalten.

Wir sehen die Resultate dieser Operation, wenn die Frauen zu uns kommen und mit absoluter Gleichgültigkeit ihre entsetzliche Lebensgeschichte erzählen. Durch die Operation sind sie wirklich alle Angstgefühle losgeworden, und im Normalfall wurden ihnen die Kinder weggenommen und in ein Heim gegeben, weil sich mit der Angst auch jedes Verantwortungsgefühl verflüchtigt hat. Ihre Ehemänner schlagen sie nach wie vor, aber sie ertragen das jetzt mit heiterer Gelassenheit. Ein Triumph der Chirurgie?
Für uns sind das besonders traurige Fälle, weil die Mütter, die diese Operation gehabt haben, uns meist bitten, ihnen zu helfen, ihre Kinder wiederzubekommen. Das ist immer sehr schwer für uns, denn obwohl diese Frauen einen schrecklichen Preis für die Gewalttätigkeit ihrer Männer bezahlt haben, ist es viel zu spät, und wir müssen sie behutsam davon überzeugen, daß es am besten ist, die Kinder zu lassen, wo sie sind.
Häufiger lernt man Mütter kennen, die mit Elektroschocks behandelt wurden. Niemand weiß genau, wie und warum diese Methode funktioniert, aber sie schafft tatsächlich Erleichterung bei Depressionen. Unglücklicherweise löscht sie auch Erinnerungen aus und hat bei zu häufiger Anwendung noch andere negative Nebenwirkungen. Viele unserer Mütter haben schon eine oder mehrere solcher Behandlungen hinter sich. Das hilft für den Augenblick, aber dann kehren sie nach Hause zurück und werden immer wieder geschlagen, bis dann schließlich eine verwirrte, halb um ihren Verstand gebrachte vierzigjährige Frau vor einem sitzt, die sich zu erinnern versucht, wann und wo sie zum letztenmal geprügelt wurde.
Wenn ein Ehemann vor Gericht kommt und eine Haftstrafe verbüßen muß, wird der Gefängnisarzt oder -psychiater, wenn er sieht, daß der Mann krank ist, oft versuchen, ihn zur Behandlung in eine psychiatrische Klinik einweisen zu lassen, weil das Gefängnis keinen therapeutischen Wert hat. Der Gefängnispsychiater stößt dabei jedoch auf ein ernstes Hindernis.
Die psychiatrischen Kliniken sind dafür eingerichtet, die Geisteskranken zu behandeln, aber die Mehrzahl der gewalttätigen Ehemänner hat nur ein sogenanntes »Persönlichkeitsproblem«. Mit anderen Worten, ihr Verstand ist in Ordnung, nur ihre Persönlichkeit ist gestört und muß umgezogen werden.

Die Heilung eines Mannes, der an einer anerkannten Geisteskrankheit wie Schizophrenie leidet, ist eine komplizierte, aber nicht unbedingt unmögliche Aufgabe. Aber die Heilung eines Mannes von einer seit langem bestehenden Persönlichkeitsstörung braucht Jahre und verschlingt Unsummen.

Unsere Gesellschaft hat sich bislang so gut wie gar nicht um die Leute gekümmert, die wir als »Psychopathen« bezeichnen. Angesichts der Tatsache, daß die meisten psychiatrischen Kliniken hoffnungslos überfüllt sind, bei ebenso hoffnungslosem Personalmangel, überrascht es nicht, daß sie sich im allgemeinen weigern, einen Patienten aufzunehmen, der nicht geisteskrank, mit großer Wahrscheinlichkeit aber widerspenstig, ungebärdig und gefährlich ist. Im Normalfall stellt die Klinik die Diagnose, daß der Betreffende geistig gesund ist, und schickt ihn nach Hause.

Die meisten Psychiater sind Männer, und sie stammen größtenteils aus mittelständischen und wohlhabenden Familien. Die Ausbildung zum Psychiater dauert viele Jahre, und es ist fast unvermeidlich, daß sie sich während dieses langen Studiums immer tiefer in die Theorie begeben und immer weiter von den Problemen einer mißhandelten Ehefrau in einer Arbeiterfamilie entfernen. Wenn er eine weinende Frau vor sich hat, die sich über die Gewalttätigkeit ihres Mannes beklagt, wird der Psychiater aufgrund seiner Ausbildung wahrscheinlich blind für ihre wirklichen Bedürfnisse sein und sich in seiner simplen Auffassung bestätigt sehen, daß eine Frau zu ihrem Mann gehört, daß er selbst dann, wenn er sie mißhandelt, damit nur zeigt, wie sehr er sie braucht, und daß der Ehemann es nicht verwinden wird, wenn die Frau ihn im Stich läßt. Wenn er eine Frau vor sich hat, die jahrelang von ihrem Mann geschlagen wurde, neigt der Psychiater dazu, die Schuld dafür ihr zuzuschieben. Er hat keine Ahnung von den sozialen Verhältnissen, die es ihr unmöglich machen, ihrem Mann zu entfliehen. Zu mir hat schon oft ein Psychiater verwundert gesagt: »Irgendwie muß es ihr gefallen haben, denn sonst wäre sie ja nicht so viele Jahre bei ihm geblieben.« Es ist für diese Männer nicht leicht, sich die wirtschaftliche und gesellschaftliche Abhängigkeit der Frauen von ihren Männern klarzumachen, denn sie haben genug Geld, um sich ein Haus zu kaufen, wo es ihnen beliebt, und sie sind es als Angehörige des männlichen Geschlechts von klein auf gewöhnt, unabhängig zu handeln und Entscheidungen zu treffen. Sie können sich wirklich nicht vorstellen, wie schwer es für eine Mutter mit Kindern in finanzieller und psychologischer Hinsicht ist, sich selbständig zu machen und eine Unterkunft sowie Geld für den Lebensunterhalt zu finden.

Ärzte

Der erste Mensch, an den sich eine mißhandelte Ehefrau wendet, ist oft ihr Hausarzt, und dieser ist auch der erste, der sich blind stellt für die Beweise, die er vor Augen hat.
Marie hat mir erzählt, daß ihr Hausarzt, als sie ihm mehrere frische Quetschungen zeigte, nur lachte und sagte: »Das nennen Sie verprügeln! Stehlen Sie mir nicht die Zeit und gehen Sie wieder heim.« Das ist eine recht typische Haltung. Der Arzt will die Verletzungen nicht eintragen, weil das bedeuten kann, daß er als Zeuge vor Gericht aussagen muß, und das kostet Zeit. Er gehört zur Mittelklasse und wurde zu dem Glauben erzogen, daß die Angehörigen der Arbeiterklasse nicht in der Lage seien, sich mit Worten zu verständigen, und deshalb immer gleich die Fäuste nähmen, was aber bei solchen Leuten durchaus normal sei. Er hat deshalb nicht viel übrig für die mißhandelten Frauen, die andauernd in seinem Wartezimmer herumsitzen, und verschreibt immer größere Dosen von Beruhigungsmitteln.
Ich bin der Ansicht, alle Ärzte sollten verpflichtet werden, beim ersten Anzeichen von Schlagverletzungen an einer Mutter oder einem Kind eine Schwester im Sozialdienst zu benachrichtigen, damit diese die Familie besuchen und die notwendigen Schritte unternehmen kann. Ich bezweifle, daß die Ärzte selbst etwas dagegen unternehmen würden, denn sie müßten ihre Anschauungen von Grund auf ändern, um einzusehen, daß Frauen ein Recht haben, nicht geschlagen zu werden; die Ärzte bekommen eine mißhandelte Mittelstands-Ehefrau kaum jemals zu Gesicht, denn diese Frauen schämen sich und wagen es gar nicht, zum Arzt zu gehen, weshalb die Ärzte weiter dem Mythos anhängen, daß die Mißhandlung von Ehefrauen nur in der Arbeiterklasse vorkommt und wie Armut und Krankheit ein Übel ist, mit dem man sich eben abzufinden hat.

Eheberatungsstellen

Wenn Sie in den »richtigen« Geschäften einkaufen und à la mode kochen und dann Ihre Ehe ein bißchen aus dem Takt kommt, dann werden Sie vielleicht bei den Eheberatungsstellen von »Marriage Guidance« die Hilfe bekommen, die Sie brauchen.

Dort können Sie sich darüber aussprechen, »warum es schiefgelaufen ist«, in der beruhigenden Gewißheit, daß Ihre Eheberaterin dieselbe Art von Schule und dieselbe Tanzschule besucht hat wie Sie. Außerdem können Sie sich damit trösten, daß »Ihr Fall« an den Teetischen der vornehmen Wohngegenden mit Inbrunst diskutiert wird.

Wenn eine Frau zu uns kommt und es einmal mit Marriage Guidance probieren will, sagt man uns regelmäßig, daß es eine Warteliste gebe, so verzweifelt die Frau auch sein mag.

Keine der Mütter, die zu Women's Aid gekommen sind, haben von Marriage Guidance irgendwelche Hilfe bekommen. Sie verstanden das meiste von dem, was man ihnen sagte, überhaupt nicht und mußten in der Regel feststellen, daß die Beraterin mit verschränkten Fingern hinter ihrem Schreibtisch saß, ab und zu Sätze wie »Eheleute sollen eben zueinander passen« einflocht und ansonsten bedeutungsvoll schwieg.

Wenn eine Ehefrau, die ihren Mann verlassen hatte, um bei uns zu wohnen, zur selben Beratungsstelle von Marriage Guidance gehen wollte wie ihr Mann, erklärte man ihr, daß dies gegen die Vorschriften sei. Jeder Partner müsse zu der Beratungsstelle gehen, die seiner Wohnung am nächsten liege.

Es ist mir unbegreiflich, wie Marriage Guidance es trotz staatlicher Subventionen in Höhe von 300000 Pfund geschafft hat, so lange Zeit dem Problem der mißhandelten Ehefrau aus dem Wege zu gehen. Es kann nicht daran liegen, daß Mißhandlungen von Ehefrauen nur bei der Arbeiterklasse vorkommen, die ohnehin nicht zu Marriage Guidance gehen. Ich bin vielmehr der Meinung, daß diese Organisation ihrer selbst gestellten Aufgabe, Eheleute aller Bevölkerungsschichten mit Rat und Tat zur Seite zu stehen, nicht gerecht wird. Diese Leute gehen dem Problem aus dem Wege, indem sie eine relativ gut bezahlte Schreibtischarbeit annehmen und höflich, aber nichtssagend reagieren, sobald es angeschnitten wird.

Ich glaube, den größten Nutzen von dieser Einrichtung haben die Berater und Beraterinnen selbst. Unter dem Vorwand, anderen zu helfen, verhelfen sie sich selbst zu einem angenehmen Leben, und außerdem eignen sie sich in kürzester Zeit einen erstaunlichen pseudo-psychologischen Wortschatz an, mit dem sie bei ihren Bekannten Eindruck schinden und auf Partys angeben können.

Marriage Guidance hätte selbst Führung und Lenkung nötig – in Richtung auf eine Funktion, die Leuten helfen würde, die Hilfe wirklich nötig haben, und weg von der heutigen Funktion als illegitimer Ableger des psychiatrischen Sprechzimmers.

Family Service Unit

Die Family Service Unit besteht seit 25 Jahren. Sie wurde ins Leben gerufen, um sich mit der »Problemfamilie« zu beschäftigen. Es ist eine freiwillige Einrichtung, die mit Sozialarbeitern und -helfern besetzt ist und von den Gemeinden sowie aus Spenden finanziert wird. Das folgende Zitat stammt aus dem Quartalsbericht der Family Service Unit vom Winter 1973:

»Wir sind der Meinung, daß eine Unterscheidung gemacht werden muß zwischen gelegentlichen Handgreiflichkeiten, die als Teil einer normalen Ehe betrachtet werden können, vor allem in bestimmten Bevölkerungsgruppen, und länger andauernder regelmäßiger Mißhandlung der Ehefrau.«

An dieser Einstellung liegt es, daß viele Frauen, die mit dieser Organisation Verbindung aufnahmen, ermuntert wurden, in einer für sie gefährlichen Situation zu bleiben – Opfer der Doktrin der FSU, daß die Familie unter allen Umständen zusammenbleiben muß.

In einem Fall, in dem eine Frau mit einem Kind in wilder Ehe mit einem gewohnheitsmäßigen Trinker zusammenlebte, der sie ständig schlug, kam ein Funktionär der FSU zu Women's Aid und verlangte, daß die Frau zu dem Mann zurückkehren sollte. Obwohl diese Frau bereits vor Gericht eine Anordnung beantragt hatte, die es dem Mann untersagen sollte, sie weiterhin zu belästigen, blieb der Funktionär der FSU dabei, daß die beiden mit viel Zeit, Liebe und Geduld schon wieder zueinander finden würden.

Ich würde mich in meiner Ehe auch für »gelegentliche Handgreiflichkeiten« bedanken; unsere Zugehfrau und die Frau unseres Müllabfuhrmannes denken genauso. Wir können uns nicht vorstellen, wie die FSU zu dieser Ansicht gekommen ist.

In einem anderen Artikel, in dem es um Kindesmißhandlungen geht, kommt die FSU zu dem Schluß, daß mißhandelte Kinder später als Eltern ihrerseits gewalttätig werden, daß aber der Mann diese Gewalttätigkeit nur an seinen Kindern ausläßt, während jede Gewalttätigkeit, die er seiner Frau antut, deren eigene Schuld sei: »Frauen setzen im allgemeinen andere Waffen ein, zum Beispiel ständiges Nörgeln, aber sie provozieren damit oft bewußt oder unbewußt eine gewalttätige Reaktion des Ehemannes, oft in der Absicht, Spannungen in den gegenseitigen Beziehungen zu lindern.« Mit anderen Worten, die Frau bekommt, was sie verdient. Wenn eine angesehene Organisation Gewalttätigkeit in der Familie als normalen Ehealltag billigt, welche Chance haben dann die Mütter, der Brutalität der Männer zu entgehen?

Derlei Äußerungen kommen im allgemeinen von Leuten, die selber noch nie einen Schlag oder einen Tritt abbekommen haben. Sie sind nie dabei, wenn der Schaden angerichtet wird. Sie kommen erst Stunden später, wenn die Frau sich schon wieder aufgerappelt hat und sich klarmacht, daß das Leben weitergeht.

Eine Mitarbeiterin der FSU sagte einmal einer Mutter, die viele Jahre lang geschlagen worden war, sie solle sich glücklich schätzen, daß ihr Mann sie geschlagen habe, denn das zeige, daß sie ihm noch etwas bedeute und er den Versuch mache, sich mit ihr zu verständigen. Die Frau ist dann nie wieder zur FSU gegangen.

Die Bewährungshilfe

Der Bewährungshelfer kann im Leben einer mißhandelten Ehefrau eine sehr wichtige Rolle spielen. Häufig wird eine Frau, die vor Gericht geht, zuerst zur Bewährungshilfe geschickt. Dort hört man sich ihren Fall an, und obwohl die Leute keine Juristen sind, geben sie ihr einen Rat, wie sie am besten vorgehen soll. Wenn die Bewährungshelfer zu dem Schluß kommen, daß sie Aussicht hat, mit ihrer Klage durchzukommen, helfen sie ihr bei dem demütigenden Geschäft, vor Gericht auszusagen und ihr Privatleben vor den

Richtern ausbreiten zu müssen. Wenn sie dagegen wenig Aussichten sehen, werden sie ihr vorschlagen, sich einen Rechtsberater zu nehmen, und ihr sagen, wo sie einen Rechtsanwalt findet.

Wenn das Gericht den Mann wegen Mißhandlung seiner Ehefrau zu einer Strafe mit Bewährung verurteilt, wird er der Aufsicht eines Bewährungshelfers unterstellt. Aber es ist natürlich nicht einfach, einen Mann zu beaufsichtigen, von dem man weiß, daß er gegenüber seinen eigenen Angehörigen gewalttätig wird, und der vielleicht auch gegen jeden anderen Gewalt anwendet, der ihn an seinem Tun hindern will.

Manchmal ist der Bewährungshelfer der einzige Mensch neben der Ehefrau, mit dem der Ehemann Kontakt hat, weshalb die Beziehung sehr konstruktiv sein kann.

Meine Erfahrungen mit Bewährungshelfern waren zum größten Teil sehr ermutigend. Zumindest die Bewährungshelfer alten Stils haben eine recht robuste und realistische Lebensanschauung und eine klare Vorstellung von den Menschen, denen sie helfen sollen. Nicht ganz so glücklich bin ich mit den Nachwuchsleuten. Diese jüngeren Bewährungshelfer machen mir den Eindruck, daß sie mit dem allzu breiten Sozialarbeits-Pinsel gestrichen wurden; sie sind so damit beschäftigt, die psychologischen Hintergründe zu klären, daß sie nicht zum Handeln kommen, und sie sehen jede Situation von so viel verschiedenen Seiten an, daß sie stets in Gefahr sind, in das tiefe Loch in der Mitte zu fallen.

Fred war ein sehr berüchtigter Landstreicher in unserem Gebiet. Er war ständig in Schwierigkeiten und hatte fast sein ganzes Leben lang in Abständen immer wieder im Gefängnis gesessen. Er war Geldschrankknacker gewesen, und wenn er über sein Lebenswerk sprach, bewegten sich seine langen weißen Finger ruhelos wie Schmetterlinge und seine Handgelenke wurden weich und geschmeidig, während er sehr anschaulich schilderte, wie aufregend es ist, einen Safe zu öffnen. Bei Women's Aid erledigte er Gelegenheitsarbeiten für mich, und sein Bewährungshelfer kam öfter mal vorbei, um mit ihm zu reden. Dieser Bewährungshelfer war einer von den Jüngeren, mit Begeisterung bei der Sache, aber naiv. Er sagte einmal zu mir, Freds Nachbarn hätten sich über die ungefähr zwölf Hunde beschwert, die Fred in seiner verwahrlosten Wohnung halte, aber er, der Bewährungshelfer, sei der Meinung, daß der alte Mann außer den Hunden niemanden mehr habe; Fred

habe ihm auch einmal unter Tränen erzählt, wie seine Frau ihm mit einem anderen Mann durchgebrannt sei.
Es tat mir leid, daß ich ihn darüber aufklären mußte, daß Fred der Hundefänger in unserem Ort war und daß er seine Hunde genauso schlug und hungern ließ, wie er seine Frau geschlagen und ausgehungert hatte.
Offenbar hatte diesen Bewährungshelfer in seiner ganzen Ausbildungszeit niemand auf die Möglichkeit hingewiesen, daß seine Schützlinge ihm Lügenmärchen auftischen könnten, während der alte Bewährungshelfer den Braten schon auf eine Meile roch und seinen Sinn für Humor und für die Wirklichkeit behielt, ohne jedoch weniger Verständnis aufzubringen. Vielleicht kommen die jungen Bewährungshelfer mit der Zeit auch noch dahinter, aber es wäre sehr schade, wenn durch den allgemeinen Trend zu immer höheren Qualifikationen der Bewährungshelfer alter Schule, der instinktiv reagiert und sich auf eine breite Menschenkenntnis verläßt, durch akademisch gebildete Pseudo-Psychiater abgelöst würde.

Schwestern im Sozialdienst

Wo immer sie sich um Hilfe hinwendet, überall stößt die mißhandelte Ehefrau auf taube Ohren. Nur eine Ausnahme gibt es. Die »health visitors«, Schwestern im Sozialdienst, sind eine Quelle wirklichen Trostes und echter Hilfe. Immer wieder erzählen mir die Frauen, wie sie Hilfe gesucht haben und auf wieviel Unverständnis sie mit ihren Problemen gestoßen sind, aber von den Sozialschwestern sprechen sie alle mit größer Hochachtung.
Einer der Hauptgründe dafür, daß diese Institution sich so bewährt hat, liegt darin, daß diese Schwestern in die Wohnungen kommen. Sie krempeln wirklich die Ärmel hoch und helfen, wo sie nur können. Mal putzen sie das Haus vom Keller bis zum Boden, ein andermal trinken sie eine Tasse Tee und hören einfach zu. Sie sind nett zu den Kindern und wissen, wann sie Geburtstag haben. Sie kommen oft auch ins Haus, wenn der Ehemann bekanntermaßen gewalttätig ist, während Arzt und Sozialarbeiter auf der Schwelle stehen bleiben.
Als wir Women's Aid gerade gegründet hatten, waren es die Sozialschwestern, die uns ihre Schützlinge brachten, und zwar oft im eigenen Auto, und sie blieben mit den Frauen in

Verbindung, solange sie bei uns waren. Unser eigenes Sozialamt ließ sich nicht blicken, aber die Sozialschwestern kamen, um nach den Frauen zu sehen, und blieben auch da, wenn ihre Hilfe gebraucht wurde.

Die Institution der Schwestern im Sozialdienst wird immer als das Aschenbrödel im Sozialwesen behandelt, dabei sind diese aufopferungswilligen Frauen das Rückgrat jeder Hilfe, die eine Familie erhält. Ich würde es sehr begrüßen, wenn sich ihre Zahl vergrößern und ihr Einfluß wachsen würde. Vielleicht würde das dann ein bißchen auf die hochtrabenden Theoretiker abfärben, die in den anderen Organisationen herumsitzen und schuld daran sind, daß diese den mißhandelten Ehefrauen so wenig nützen.

6. KAPITEL

Die Justiz – Dein Freund und Helfer?

Ich bin kein Rechtsanwalt, und dies Kapitel kann keine umfassende Darstellung der gesetzlichen Vorschriften auf diesem Gebiet geben; ich möchte aber einmal schildern, wie sich die Justiz und ihre Verfahrensweisen aus der Sicht einer mißhandelten Ehefrau ausnehmen.

Sehr viele Frauen, die zu Women's Aid kommen, haben von ihrem Rechtsanwalt falsche oder, was manchmal noch schlimmer ist, unvollständige Rechtsauskünfte bekommen. Aber genau wie man nicht auf den Gedanken kommt, beim Arzt zu überprüfen, ob er einem das richtige Mittel verschrieben hat, so nehmen auch die meisten Leute den Rat ihres Rechtsanwalts in gutem Glauben für bare Münze. Ich finde es widerwärtig, daß Rechtsanwälte einen Nebel von unzutreffenden Ratschlägen verbreiten und ihre Klienten in Kummer und Unglück stürzen können, trotzdem aber angesehene Mitglieder der Zunft bleiben. Vor Beschwerden sind sie ziemlich sicher, weil die meisten Leute schon Angst bekommen, wenn sie nur an die Kanzlei eines Rechtsanwalts denken. Die Rechtsanwälte wissen das und fahren jedem, der sich etwa zu beschweren wagt, dermaßen über den Mund, daß er schleunigst das Weite sucht.

Nur sehr wenige wissen, daß sie ihre Akten einsehen dürfen, wenn sie das Gefühl haben, daß sie bei ihrer Scheidungsklage von ihrem Rechtsanwalt nicht in angemessener Weise vertreten werden. In London kann man zum Somerset House gehen, dort nach dem Scheidungsrichter fragen und unter Vorlage eines Personalausweises Einsicht in die eigenen Akten nehmen und nachprüfen, was getan bzw. nicht getan wurde.

Von den siebenhundert Frauen, die sich jeden Monat an Women's Aid wenden, haben hundert eine falsche Auskunft bekommen. Und die Frauen, die zu uns kommen, sind nur die Spitze des Eisbergs. Ich glaube, daß es noch viele tausend andere Frauen gibt, die sich auf die Auskunft ihres Rechtsanwalts verlassen und seine Erklärungen für den schleppenden Fortgang des Falles akzeptieren, ohne ihre Stichhaltigkeit zu prüfen.

Man möchte es nicht für möglich halten, aber es ist tatsächlich so, daß sehr viele Rechtsanwälte einfach ihr Handwerk nicht verstehen. Als Nora zu uns kam, war sie seit sieben Wochen verheiratet und schon mehrmals von ihrem Mann geschlagen worden. Der Rechtsanwalt, bei dem sie gewesen war, hatte ihr ziemlich kategorisch erklärt, daß sie die Scheidung nicht beantragen könne, weil sie noch nicht drei Jahre verheiratet sei. Zum Glück wußte ich von früher her, daß das doch möglich ist, und zwar wenn man außergewöhnliche moralische Schlechtigkeit des Partners als Grund angibt. Wie die Dinge liegen – ihr Mann schlägt sie nicht nur, sondern hat ihr auch verschwiegen, daß er schon im Gefängnis war und drogensüchtig ist –, wird die Frau wahrscheinlich innerhalb weniger Monate von ihm geschieden sein, bevor er sie schwängern und damit an sich binden kann.

Jane wurde von ihrem Mann jahrelang regelmäßig geschlagen. Schließlich ließ sie sich in einer Nervenklinik auf Depressionen behandeln. Als sie entlassen wurde, hatte sie zuviel Angst, wieder nach Hause zu gehen, und nahm sich deshalb ein Zimmer und ging zu einem Rechtsanwalt. Der Rechtsanwalt machte keinen Versuch, sofort die Scheidung in die Wege zu leiten, was er unter Hinweis auf fortwährende Grausamkeit ohne weiteres hätte tun können. Er sagte ihr vielmehr, sie müßte noch zwei Jahre getrennt von ihrem Mann wohnen, um dann die Scheidung zu beantragen, weil ihre Ehe hoffnungslos zerrüttet sei. Sie glaubte ihm. Die ganze Zeit über behielt der Mann das Sorgerecht für die Kinder, und sie besuchte die Kinder heimlich am Abend, wenn ihr Mann bei einer seiner Geliebten war. Der siebzehnjährige Sohn mußte meist den Babysitter spielen. Als der zweitälteste Sohn Gleichgewichtsstörungen bekam und beim Gehen taumelte, machte sich Jane große Sorgen um ihn. Der Arzt untersuchte den Jungen, in der Schule wußte man Bescheid, aber alle meinten, es sei ohne Zweifel eine Reaktion auf die ungute familiäre Situation und er werde bald darüber hinwegkommen. Jane versuchte verzweifelt, ihn aus der gespannten Situation in der Wohnung des Vaters herauszuholen. Sie setzte sich mit dem Sozialamt und anderen Einrichtungen in Verbindung, aber niemand wollte ihr helfen. Eines Abends wurde der Junge so krank, daß sie ihn mit dem Taxi zu ihrer Mutter brachten, wo er in ihren Armen starb. Er hatte einen Gehirntumor. Bald nach dem Begräbnis starb Janes Mutter an den Folgen des Schocks.

Jane hat jetzt die Scheidung wegen fortgesetzter Grausamkeit beantragt, und es sieht so aus, als würde sie bald ihre Wohnung und ihre Kinder zurückbekommen. Als ich ihren ersten Rechtsanwalt fragte, warum er das nicht schon vor anderthalb Jahren getan hätte, sagte er: »So was mag in London üblich sein, bei uns hier macht man das nicht.«

Oft hat eine Frau auch das Pech, daß sie an einen Rechtsanwalt gerät, der ihr die Auskunft gibt, daß ihr Mann sie wegen böswilligen Verlassens verklagen könne, wenn sie aus der gemeinsamen Wohnung auszieht. Das ist aber völlig falsch: Wenn sie Beweise dafür vorlegen kann, daß sie ihn verlassen mußte, weil er sich so unmöglich benommen hat, gilt das als »konstruktives Verlassen« und kann ihr nicht zur Last gelegt werden.

Für einen Rechtsanwalt sind mißhandelte Ehefrauen kein gutes Geschäft. Er muß oft sehr rasch tätig werden, und der Fall nimmt viel Zeit in Anspruch. Eine komplizierte gerichtliche Anordnung kann mit dreimaligem Erscheinen vor Gericht innerhalb einer Woche verbunden sein; und um einen Mann ins Gefängnis zu bekommen, weil er gegen eine Anordnung verstoßen hat, muß der Anwalt bis zu vier Tagen tätig sein. Die Honorare sind bescheiden, verglichen mit denen für kommerzielle Arbeit.

Eine Frau muß oft von einem Anwalt zum anderen gehen, bis sie endlich einen findet, der bereit ist, ihren Fall zu übernehmen. Es gibt ein paar unseriöse Firmen, die sich auf Scheidungsfälle spezialisiert haben und sie zu Hunderten durchziehen, um die Gebühren zu kassieren. Mit diesem mechanischen Verfahren tun sie ihren Klienten und Klientinnen kaum jemals einen Gefallen, und die komplizierten Zusammenhänge in Fällen von Ehefrauen-Mißhandlung übersteigen vollends ihre Fähigkeiten.

Bevor ein Anwalt überhaupt nur mit einem redet, fragt er, ob man eigene Einkünfte hat oder nicht. Seine erste Sorge ist, ob er auch sein Geld bekommen wird. Wenn man nicht reich ist, kann man Antrag auf Erteilung von Armenrecht stellen, aber wir wissen, daß es viele Anwälte gibt, die von den Frauen Geld verlangen, anstatt sie auf diese Möglichkeit hinzuweisen. Wenn man ein bißchen Geld besitzt – selbst wenn man nur für einen Hungerlohn als Putzfrau arbeitet –, übernimmt das Armenrecht einen Teil der Kosten, und die Scheidung kostet ungefähr hundert Pfund. Diese Schuld kann man in Beträgen von ungefähr sechs Pfund monatlich abstottern. Die meisten unserer Mütter haben überhaupt kein Einkommen, abgesehen von den staatlichen Unterstützungszahlungen, haben also Anspruch auf vollständige Befreiung von den Kosten im Rahmen des Armenrechts. Aber wie auch immer, es dauert jedenfalls geraume Zeit, bis das Antragsformular an die zuständige Stelle gelangt und von Beamten und Ausschüssen bearbeitet wird, die darauf schauen, daß kein Pfennig Steuergeld mehr als unbedingt notwendig ausgegeben wird.

Ich weiß von einem Anwalt, der per Telefon Armenrecht zugesagt bekommt für alle Fälle, die er für dringend hält. Das liegt daran, daß er ein besonders gutes Verhältnis zu den zuständigen Stellen hat, in einer angesehenen Anwaltskanzlei arbeitet und ein entschlossener und unnachgiebiger Mensch ist. Nach meiner Erfahrung ist das eine seltene Kombination. Die meisten Leute müssen warten. Diese Verzögerung kann aber für die Frau und ihre Kinder gefährlich oder sogar tödlich sein.

In einem Fall wurde ein junges Mädchen aus der Wohnung hinausgeworfen, mußte aber ihr Baby bei dem gefährlichen Vater zurücklassen. Der Rechtsanwalt füllte die Formulare aus und schickte sie weg, aber es war uns unmöglich, sofort die Zusage zur Erteilung von Armenrecht zu bekommen. Wir wußten aber, daß das Baby in Gefahr war, und zahlten deshalb die Kosten aus unseren eigenen Taschen. Aber auch diese Verzögerung war schon zu lang. Der Ehemann sagte hinterher, er habe den Hund schlagen wollen und aus Versehen das Baby getroffen; das Kind ist mit einem Gehirnschaden im Krankenhaus. Es hätte gerettet werden können, wenn wir binnen Stunden erreicht hätten, daß der Mann in Gewahrsam genommen worden wäre.

Man hätte erwartet, daß sich die neu errichteten Rechtsberatungsstellen als hilfsbereiter erweisen würden. Sie wurden von enthusiastischen jungen Anwälten in armen Wohngegenden gegründet und sollten jedem die Möglichkeit geben, mit einem Fachmann seine Rechtsprobleme zu erörtern, und zwar in einer Umgebung, die nicht so einschüchternd ist wie das übliche Anwaltsbüro.

Als man in einer dieser Rechtsberatungsstellen feststellte, daß Ehestreitigkeiten am häufigsten waren und insgesamt mehr Leute kamen, als man bewältigen konnte, wurde beschlossen, den Umfang der Rechtsberatung einzuschränken, damit man überhaupt weiterhin im Interesse der Bevölkerung weitermachen könne. Das geschah auf die Art, daß die größte Kategorie, die Ehestreitigkeiten, gestrichen wurde. So sehr sorgte man sich um die armen Leute! Rechtsberatungsstellen, die seither eröffnet wurden, weigerten sich zum Teil von Anfang an, sich zu Eheproblemen zu äußern.

Spricht man die Leute daraufhin an, bekommt man zur Antwort, daß neunzig Prozent der Scheidungsarbeit sowieso Sozialarbeit sei – der Rechtsanwalt könne da ohnehin nicht viel machen. Sie versuchen sich damit aus der Affäre zu ziehen, daß angeblich die Rechtsanwälte in dem betreffenden Bezirk einen ausreichenden Service bieten und daß diese Anwälte sich mit Recht beklagen würden, wenn die Beratungsstellen ihnen die Arbeit wegnähmen. Wir wissen jedoch nur zu genau, wie der »ausreichende Service« der Anwälte oft aussieht, um für solche Argumente Verständnis aufzubringen.

Man hat gesagt, daß nächst Hungersnöten unglückliche Ehen der Hauptgrund für menschliches Unglück seien. Die Rechtsberatungsstellen behaupten dagegen, daß sie der Bevölkerung mehr helfen können, wenn sie sich auf Wohnungsfragen, Fragen der sozialen Sicherheit und auf Strafsachen konzentrieren. Sie wissen sehr gut, daß die Beratung in Ehesachen sehr dringlich ist, denn die Leute kommen ja immer wieder zu ihnen, aber sie schicken sie immer wieder weg. Wenn nicht einmal die Anwälte in den Rechtsberatungsstellen diesen Leuten helfen, wer dann? Die Rechtsberatungsstellen erwerben sich mit ihrer derzeitigen Politik kein Ruhmesblatt. Sie sollten sie deshalb revidieren.

Das allererste, was eine Frau, die ständig von ihrem Mann geschlagen wird, braucht, ist Schutz vor weiteren Schlägen. Rechtsanwälte sagen mir immer wieder, daß mißhandelte Ehefrauen den Schutz des Gesetzes genießen können, wenn sie es richtig anstellen, und daß es mehrere Wege dazu gibt:

– Strafverfolgung auf Antrag der Polizei oder der Ehefrau;
– eine Anordnung eines Magistrates' Court, die dem Mann

wegen Grausamkeit das Betreten der ehelichen Wohnung untersagt oder überhaupt die Ehetrennung verfügt;
– Verfügungen eines High Court oder County Court bei anhängigem Ehescheidungsverfahren.

Worüber also beschweren wir uns?
Theoretisch gibt es natürlich Mittel und Wege, aber in der Praxis ist keines davon geeignet, einer Frau, die von ihrem Mann mißhandelt wurde, die Ruhe wiederzugeben, denn all diese juristischen Mittel verschlimmern nur seine Gewalttätigkeit und schützen die Frau in keiner Weise vor ihm.

Strafverfolgung

Das Innenministerium hat verlauten lassen, daß Gewalttätigkeiten zwischen Mann und Frau vor dem Gesetz genauso beurteilt werden wie jede andere Gewalttätigkeit. In Wirklichkeit klafft, wie wir gesehen haben, eine große Lücke zwischen dem, was im Gesetzbuch steht und dem, was die Polizei wirklich unternimmt. Selbst wenn die Polizei bereit ist, die Sache weiterzuverfolgen, wird die Frau die Beamten oft drängen, ihren Mann nicht anzuzeigen, weil sie und ihre Kinder, da sie ja keine andere Bleibe haben, bis zur Verhandlung und während der Verhandlung mit dem Mann unter einem Dach wohnen müßten. In dieser Situation kann die Frau nur verlieren.
In einem Fall erstattete die Polizei tatsächlich Anzeige, aber das nützte auch nicht viel, denn der Mann wurde gegen Kaution für anderthalb Jahre freigelassen, bevor sein Fall verhandelt wurde. Während dieser achtzehn Monate verbarrikadierte sich seine Frau, die nach seinem letzten Angriff halbseitig gelähmt war, in der Wohnung im oberen Stock, die sie sich genommen hatte. Würden die Gerichte irgendeinen anderen Kriminellen als einen kriminellen Ehemann gegen Kaution freilassen, wenn er weiterhin das Opfer bedrohen würde, dessentwegen er angezeigt wurde?

Die Magistrates' Courts

Wenn die Polizeibeamten einmal wirklich der Ansicht sind, daß ein Fall vor Gericht gehört, dann geben sie der Frau meistens den Rat, zum Magistrates' Court zu gehen und vor diesem Gericht selbst eine entsprechende Verfügung zu beantragen. Wenn sie zu dem Gericht geht, wird man sie beraten, oder sie zu dem Bewährungshelfer schicken, der ihr hilft, die erforderlichen Anträge auszufüllen. Sobald sie das getan hat, muß sie, wenn sie nicht anderswo unterkommt, nach Hause gehen und dort darauf warten, daß die Verfügung ihrem Mann zugestellt wird, und selbst danach noch Bett und Tisch mit ihm teilen. Dieser Belastung halten nur wenige Frauen stand, und meist ziehen sie ihren Antrag zurück, bevor die Sache vor Gericht verhandelt wird.

Hält sie doch bis zur Gerichtsverhandlung durch, liegt ihr Geschick in den Händen des Richters, bei dem es sich meist um einen Laienrichter handelt, beispielsweise einen Bürger, der sich als Stadtrat oder in einem anderen Amt einen Namen gemacht hat, oder eine Frau, die mit einem örtlichen Würdenträger verheiratet ist. Der Richter hört sich an, was die Frau über die erlittene Gewalttätigkeit vorbringt, und fällt dann das Urteil. Da es sechs bis zwölf Wochen dauert, bis der Fall vor Gericht verhandelt wird, weist die Frau keine Spuren der ursprünglichen Verletzungen mehr auf. Vielleicht erklärt dies bis zu einem gewissen Grade die lächerlichen Strafen, die für die Mißhandlung von Ehefrauen ausgesprochen werden. Für zwei tätliche Angriffe, eine versuchte Erdrosselung und einen schweren Schlag auf den Kopf wurde ein Ehemann im ersten Fall verwarnt und zu einer Geldbuße von 25 Pfund verurteilt und im zweiten Fall für drei Jahre unter die Aufsicht eines Bewährungshelfers gestellt. In den folgenden Wochen zwang er seine Frau, die 25 Pfund aus dem Haushaltsgeld aufzubringen. Die »Verwarnung« bedeutet nur, daß der tätliche Angriff in die Akten aufgenommen wurde und daß der Richter möglicherweise eine strengere Strafe verhängt, wenn sich der Vorfall wiederholt. Die Aufsicht des Bewährungshelfers bedeutet, daß der Betreffende diesen einmal in der Woche aufsuchen muß. Alles in allem kann sich eine mißhandelte Ehefrau von einem Gang zum Magistrates' Court kaum erwarten, daß sie fortan ein sichereres Leben führt.

Zum Magistrates' Court muß sie auch gehen, wenn sie gesetzliche Trennung von ihrem Mann beantragen will. Das kann der erste Schritt zu einer Ehescheidung sein. Es ist auch eine wichtige Vorbedingung für Unterhaltszahlungen, aber die Richter sprechen nur ungern die Anordnung zur Ehetrennung aus, wenn die Frau noch keine andere Bleibe gefunden hat. Sie stellen sich auf den Standpunkt, daß es ihr nicht so schlecht gehen kann, wie sie behauptet, wenn sie immer noch bei ihrem Mann lebt. Viele der Laienrichter haben kaum eine Vorstellung von der herrschenden Wohnungsnot, denn sie selbst leben in großen, komfortablen Häusern. Es kommt vor, daß ein aufgeklärter Richter an einem Magistrates' Court eine Ehetrennung ausspricht, auch wenn die Frau noch bei ihrem Mann wohnt, aber mit der Auflage, daß sie getrennt leben müssen. Für eine mißhandelte Ehefrau ist diese Lösung völlig unrealistisch. Unglücklicherweise hat der Magistrates' Court nicht die Vollmacht, den Ehemann zum Räumen der Wohnung zu verurteilen, ganz egal, wie scheußlich er seine Frau behandelt. Viele Frauen werden von der Polizei, von Sozialarbeitern oder anderen Stellen zum Magistrates' Court geschickt, obwohl ihnen mit einer gerichtlichen Anordnung viel besser gedient wäre, weil diese wenigstens eine Handhabe dafür bietet, den Mann aus dem Haus zu entfernen.

Gerichtliche Anordnungen

Dieses juristische Verfahren kann sehr rasch sein und kann auf den jeweiligen Fall zugeschnitten werden – Vorzüge, die es als besonders geeignet für mißhandelte Ehefrauen erscheinen lassen.

Eine gerichtliche Anordnung ist eine Verfügung des Gerichts, in der genau das Verhalten des Mannes beschrieben werden kann, dessen Unterlassung die Frau fordert – ob der Mann nun sie und die Kinder tätlich angreift oder belästigt, in der Nähe ihrer Wohnung oder vor der Schule der Kinder herumlungert, zu jeder Tages- und Nachtzeit anruft oder die Wände von Nachbarhäusern bekritzelt. Eine solche Anordnung kann auch festsetzen, daß die Frau das Sorgerecht für die Kinder bekommen soll, daß ihr Mann ihr Unterhalt zahlen muß und daß die Frau wieder in die eheliche Wohnung einziehen darf. Wenn das Gericht eine solche Anordnung erläßt und der

Ehemann dagegen verstößt, kann er wegen Mißachtung des Gerichtes bestraft werden.

Die Methode, die wir bei Women's Aid anwenden, besteht darin, daß wir wegen fortgesetzter Grausamkeit die Scheidung einreichen und gleichzeitig eine gerichtliche Anordnung beantragen. Da wir in den meisten Fällen auf Zeugenaussagen der Krankenhäuser oder Ärzte zurückgreifen können, kommt es kaum vor, daß uns die Anordnung verweigert wird.

Die gerichtliche Anordnung schützt vielleicht die Frau nicht, aber zumindest ist damit schon einmal irgendwo schriftlich festgehalten, daß sie tätlich angegriffen wurde, und daß die Kinder ihr gehören. Wenn natürlich der Richter angeordnet hat, daß der Ehemann die eheliche Wohnung räumen muß, wenn die Frau mit den Kindern wieder einzieht und der Ehemann dann einbricht und die Frau verprügelt, ist die gerichtliche Anordnung nichts weiter als ein Fetzen Papier. Es hat keinen Zweck, die Polizei zu rufen, denn die darf aufgrund einer gerichtlichen Anordnung keine Verhaftung vornehmen. Die einzigen Leute, die die Befolgung einer Anordnung eines High Court durchsetzen können, sind die Gerichtsdiener und Gerichtsvollzieher. Aber die machen sich rar, haben um halb sechs Dienstschluß und arbeiten nicht am Wochenende. Ein Richter hat zwar die Möglichkeit, die Polizei um Amtshilfe bei der Durchsetzung einer Anordnung zu ersuchen, aber da es sich dabei nur um ein Ersuchen handelt, wird die Polizei oft nicht tätig. Ich finde, die Polizei sollte für die Durchsetzung dieser Anordnungen zuständig sein. Wie die Dinge heute liegen, muß die Frau am Morgen wieder zu ihrem Rechtsanwalt gehen und eine neuerliche Anhörung bei dem Gericht beantragen. Das alles braucht viel Zeit, und der Ehemann geht unterdessen nach Belieben in der ehelichen Wohnung ein und aus.

Joan brachte ihren Ehemann elfmal vor den High Court, bevor er schließlich für ein Jahr ins Gefängnis kam. Als er das erstemal bei ihr einbrach, weigerten sich die Polizeibeamten zu kommen, mit der Begründung, sie könnten aufgrund einer gerichtlichen Anordnung nicht tätig werden. Er verprügelte sie, und sie kam zu Women's Aid. Von da an pendelte die arme Frau immer hin und her, weil sie jedesmal, wenn ihr Mann wieder auftauchte, bei uns Unterschlupf suchen mußte.

Schließlich ging sie zurück und versuchte in der Wohnung zu leben, die das Gericht ihr zugesprochen hatte, nachdem die Scheidung ausgesprochen worden war. Er brach ein, verprügelte sie, durchstach ihr das Trommelfell und vergewaltigte sie unter vorgehaltenem Messer. Als sie ihn daraufhin wieder vor den High Court brachte, saß da ein Richter, der offenbar die Aufzeichnungen seines Vorgängers nicht gelesen hatte und die Darstellung des Ehemanns akzeptierte, daß er nur vorbeigekommen sei, um wichtige Papiere abzuholen (um drei Uhr morgens!), und daß seine Frau sich geweigert habe, ihm die Papiere auszuhändigen. Der Richter verurteilte ihn zu sieben Tagen Haft und ließ mehr oder weniger durchblicken, daß er ein unartiger Junge sei.

Joans Schwierigkeiten rührten zum Teil daher, daß sie jedesmal, wenn sie ihren Mann vor Gericht brachte, vor einem anderen Richter standen und keiner der Richter sich die Mühe machte, die Akte über die Greueltaten ihres Mannes durchzulesen, die immer dicker wurde.

Sie verzichtete endgültig darauf, in »ihrem« Haus zu wohnen, und zog zu uns. Ihr Mann warf unsere Fensterscheiben ein, schrie und tobte vor unserem Haus, lungerte bei der Schule herum und versuchte die Kinder abzufangen. Wir brachten ihn wieder vor Gericht, und diesmal sahen wir zweimal denselben Richter. Dieser las nun endlich einmal die Akte und war immerhin so entsetzt, daß er ihn für ein Jahr hinter Gitter brachte. Für Joan war es allerdings zu spät, ihr Haus zurückzuverlangen – die Mietrückstände waren zu solcher Höhe aufgelaufen, daß die Gemeinde das Haus anderweitig vermietet hatte.

Annes Ehemann brachte ihr eine klaffende Schädelwunde bei, und als sie in die Wohnung zog, die das Gericht ihr zugesprochen hatte, brach er ein und stieß ihr mehrmals das Knie in den Leib, so daß sie schwere innere Blutungen bekam. Sie ist jetzt von ihm geschieden, aber ihr Mann ist immer noch hinter ihr her, weshalb sie sich ständig verstecken muß. Sie wird nicht mehr lange leben, weil sie von den Mißhandlungen einen schweren Nierenschaden hat.

Selbst die Barrister wissen, daß eine gerichtliche Anordnung gegen einen wütenden und gewalttätigen Mann nichts ausrichtet. Eine verängstigte Frau kann sich kaum damit trösten, daß die Autorität des Gerichts hinter ihr steht, denn solange der Mann frei herumläuft, ist die gerichtliche Verfügung nur ein

Fetzen Papier, der ihn nicht hindert, zu tun, was ihm gerade einfällt.

Wenn man sieht, wie wenig die Gerichte im allgemeinen einer mißhandelten Frau helfen, muß man sich die Frage stellen, warum sie sich überhaupt die Mühe macht, vor Gericht zu gehen. Aber selbst, wenn sie es vorzöge, sich einfach nur ihr Leben lang vor ihrem Mann zu verstecken und nicht zu versuchen, ihre Flucht zu legalisieren, kann sie sich doch aus vielerlei Gründen gezwungen sehen, vor Gericht zu gehen. Wenn sie auf Unterhaltszahlungen von ihrem Mann angewiesen ist, muß sie sich an einen Rechtsanwalt wenden; wenn sie Sozialhilfe beantragen will, muß sie beweisen, daß sie bei einem Rechtsanwalt war und eine gerichtliche Klärung ihrer ehelichen Situation in die Wege geleitet hat. Aber sobald sie zu einem Rechtsanwalt geht, kommt die ganze Maschinerie unwiderruflich in Gang und zieht sie mit.
Vor Gericht zu gehen ist für die Frau abermals ein Martyrium. Der High Court im Strand ist genauso furchteinflößend, wie er sich anhört. Es ist ein riesiges Gebäude mit Türmen und Türmchen und einer großen überwölbten Halle im Innern. Das ganze Gebäude ist von engen Korridoren durchzogen, die von der Mittelhalle zu den kleinen Gerichtssälen führen. Überall wimmeln uniformierte Gestalten ameisengleich durcheinander. Barrister schreiten in ihren wehenden schwarzen Roben und lockigen weißen Perücken einher, vornehm gekleidete Anwälte folgen ihnen beflissen, blau gekleidete Gerichtsdiener setzen Amtsmienen auf. Die einfachen Menschen, die in kleinen Grüppchen herumstehen und warten, wirken schäbig und deplaciert in diesem unpersönlichen Justizpalast.
Wenn der Fall am Vormittag verhandelt wird, muß man um zehn Uhr dort sein. Das Warten auf das Zusammentreffen mit dem Rechtsanwalt ist immer von Bangigkeit begleitet, denn wenn der Ehemann ebenfalls vorgeladen wurde, ist dies das erstemal, daß die Frau ihren Mann wiedersieht, seit sie von ihm weggelaufen ist.
Wenn die Frau ihm nicht schon vorher begegnet, findet sie ihn normalerweise zusammengesunken auf einer der harten kleinen Bänke sitzen, mit denen der schlecht beleuchtete, überfüllte Gang vor dem Gerichtssaal gesäumt ist. Dort müssen die

Eheleute Knie an Knie, Auge in Auge warten, manchmal stundenlang, bis sie aufgerufen werden.
Ich bin das erstemal mit Leslie in diesem Gericht gewesen. Pat war mitgekommen, um ihr die andere Hand zu halten, und wir mußten wirklich Leslie aufrecht halten, weil sie fürchterliche Angst vor der Begegnung mit ihrem Mann hatte. Er hatte einen sehr schlechten Ruf, und an dem Abend, an dem sie ihn verlassen hatte, war er hinterher mit einer Bande von Kumpanen bei ihren Bekannten eingebrochen. Die Bande hatte das ältere Ehepaar und die beiden Söhne verprügelt. Zehn Polizeibeamte waren nötig gewesen, um sie aus dem Haus zu schaffen, und obwohl er angezeigt wurde, ließ man ihn gegen Kaution wieder frei. Wir waren jetzt vor Gericht gegangen, um mit einer Anordnung zu erreichen, daß Leslie das Sorgerecht für die drei Kinder bekam, daß er ihr während der Laufzeit der Scheidungsklage Unterhalt zahlte und daß ihm untersagt wurde, sie zu belästigen, damit er seine Drohung, er werde sie eines Tages umbringen, nicht wahr machen konnte.
Als wir da draußen vor dem Gerichtssaal warteten, hatten wir alle drei Angst. Die beiden Anwälte, der Solicitor und der Barrister, machten einen absolut gelassenen Eindruck, und der Barrister schien der Meinung zu sein, daß Leslie viel zu viel Aufhebens von einer Lappalie mache. Die Verhandlung sollte um zehn beginnen, und wir setzten uns auf die kleinen Bänke und warteten, betrachteten verdrossen die anderen schweigenden, wartenden Leute und starrten die fleckigen Wände an.
Die Langeweile und die Ruhe wurden unterbrochen, als Leslies Mann mit seinen Spießgesellen eintraf. Nun setzte ein Katz- und Mausspiel ein, denn wir mußten versuchen, den Männern auf den engen Korridoren auszuweichen, damit Leslie nicht noch mehr aus der Fassung geriet. Als wir dann endlich aufgerufen wurden, brachte Leslie vor Angst kein Wort mehr hervor und wir mußten sie fast in den Gerichtssaal tragen.
Der Richter musterte uns alle drei und schien nicht beeindruckt. Er las die eidesstattlichen Erklärungen, die vor ihm lagen, und runzelte die Stirn, und dann begann ein rascher Wortwechsel zwischen ihm und den beiden Barristern. Uns beachtete man dabei gar nicht. Am längsten stritten sie sich über die Kosten, wobei beide Barrister abwechselnd aufsprangen und wortreich protestierten. Wir wußten überhaupt nicht, wie die Sache ausgegangen war, bis wir draußen waren und

unser Barrister uns mitteilte, daß wir alles bekommen hätten, was wir beantragt hatten. Wir waren sehr erleichtert, aber im Augenblick beschäftigte uns viel mehr die Frage, wie wir aus dem Gerichtsgebäude kommen sollten, ohne daß der Ehemann und seine Bande uns schnappten. Wir mußten mehrmals umkehren, weil sie uns auflauerten, und nachdem wir uns eine Zeitlang in einer Toilette versteckt hatten und dann lange Korridore entlanggelaufen waren, konnten wir endlich durch einen Hinterausgang entkommen.

Es kam uns alles vor wie ein groteskes und albernes Theaterstück. Binnen weniger Minuten werden in einer unfreundlichen, unpersönlichen Umgebung Entscheidungen gefällt, die das Leben der Betroffenen oft von Grund auf ändern. Als wir noch warteten, kam eine junge Frau schreiend aus dem Gerichtssaal gelaufen. Ihr Barrister versuchte sie in einen Seitenkorridor zu ziehen, aber sie warf sich auf den Boden und wand sich und schlug um sich, vor Kummer offenbar völlig außer sich. Ihr Kleid rutschte ihr bis zur Taille hinauf. Nicht einer von den vielen Leuten, die auf dem Korridor herumstanden, reagierte mit Mitleid oder auch nur Interesse. Mit hoher, überschnappender Stimme kreischte sie: »Mein Kind, sie haben mir mein Kind weggenommen!« Die Mienen wurden abweisend, und alle Barrister und Solicitor kehrten der Frau den Rücken und unterhielten sich weiter. Ihre beiden Anwälte beugten sich über sie und redeten auf sie ein, sie solle sich zusammenreißen. Schließlich gingen wir zu ihr hinüber. Sie hatte einen Jungen als Pflegemutter großgezogen und mußte ihn nun, da er acht Jahre alt war, an die leibliche Mutter zurückgeben.

Der High Court mit all seiner Düsternis und Unpersönlichkeit scheint menschliches Elend zu ignorieren und zugleich zu verstärken. Die Amtsroben scheinen es den Menschen zu untersagen, ihre Gefühle zum Ausdruck zu bringen. Das gedämpfte, reibungslos funktionierende System sorgt dafür, daß alles so steril und klinisch sauber wie möglich bleibt. Wenn man das Gerichtsgebäude verläßt, ist es, als käme man aus einer Leichenhalle. Und man hat keine Gelegenheit bekommen, zu sagen, was man wollte – man wurde einfach durch die Mangel gedreht. Selbst wenn das Gericht zu Ihren Gunsten entschieden hat, wenn Sie eine mißhandelte Ehefrau sind, werden Sie bald feststellen, daß sich dadurch für Sie nichts gebessert hat.

Da die Ehemänner in der Lage sind, ihre Frauen und Kinder zu

terrorisieren, bekommen sie am Ende meistens alles, was sie wollen – die Kinder, die Wohnung und das Geld. Ohne Schutz – und den gewährt, wie wir sahen, auch die Justiz nicht – bringen das Sorgerecht für die Kinder und die Unterkunftsfrage die Frau in ein Dilemma. Oft ist es so, daß der die Kinder bekommt, der eine Wohnung hat, und daß der eine Wohnung bekommt, der die Kinder hat.
Bei wem die Kinder tatsächlich sind, ist in neun von zehn Fällen ausschlaggebend, wenn es um Fragen des Sorgerechts geht. Selbst wenn der Mutter das Sorgerecht zugesprochen wurde, braucht der Ehemann das Kind nur irgendwo abzufangen und zu sich zu holen, und die Frau wird lange Zeit brauchen, um es wiederzubekommen.
Margaret und ihr Sohn Jonathan wurden von einer Bewährungshelferin zu uns gebracht, die den weiten Weg von Slough nicht gescheut hatte, um die beiden persönlich bei uns abzuliefern. Margaret war noch sehr jung (18). Sie hatte geheiratet, weil sie es bei ihren Eltern nicht mehr ausgehalten hatte, aber der Mann, den sie so überstürzt geheiratet hatte, entpuppte sich als ein äußerst gefährlicher Vorbestrafter.
Eines Tages rief die Bewährungshelferin Margaret bei Women's Aid an und sagte ihr, ihr Mann bereue jetzt bitter, was er getan habe, und ob sie nicht einmal zu ihr ins Büro kommen wolle, denn ihr Mann habe jetzt einen Wohnwagen, in dem sie wohnen könnten, und das würde doch ihr Leben von Grund auf ändern. Margaret ließ sich überreden und verließ uns mit ihrem Kind. Ein paar Stunden später war sie wieder da. Ihr Mann war in das Büro der Bewährungshelferin gekommen, hatte sich das Baby geschnappt, war zu seinem Auto hinausgelaufen und davongefahren. Margaret war verzweifelt. Er hatte sich nie um das Kind gekümmert und es nicht besonders gern gehabt, und sie konnte sich überhaupt nicht vorstellen, wo er es hingebracht hatte.
Ich war recht optimistisch, weil Margaret schon das Sorgerecht zugesprochen bekommen hatte, und dachte mir, daß wir nur die Polizei zu benachrichtigen brauchten, die dann sofort den kleinen Jungen aus den Fängen seines Vaters befreien würde. Aber weit gefehlt. Man sagte mir, daß wir unseren Rechtsanwalt benachrichtigen und abermals vor den High Court gehen müßten, und das Gericht würde dann einen Befehl erlassen, daß der Mann das Kind zurückzugeben habe. Zum Glück hatten wir einen phantastischen Rechtsanwalt, der immer alle

anderen Sachen zurückstellte, wenn er uns in einem so dringenden Fall helfen konnte. Er ging in der Sache schon am nächsten Tag zum Gericht und bat den Richter, das Kind zu suchen und zu seiner Mutter zurückbringen zu lassen. Er mußte den Richter auch um die Erlaubnis bitten, die Sache an die Öffentlichkeit zu bringen, der Richter war einverstanden und sagte, wenn das Kind nicht bis zum nächsten Tag zurück sei, würde ein Haftbefehl gegen den Mann erlassen werden.
Etwas erleichtert verließen Margaret und ich das Gerichtsgebäude. Sie ließ sich für die Zeitungen photographieren, und eine Beschreibung des Vaters und des Kindes wurde verbreitet. Unsere alten Freunde, die Redakteure der Rundfunksendung *The World at One*, die uns immer geholfen haben, wenn wir sie darum baten, sprachen mit uns in der Sendung über Jonathan, und wir baten die Hörer, das nächste Polizeirevier zu benachrichtigen, falls sie den Jungen oder seinen Vater irgendwo sehen würden.
Margaret verbrachte noch eine schlaflose Nacht, und wir fuhren am nächsten Morgen zum Gericht, um den Haftbefehl zu beantragen. Es war wieder ein anderer Richter, der sich weigerte, den Haftbefehl auszustellen; er sagte, wir müßten bis zum Wochenende warten, für den Fall, daß der Ehemann die Pressemeldungen nicht gesehen hatte. Margaret war todunglücklich. Wir fuhren wieder zu Women's Aid zurück und beteten, daß jemand das Kind bald entdecken würde. Als die Woche um war, fuhren wir wieder zum Gericht, und diesmal erließ wieder ein anderer Richter einen Befehl, daß der Ehemann das Kind der Mutter zurückbringen müsse. Wir dachten, daß wir jetzt, da der Befehl hinausgegangen war, die Hände in den Schoß legen konnten und die Polizisten in ihre Streifenwagen springen und Jonathan suchen würden. Aber wir hatten uns wieder getäuscht. Nur die Gerichtsdiener und Gerichtsvollzieher waren dafür zuständig, das Kind zu suchen. Es war Freitag, und am Wochenende arbeiteten sie nicht. Wir beschlossen, das Kind auf eigene Faust zu suchen.
Der einzige Anhaltspunkt, den wir hatten, war die Tatsache, daß Margarets Mann mit ein paar Zigeunern gut befreundet war, die irgendwo an der Autobahn M 4 wohnten. Wir machten den Ort ausfindig und riefen den Privatdetektiv an, der den gerichtlichen Befehl zur Rückgabe des Kindes übergeben sollte. Pat (hochschwanger), Lucy und ich stiegen in den Wagen des Privatdetektivs ein, und wir fuhren los.

Als wir ankamen, lag Margaret, die mitfahren mußte, um ihren Mann zu identifizieren, auf dem Boden des Wagens und spähte ab und zu über den Rücksitz. Wem das melodramatisch vorkommt, der sollte sich vor Augen halten, daß dieser Mann zu völlig unkontrollierten Wutausbrüchen neigte und schon einmal mit einem Schlachtermesser Amok gelaufen war; bei einer Prügelei hatte er einmal einem anderen Mann die Nase abgebissen. Margaret hielt in der Aufregung einen hochgewachsenen jungen Mann, der in Wirklichkeit nichts mit ihr zu tun hatte, für ihren Ehemann. Der Privatdetektiv sprang unerschrocken aus dem Auto, ging auf den jungen Mann zu und drückte ihm den Gerichtsbefehl in die Hand. Der junge Mann rief etwas, und im Handumdrehen war das Auto von einer Horde Zigeuner umringt, angeführt von der Mutter des jungen Mannes, die außerdem die Stammesmutter war. Ich hatte vorausgesehen, daß es Ärger geben würde, und hatte die Polizei um Mitarbeit gebeten, unter Hinweis darauf, daß Zigeuner so etwas gar nicht gerne sehen. Zum Glück erwies sich dieser Schutzmann als ungewöhnlich hilfsbereit. Die Zigeunermutter ließ einen Schwall von Beschimpfungen los und die übrigen Zigeuner schaukelten das Auto, als der Polizist auf dem Fahrrad die Straße entlangkam. »Hier kommt die Scheiß-Kavallerie«, schrie die Stammesmutter, und mehrere Männer schossen daraufhin mit ihren Pistolen in die Luft. »Ich glaube«, sagte der Polizist, »es ist besser, Sie fahren jetzt wieder.« Wir wendeten, und der Polizist folgte uns auf dem Fahrrad, mit aller Kraft in die Pedale tretend.

Wir waren von der ganzen Episode ein bißchen mitgenommen und setzten uns zusammen, um erneut Kriegsrat zu halten. Margaret war überzeugt, daß das Kind dort gewesen sei, ebenso der Vater. Wir riefen noch einmal die Polizei an, und die Beamten sagten, sie könnten den Mann nicht verhaften, selbst wenn sie ihn fänden, aber sie wollten sehen, was sie tun könnten.

Ein paar Tage danach rief uns um vier Uhr nachmittags ein Polizeibeamter an und sagte uns, sie hätten den Mann im Zusammenhang mit einer anderen Geschichte auf dem Revier, und wenn wir uns beeilten, würden sie versuchen, ihn zur Rückgabe des Kindes zu bewegen.

Diesmal setzten Lucy, Margaret und ich uns in meinem Ami 8 und fuhren so schnell es ging auf der M 4 hin. Als wir vor dem Polizeirevier ausstiegen, sahen wir einen weißen Mercedes, in

dem lauter große, kräftige Männer saßen. Margaret sagte, daß es sich um die Freunde ihres Mannes handelte.
Wir gingen hinein und der Beamte ging mit Margaret und mir in ein Verhörzimmer. Margarets Mann saß mit Jonathan auf dem Arm da. Er muß ungefähr hundertzwanzig Kilo gewogen haben. Beide waren verwahrlost und dreckig. Jonathan wandte sich ab, als er seine Mutter sah, und sah sie nicht an. Ich hatte Margaret gesagt, daß sie keine Gesten machen sollte, die ihren Mann aus der Ruhe bringen könnten, und sie verschränkte die Arme und umklammerte die Ellbogen mit den Händen.
Der Polizeibeamte sprach ruhig mit ihm und sagte, daß sie ihn aufgrund der Anzeige, die gegen ihn vorläge, über Nacht dabehalten könnten; es sei wirklich besser für ihn, wenn er sich nicht auch noch eine Anzeige einhandle, weil er entgegen der gerichtlichen Verfügung das Kind nicht herausgebe. Dann unterhielt ich mich mit ihm, und ungefähr nach einer halben Stunde rutschte Jonathan plötzlich aus eigenem Antrieb seinem Vater von den Knien und ging zu Margaret hinüber und legte sein Gesicht in ihren Schoß und fing zu weinen an. Sie nahm ihn hoch, und der Polizist sagte zum Vater: »Lassen Sie die beiden jetzt gehen. Das Kind braucht einen Arzt.« Sofort gingen wir hinaus, und der Polizist an der Tür sagte: »Ich halte ihn noch zehn Minuten fest. Sehen Sie zu, daß Sie so schnell wie möglich wegkommen.«
Wir fuhren davon, so schnell es ging, und rechneten damit, daß uns jeden Augenblick der weiße Mercedes überholen würde; zum Glück trat das nicht ein. Zu Hause untersuchte Margaret Jonathan, der Ohrenschmerzen und einen fürchterlichen Ausschlag hatte. Wir kauften uns eine Flasche Wein, um seine Rückkehr zu feiern. Es dauerte Wochen, bis Jonathan nicht mehr zu schreien anfing, wenn Margaret sich auch nur einen Schritt wegrührte, und Monate, bis er sie aus dem Haus gehen ließ.
Als wir bei der Polizei anriefen, um uns zu bedanken, sagten die Beamten, Margaret hätte Glück gehabt, daß die Massenmedien sich der Sache angenommen hätten; es gebe immer wieder Fälle von Ehemännern, die mit den Kindern verschwinden und nie wieder gefunden werden.
Manchmal werden Mütter und Kinder getrennt, weil die Mutter gezwungen ist, ohne sie die eheliche Wohnung zu verlassen. Wenn die Mutter, bevor sie zu uns kommt, nie

jemandem von den Brutalitäten ihres Mannes erzählt hat, gehören diesem alle Sympathien der Nachbarn und Bekannten. Schließlich hat er doch seine Arbeit aufgeben müssen, um für die Kinder zu sorgen, weil seine Frau sie einfach verlassen hat, nicht wahr? Die Frau muß also an allem schuld sein. Der betrübte Ehemann sitzt mit den Kindern zu Hause; die verzweifelte Ehefrau muß sich an das Gericht wenden, um das Sorgerecht für die Kinder zu bekommen, und das kann Monate dauern; und wenn sie keine angemessene Wohnung vorzuweisen hat, sind ihre Chancen, die Kinder überhaupt zu bekommen, praktisch gleich Null.

Es kommt immer wieder vor, daß ein Richter aufgrund scheußlichster Brutalitäten des Ehemanns eine Scheidung ausspricht und sich dann umdreht und dem Mann erlaubt, die Kinder regelmäßig zu sehen.

Als Isabel geschieden wurde, versäumte es ihr Anwalt, vor Gericht klarzustellen, daß eine ihrer kleinen Töchter von ihrem Vater brutal geschlagen worden war. Der Richter erteilte dem Ehemann eine Besuchserlaubnis einmal in der Woche, und wir mußten zusehen, wie die kleinen Mädchen schreiend und um sich schlagend den Gartenweg hinuntergebracht wurden, um den Tag mit ihrem Vater zu verbringen. Ich kam zu dem Schluß, daß das keine Zustände waren, und quartierte die Mutter mit den Kindern an einer geheimen Adresse ein und bestand darauf, daß der Rechtsanwalt den Fall noch einmal vor Gericht brachte. Das tat er auch, aber trotz der Aussagen der Mutter bestand der Richter darauf, daß der Vater die Kinder sehen dürfe, allerdings jetzt nur noch im Beisein eines Sozialarbeiters. Das hörte sich so an, als ob für die Kinder damit jede Gefahr beseitigt gewesen wäre, aber es ist fast unmöglich, einen Sozialarbeiter zu finden, der einen Samstag- oder Sonntagnachmittag mit einem gewalttätigen Mann und seinen Kindern verbringen möchte.

Eine der beiden Töchter – sie war sieben – schrieb:

Ich bin hier, weil mein Papa meine Mama immer geschlagen hat, und er hat auch mich schon geschlagen, aber nie meine Schwester, weil meine Schwester hat er am liebsten. Ich glaube, er schlägt meine Mama jedes Wochenende, wenn er von der Arbeit heimkommt.

Trotzdem wurde sie gezwungen, ihren Vater zu besuchen. Niemand hatte *sie* gefragt, was ihr lieber sei.

Das Recht des Vaters, die Kinder zu sehen, kann auch auf das Recht hinauslaufen, die Kinder zu beeinflussen, was diese Elfjährige von sich aus begriffen hat:

Ich bin hier, weil man Papa seit fast zwölf Jahren meine Mama schlägt. Ich bin am 17. Mai 1973 zu Women's Aid gekommen, nachdem ich drei Tage in einem Heim in der Liverpool Street war. Es war das erstemal, daß meine Mama von meinem Papa weggelaufen ist. Als ich hierher kam, hat es mir nicht gefallen, aber nach einer Woche habe ich mich daran gewöhnt und jetzt gefällt es mir sehr gut.
Wenn meine Mama von meinem Papa geschlagen wurde, war ich immer sehr aufgeregt und bin zu meinem Freund gelaufen und habe die Polizei angerufen. Wenn die Polizeibeamten dann da waren, haben sie gesagt, daß sie nichts tun können und meine Mama zum Gericht gehen soll. Wenn meine Mama und mein Papa sich stritten, hat er sie am Schluß immer geschlagen, und dann sind meine drei Schwestern aufgewacht und haben zu weinen angefangen und mein Papa hat sie angeschrien und gesagt, sie sollen still sein. Einmal hat mein Papa meine Mama auf dem Stuhl festgehalten und sie beinahe erwürgt. Ich habe versucht, ihn wegzuziehen, aber da ist er über mich hergefallen und hat mich mit beiden Händen geschlagen.
Jeden Sonnabend besuche ich Papa mit meinen drei Schwestern. An einem Sonnabend bin ich allein hin, und da hat er gesagt: »Nächste Woche bringst du die andern drei mit, und dann könnt ihr eine Woche oder so hier bleiben, und Mama macht sich Sorgen.« Aber ich hab sie nicht mitgebracht, und er hat gesagt: »Das nächste Mal bringst du sie mit, und dann siehst du Mami nie wieder.« Und einmal hat er gesagt: »Du mußt immer zu Mami sagen, daß du nach Hause willst.« Das tu ich aber nicht, und ich bin jetzt nie mehr zu ihm hingegangen.

Das Gesetz geht davon aus, daß *jeder* Vater das Recht hat, seine Kinder zu sehen. Rechtsanwälte betonen uns gegenüber immer wieder, daß eine Ehefrau »einen gravierenden Grund« haben muß, um dem Mann das zu verweigern. Aber wenn diese Frauen keinen gravierenden Grund haben, wer dann?
Ich bin der Meinung, wenn ein Mann seine Frau und seine Kinder dermaßen schlägt, daß ein Gericht der Frau wegen ungewöhnlicher Grausamkeit die Scheidung zubilligt, dann hat der Mann jedes Anrecht auf seine Wohnung und seine Familie verwirkt, es sei denn, er unterzieht sich einer Behandlung, nach der es der Familie zuzumuten ist, ihn wieder in ihren Kreis aufzunehmen.

Die heute gültigen Bestimmungen führen dazu, daß viele Kinder gezwungen werden, sich immer wieder in Gesellschaft eines Mannes zu begeben, der sie mißhandelt und gequält hat. Der Grund dafür ist darin zu sehen, daß das britische Recht in Frauen und Kindern Besitztümer sieht und bei der Erwägung, welche Rechte ein gewalttätiger Mann über seine Frau und seine Kinder haben sollte, das menschliche Element außer acht läßt.

Die Aufteilung des Besitzes und der Wohnung nach einer Ehescheidung führt oft zu bitteren Auseinandersetzungen. Wenn die Scheidung aufgrund von Grausamkeit ausgesprochen wurde, kann man sicher sein, daß der Ehemann so viel Schwierigkeiten macht wie nur irgend möglich. Er weigert sich normalerweise, Unterhalt zu zahlen, aber wenn die Mutter zum Sozialamt geht und sich nicht beirren läßt, wird sich das Amt bereit erklären, ihr eine Unterstützung zu zahlen und die Unterhaltsgelder von dem Mann einzutreiben.

Wenn es sich um eine dem Mittelstand angehörende Familie handelt, kann die Frau in einer sehr schwierigen Lage sein. Sie hat wahrscheinlich hohe laufende Ausgaben zu bestreiten, und wenn sie auf einmal anfängt, die Leute zu vertrösten, macht sie sich rasch bei aller Welt unbeliebt. Die Schulgelder der Kinder, die Hypothek (das Sozialamt zahlt nur die Zinsen, nicht jedoch die Tilgungsbeiträge für ein Hypothekendarlehen), die Steuern und Abgaben – das alles wird rasch zu einem Alptraum.

Wenn einer mißhandelten Ehefrau die eheliche Wohnung zugesprochen wird und sie es auch schafft, darin wohnen zu bleiben – trotz der Belästigung durch ihren geschiedenen Mann –, so gilt diese Regelung auf alle Fälle nur bis die Kinder erwachsen sind und sich selbständig machen. Dann kann ihr geschiedener Mann beim Gericht den Antrag stellen, daß das Haus verkauft wird. Die Frau muß dann aus dem Haus ausziehen, in dem sie so viele Jahre gewohnt hat, und sich etwas anderes suchen. Sie erhält maximal fünfzig Prozent des Verkaufserlöses nach Abzug der noch nicht getilgten Hypothek. Sie ist zu alt, um noch eine Hypothek für ein neues Haus zu bekommen, und in der Regel muß sie den bisherigen Wohnbezirk verlassen, so daß sie ihren Bekanntenkreis verliert und entwurzelt wird. Ich bin der Meinung, daß bei einer Scheidung wegen Grausamkeit das Haus der Ehefrau auf Lebenszeit zugesprochen werden sollte.

Das Gericht entscheidet über die finanziellen Angelegenheiten, nachdem die Scheidung über die Bühne gegangen ist, und dann wird die ganze Sache wie eine normale Trennung behandelt, bei der keiner Seite die Schuld zugeschoben werden kann. Es ist unmenschlich, eine Frau, die unbarmherzig geschlagen und womöglich verkrüppelt wurde, so zu behandeln, als trennte sie sich im beiderseitigen Einverständnis von ihrem Mann. Diese Regelung mag dazu beitragen, normale Scheidungen für beide Teile weniger schmerzlich zu gestalten, und das ist zu begrüßen, aber eine Scheidung, die durch die Brutalität des Mannes gegenüber der Frau verursacht wurde, ist keine normale Scheidung. Er ist der schuldige Teil, und sie sollte entschädigt werden, indem man sie bei der Aufteilung des gemeinsamen Vermögens bevorzugt. Dafür gibt es im Augenblick keine gesetzliche Handhabe – selbst das neue Gesetz über die Entschädigung der Opfer krimineller Gewalthandlungen spricht eine solche Entschädigung allen Opfern von Verbrechen zu, nur nicht einer Ehefrau, die von ihrem Mann tätlich angegriffen wurde. Ich bin der Meinung, das Gesetz sollte so geändert werden, daß jedes Opfer von Gewalttätigkeit Anspruch auf Entschädigung hat und daß eine mißhandelte Ehefrau, die sich von ihrem Peiniger scheiden läßt, Ansprüche gegen ihn haben sollte.

Durch einige Änderungen am bestehenden System könnte man erreichen, daß Frau und Kinder des Mannes, der schnell mit den Fäusten bei der Hand ist, in diesem Land besser geschützt wären. Das Verfahren bei der Erteilung von Armenrecht muß beschleunigt werden, und die Polizei muß von Gesetzes wegen verpflichtet werden, gerichtliche Anordnungen zu vollziehen. Damit würde die Ehefrau wenigstens eine Chance bekommen, in Frieden zu leben, nachdem sie ihren Mann vor Gericht gebracht hat.

Es geht eher darum, das Gesetz zu stärken, als um wesentliche Gesetzesänderungen. In einer demokratischen Gesellschaft werden Gesetze für halbwegs vernünftige Menschen gemacht. Um unsere Mütter vor ihren gewalttätigen Männern zu schützen, müßte man sehr strenge Gesetze haben – so streng, daß auch diejenigen Männer bestraft würden, die eigentlich nur einmal daran erinnert zu werden brauchen, daß es nicht angeht, die Ehefrau einzuschüchtern. Das Gesetz reicht nur so weit, wie der Wille, es durchzusetzen, und der Wille, ihm zu gehorchen. Zwischen dem Gesetz mit seinen Hütern und

Verwaltern auf der einen Seite und den asozialen, gewalttätigen Ehemännern auf der anderen, leiden Tausende von Frauen und Kindern.

Ich glaube nicht, daß das Gericht der rechte Ort ist, die Probleme mißhandelter Ehefrauen zu lösen. Ihre Ehemänner stellen sich außerhalb des Gesetzes: sie wurden von Kindesbeinen an zur Gewalttätigkeit erzogen, so daß die Gewalt ein normaler Bestandteil ihres Verhaltens ist. Alle Gesetzgebung und alle Strafen der Welt werden nichts an ihren Methoden ändern, ihrer Frustration Ausdruck zu geben.

Ich bin der Meinung, der praktischste Nutzen des Gesetzes liegt darin, sicherzustellen, daß in jedem Fall von extremer Gewalttätigkeit der Mann gehindert wird, noch einmal Kontakt mit seiner Frau und seinen Kindern aufzunehmen. Er muß gezwungen werden, sich psychiatrisch untersuchen zu lassen, und wenn die Psychiater Verhaltensstörungen feststellen, dürfen Psychiatrie und Justiz ihn nicht einfach laufenlassen und damit in Kauf nehmen, daß er seine Angehörigen weiter mißhandelt. Er muß vielmehr in eine Anstalt eingewiesen und so lange behandelt werden, bis er keine Gefahr mehr für seine Mitmenschen darstellt. Das Gefängnis ist keine Alternative zu wirkungsvoller Psychiatrie, aber wenn die Psychiatrie es nicht schafft, dann ist es das geringere Übel, wenn *ein* Mann ins Gefängnis kommt, als wenn – wie es heute der Fall ist – eine ganze Familie unter der Gewalttätigkeit eines Mannes leidet.

7. KAPITEL

Wie geht es nun weiter?

Wenn man an unsere vier kleinen Zimmer und das Klo im Freien denkt, muß man sagen, daß Women's Aid sich ganz schön entwickelt hat; aber die Organisation von Women's Aid ist trotzdem sehr einfach geblieben. Wir haben jetzt fünf große Häuser und über 250 Frauen und Kinder, aber wir arbeiten immer noch mit derselben Hausordnung, mit der wir vor drei Jahren angefangen haben.
Niemand außer den Müttern, die in dem Haus Zuflucht suchen, darf das Telefon bedienen oder hinter dem kleinen Schreibtisch sitzen und das offene Tagebuch führen. Das heißt nicht, daß wir Anrufer abweisen, die mit einer der freiwilligen Helferinnen sprechen möchten, sondern es ist nur eine Vorsichtsmaßregel dagegen, daß wohlmeinende Außenstehende sich der Macht- und Informationszentrale bemächtigen. In dem Tagebuch werden alle täglichen Vorkommnisse bei Women's Aid notiert sowie auch die Fälle, die sich telefonisch melden. Ein junge Mutter, die jahrelang mit Füßen getreten und systematisch kaputtgemacht wurde, bekommt wieder Zutrauen zu ihren eigenen Fähigkeiten, wenn man sie bittet, das Büro zu übernehmen.
Alle Briefe, die Women's Aid erreichen, werden jeden Vormittag gegen zehn geöffnet und jeder, der in dem als Büro dienenden Wohnzimmer ist, kann sie lesen. Die Briefe werden dann an ein schwarzes Brett geheftet und bleiben für jedermann einsehbar. Das ist wichtig, weil es dazu beiträgt, daß jedes Mitglied der Gemeinschaft ein Teil des Ganzen ist und daß keine der Frauen die Macht an sich reißt, indem sie wichtige Informationen für sich behält.
Alle finanziellen Entscheidungen werden auf Zusammenkünften der Hausgemeinschaft gefällt, so daß jede Ausgabe allen bekannt ist und alle ihr zugestimmt haben. Keines der Mitglieder der gemeinnützigen Einrichtung kann jemals ein Gehalt bekommen. Das erscheint mir als eine vernünftige

Vorkehrung gegen karrierebewußte Profis. Die einzigen Gehälter gehen an die Leiterin der Spielgruppe und ihre Assistentin, einige andere Hilfskräfte für die Kinderbetreuung, die nationale Koordinatorin und die Sekretärin, und außerdem werden natürlich dem Anwalt und dem Buchhalter Honorare bezahlt. Auf diese Weise können wir den größten Teil der Spenden, die uns zufließen, direkt an die Mütter und Kinder weiterleiten.

Hausversammlungen werden wöchentlich abgehalten, aber bis jetzt haben wir noch nie eine Ausschußsitzung abzuhalten und mit Protokoll und Tagesordnung zu arbeiten brauchen. Ich hoffe, das wird auch künftig nie notwendig sein. Natürlich haben wir den Ausschuß gebildet, der für die Anerkennung als gemeinnützige Einrichtung erforderlich ist, und diese Leute setzen sich vorschriftsmäßig einmal im Jahr mit David, unserem schwergeprüften Anwalt, zusammen, aber diese Formalität ist für das Leben im Haus irrelevant. Hier hat sich am Entscheidungsbildungsprozeß nichts geändert: Jeder hat eine Stimme, und wenn es darum geht, ob eine Frau das Haus verlassen muß, dann haben wir, die wir von außen kommen, nichts zu sagen, und die Entscheidung der Hausbewohnerinnen muß einstimmig fallen.

Jeder hat das Recht, die Einberufung einer Hausversammlung zu verlangen, wenn irgendwelche Streitigkeiten auftreten. Das können beispielsweise Tätlichkeiten zwischen zwei Frauen sein; in einem solchen Fall gilt die Regel, daß jeder Erwachsene, der gegenüber einem anderen Erwachsenen tätlich wird, die Gemeinschaft verlassen muß. Schließlich sind ja alle da, weil sie der Gewalttätigkeit entrinnen wollten, und es wäre schädlich, wenn es auch innerhalb der Gemeinschaft zur Gewalttätigkeit käme. Allerdings ist das innerhalb von zwei Jahren auch erst zweimal vorgekommen. Am häufigsten wird darüber diskutiert, wer sich ums Abwaschen drückt.

Wir haben den Buchhalter, den Anwalt und die nationale Koordinatorin, deren Aufgabe es ist, das Land zu bereisen und Gruppen zu besuchen, die gerade neu anfangen. Ich finde, mehr brauchen wir im Moment nicht, und diese personelle Ausstattung wird abgerundet durch eine Sekretärin, die die Unmengen wertvoller Informationen sichtet, die uns aus aller Welt erreichen. Jede Woche besuchen uns die Sozialschwester und der zuständige Beamte des Gesundheitsamts, Dr. Prothero, der alle vierzehn Tage einmal mit jedem spricht und ihn

notfalls untersucht. Außerdem machen mehrere Studenten verschiedener polytechnischer Hochschulen bei uns ihr Praktikum.
Ich finde, das ist ein ziemlich strukturloses, aber vernünftiges System, Women's Aid zu verwalten. Ich werde stets darauf beharren, daß wir bei dieser lockeren Organisationsstruktur bleiben. Der Hauptgrund, warum Women's Aid sich so rasch entwickeln konnte, ist die Tatsache, daß die Atmosphäre stimmt; die Gemeinschaft wird von mißhandelten Frauen für mißhandelte Frauen geführt.
Eine bittere Lehre für die heutigen wohltätigen Organisationen muß die Entwicklung sein, die Shelter genommen hat. Vor einigen Monaten kam eine Mutter aus Ealing tränenüberströmt zu mir. Sie hatte einen guten Ehemann und fünf Kinder, und die Familie sollte aus der Wohnung ausgewiesen werden, weil die Miete nicht bezahlt worden war. Es handelte sich bei dem Gebäude um eines der Mietshäuser, die von den Gemeinden für die vorübergehende Unterbringung obdachloser Familien verwendet werden, aber diese Familie hatte fünf Jahre dort gewohnt. Es war die übliche fürchterliche Mietskaserne ohne warmes Wasser, ohne Bad und mit feuchten, abblätternden Wänden. Das Sozialamt hatte gesagt, daß alle fünf Kinder in ein Heim gebracht würden, falls es der Familie nicht gelänge, aus eigener Initiative eine andere Wohnung zu finden.
Ich rief den Sozialarbeiter an, aber der erklärte mir, daß jetzt etwas geschehen müsse, weil der Ehemann in den letzten zwei Jahren immer wieder im Krankenhaus gewesen sei und jetzt insgesamt 700 Pfund schuldig sei. Ich entgegnete, daß es den Staat 150 Pfund die Woche kosten würde, die Kinder in einem Heim zu versorgen. Das bezeichnete er als irrelevant. Mir blieb nur wenig Zeit, weil die Zwangsräumung schon für den nächsten Tag vorgesehen war. Ich rief deshalb bei der Abteilung für obdachlose Familien von Shelter an. Shelter ist eine wohltätige Organisation, die als dynamische Kraft begann, von selbstzufriedenen Bürokraten gefürchtet wurde und in Fällen wie diesem rasch und wirksam handeln konnte. Im Laufe weniger Jahre jedoch ist Shelter in seiner eigenen Bürokratie steckengeblieben. Als ich den Leuten von der verzweifelten Lage der Familie erzählte, versprachen sie nicht etwa, zum Wohnungsamt zu gehen, ja sie versprachen nicht einmal, daß sie anrufen würden. Sie sagten vielmehr, daß sie einen Brief schreiben

würden. Die Zeiten sind bedauerlicherweise vorbei, in denen die Leute von Shelter sich noch aus ihrem Büro herausbemühten, zu den betroffenen Leuten hinfuhren und dafür sorgten, daß etwas geschah. In diesem Fall verstieß die Gemeinde direkt gegen eine ministerielle Anordnung, daß Familien auf alle Fälle zusammenbleiben sollten. Aber auch das rührte die Leute von Shelter nicht.

Es versteht sich von selbst, daß Women's Aid ohne Geld nicht weit gekommen wäre. Das Geld war und ist das größte Problem und wird es immer sein. Viel kommt aus kleinen Spenden von verständnisvollen Leuten zusammen, aber es sind die großen Unternehmen, die Geld übrig haben, die letztlich über Fortbestand oder Zusammenbruch junger gemeinnütziger Einrichtungen wie unserer entscheiden. Aber wenn sie uns Geld spenden, sollte es auch mit der richtigen Einstellung geschehen.
Es ist interessant, das riesige Bauunternehmen Bovis mit einer anderen großen Firma zu vergleichen, die erwog, uns zu helfen. Bovis unter ihrem Generaldirektor Neville Vincent fragte an, was wir brauchten und gab es uns einfach – ohne irgendwelche Auflagen. Wir bekamen ein Haus im Wert von 30 000 Pfund als Hauptquartier und 9 500 Pfund für Umbau und Renovierung. Diese großzügige Geste brachte Women's Aid erst in Gang. Man sieht daran, wie wirkungsvoll sich ein Großunternehmen an der Bewältigung eines sozialen Problems beteiligen kann, wenn die Hilfe großzügig und mit Phantasie gehandhabt wird.
Ein anderes Unternehmen schickte uns dagegen einen Treuhänder, und wir merkten bald, daß hier eine ganz andere Einstellung dahintersteckte. Sie boten uns an, für uns ein Haus zu kaufen, das einem Bekannten eines Direktors gehörte, der es rasch verkaufen mußte. Als wir uns das Haus ansahen, mußten wir uns eingestehen, daß es falsch gewesen wäre, unsere nicht gerade wohlerzogenen Kinder in diese ruhige, mit Bäumen bestandene Wohngegend zu bringen, vor allem da das Haus keinen Garten hatte. Es wäre sowohl für unsere Kinder wie auch für die Nachbarn die Hölle gewesen. Wir lehnten ab, sagten aber, daß wir nach wie vor dringend ein größeres Anwesen brauchten, in dem wir diejenigen Mütter unterbringen konnten, die so stark mißhandelt worden waren, daß sie ihr ganzes Leben lang die Pflege in der Gemeinschaft brauchen

würden. Der Treuhänder sagte, er werde sehen, was sich tun lasse, und verließ uns.

Eigentlich hätte ich wissen müssen, daß man auf solche Versprechungen nichts geben kann. Noch während ich ihm den Ausbau von Women's Aid erklärte, hatte ich nämlich gesehen, wie er die Stirn runzelte. Ausgesprochen beunruhigt war er dann, als ich die lockere Struktur der neuen Gruppen schilderte, die sich über das ganze Land ausbreiteten. Als Geschäftsmann hielt er wahrscheinlich nichts von derartigen Organisationsformen, aber jedenfalls funktionierten sie.

Gruppen wurden in folgenden Orten gegründet: Basildon, Basingstoke, Birmingham, Blackburn, Blackpool, Brighton, Bristol, Burnley, Coventry, Dublin, Edinburgh, Glasgow, Lancaster, Leeds, Leicester, Liverpool, Brixton, Camden, Hackney, Harringay, Islington, Lewisham, Southwark, Tower Hamlets, Wandsworth, Manchester, Middlesbrough, Newcastle-on-Tyne, Norwich, Nottingham, Rugby, St. Albans, Sheffield, Sunderland, Swindon, Surrey, Tunbridge Wells und Worthing. All diese Gruppen hatten Repräsentantinnen zu uns geschickt, und wir hatten Stunden damit zugebracht, sie zu beraten. Auf nationaler Ebene entwickelte sich Women's Aid gut. Auch bei uns lief alles recht ordentlich: Wir waren bereits als gemeinnützige Organisation anerkannt und hatten einen umfassenden Bericht sowie die ersten drei Ausgaben unserer monatlich erscheinenden, im ganzen Land verbreiteten Zeitschrift *Nemesis* herausgebracht. Jack Ashley hatte die Frage der Mißhandlung von Ehefrauen im Parlament angeschnitten. Wir hatten ein auf drei Jahre angelegtes unabhängiges Forschungsprojekt in die Wege geleitet, unter Leitung eines erfahrenen Psychiaters. Dr. John Gayford, vom Warlingham Park Hospital. Wir hatten eine informelle nationale Konferenz mit allen 38 Gruppen abgehalten und mit all diesen Gruppen darüber diskutiert, wie sich Women's Aid auf nationaler Ebene entwickeln solle. Und neben alledem hatten wir gleichzeitig noch für Hunderte von Müttern und Kindern gesorgt. Es funktionierte.

Da ich den Niedergang von Shelter aufmerksam verfolgt hatte, war ich schon sehr frühzeitig zu dem Schluß gekommen, daß alle Gruppen von Women's Aid autonom und sich selbst verantwortlich bleiben müßten. Auf diese Art würden wir die Entstehung eines kopflastigen, in London zentralisierten Verwaltungsapparats vermeiden, der die Initiative der Gruppen außerhalb von London erstickt hätte, weil diese dann den Eindruck bekommen hätten, daß ihre Hilfe und ihre Anstrengungen nur am Rand von Bedeutung seien. Wir hatten uns für eine Regionalstruktur entschieden, in der die benachbarten Gruppen ihre Erfahrungen austauschen konnten. Jedes Vierteljahr sollte eine nationale Konferenz stattfinden, auf der die übergeordneten Probleme diskutiert werden konnten. Es wurden folgende Regionalgruppen gegründet: Yorkshire, Humberside, North West, Midlands, East Anglia, South East, South West, Wales und Schottland. Dazu die Großstadtgebiete: Greater London, Tyneside und Wearside, Greater Manchester, Merseyside, West Yorkshire, Birmingham und West Midlands. Manche Gruppen, wie die in Liverpool, funktionierten schon nach wenigen Monaten reibungslos; jede Gruppe ließ die Einstellung der Frauen erkennen, die sie gegründet hatten. Während beispielsweise Liverpool viele unserer Ideen übernahm, entschied man sich in Birmingham für ein beaufsichtigtes Wohnheim.

Auf meinen Reisen durchs ganze Land, bei Gruppenbesuchen und auf unseren Konferenzen hatte ich festgestellt, daß wir Frauen aus allen Bevölkerungsschichten und jeder politischen Richtung hatten. Ich dachte mir, daß eine lockere, aber auf Freundlichkeit basierende Struktur ihnen die Möglichkeit geben würde, alle zusammenzuarbeiten und die schlimmsten inneren Zwistigkeiten und politischen Intrigen zu vermeiden, an denen so manche festgefügte Organisation krankt. Ich hatte den Eindruck, daß Woman's Aid ein klares Ziel vor Augen hatte und gut dafür gerüstet war, es zu erreichen.

Ein paar Tage, nachdem der Mann mit den Millionen gegangen war, erhielt ich jedoch einen Brief von ihm, in dem er unter anderem schrieb, daß er zwar die menschliche Wärme und Unmittelbarkeit unserer Methoden zu schätzen wisse, dennoch aber der Meinung sei, daß wir »einen angemessenen administrativen Rahmen« bräuchten. Wir sollten bald erfahren, wen er mit der Administration dieses angemessenen administrativen Rahmens betrauen wollte. Ich bekam einen Anruf vom stellvertretenden Leiter des Sozialamts einer Nachbargemeinde, der mit dem großen Mann zum Essen verabredet war; er war, so ließ er durchblicken, durchaus bereit, die Sache in die Hand zu nehmen und uns wohlmeinenden Anfängerinnen zu zeigen, wie man so etwas anpackt. Ich hörte mir seinen Vortrag an und fragte ihn dann, ob er in der Zwischenzeit Wert darauf legen würde, zum Unterhalt einiger der Familien beizutragen, die seine eigenen Sozialarbeiter abgewiesen und zu uns geschickt hatten. Die Ironie entging ihm – es täte ihm leid, aber da wir offiziell nicht als förderungswürdig gälten, könne er nichts für uns tun.

Nach einer kurzen, recht turbulenten Hausversammlung rief ich den Krösus an und sagte ihm, daß wir kein Interesse mehr an seinem Geld hätten, wenn er es auf eine Art und Weise verteilte, die alles gefährde, wofür wir bisher gearbeitet hätten. Er könne es behalten. Am andern Ende der Leitung herrschte lange Zeit Schweigen. Auch an unserem Ende herrschte Schweigen, als ich den Telefonhörer auflegte und unsere leere Kasse betrachtete. Manchmal ist es schon schwer, Prinzipien zu haben.

Es kann sein, daß sich strukturelle Veränderungen mit der Zeit von alleine ergeben, aber wir lassen sie uns jedenfalls nicht aufzwingen. Im Augenblick machen wir in dem Sinne weiter, in dem wir angefangen haben, und wir beraten andere Gruppen nur so weit, daß ihnen auf alle Fälle Spielraum für die organische Entwicklung einer eigenen Struktur bleibt. Zweifellos sind einige der Gruppen in letzter Zeit nur entstanden, weil die Mißhandlung von Ehefrauen gerade im Gespräch ist. In einem Jahr werden diese Eintagsfliegen verschwunden sein, und nur die ernsthaften, hart arbeitenden Gruppen werden übrigbleiben.

Genau wie Women's Aid in England wachsen wird, muß sich dieser Gedanke meiner Meinung nach auch in anderen Ländern der Welt durchsetzen. Die Briefe, die wir bekommen, beweisen jedenfalls eindeutig, daß auch in anderen Ländern Ehefrauen von ihren Männern mißhandelt werden und daß auch dort die Frauen sich dagegen zu wehren beginnen. So schreibt uns Sheila Bittner vom Legal Aid Bureau Inc., Baltimore, USA:

Aus einer Untersuchung, die von dieser Institution durchgeführt wurde, geht hervor, daß ein ähnliches Projekt wie Women's Aid für den Stadtbereich von Baltimore notwendig ist. Die Mißhandlung von Ehefrauen ist in den USA genauso verbreitet wie in England. Obwohl diese Frauen offiziell den Schutz des Gesetzes in Anspruch nehmen können, hat sich dieses System in der Praxis als außerordentlich unzulänglich und willkürlich erwiesen. Die Frauen und Kinder, die Opfer häuslicher Gewalttätigkeit werden, stehen weitgehend ohne Schutz und Hilfe da.

Nikki Nelson schreibt von den United Charities of Chicago: »Als Sozialarbeiterin bei einer staatlichen Stelle, an die sich viele Frauen nach einer tätlichen Auseinandersetzung mit ihrem Mann wenden, werde ich täglich mit diesem Problem konfrontiert...« In ihrem langen Brief erkundigt sie sich dann nach unseren Erfahrungen.

Aus anderen Teilen Amerikas haben mich Leute besucht, die ebenso besorgt sind. Eine Feministin erzählte uns, sie und ihre Freundinnen hätten beschlossen, einen weiblichen »Schlägertrupp« aufzustellen, um die brutalen Ehemänner zu fangen, sie nackt auszuziehen, mit Handschellen an Straßenlampen zu fesseln und ihnen eine blaue Schleife um den »Schwanz« zu binden. Der männliche Mitarbeiter unserer Spielgruppe verließ daraufhin fluchtartig den Raum, und ich stellte mir vor, wie es aussähe, wenn an alle Straßenlampen in Hounslow gewalttätige Ehemänner gefesselt wären, aber dann seufzten wir und sagten uns, daß das Leben doch nicht so einfach ist.

Wir hatten eine lange Diskussion mit einer New Yorker Journalistin, die über die Welle von familiären Gewalttätigkeiten frisch aus Vietnam zurückgekehrter Ehemänner berichtet hatte. Sie unterhielt sich lange mit den Frauen im Zentrum und stellte zahlreiche Ähnlichkeiten zwischen ihren Erfahrungen und denen der Amerikanerinnen fest, allerdings mit dem Unterschied, daß die Gewalttätigkeit der Vietnam-Veteranen sich nach einer gewissen Zeit zu legen schien.

Eine andere amerikanische Soziologin sagte, daß Brutalität in der Ehe in Amerika nicht ernst genommen worden sei, weil man wie in England geglaubt habe, so etwas gebe es nur in den untersten Bevölkerungsschichten – und in Amerika sind das die Schwarzen und die Puertorikaner. Genauso hatten die Amerikaner über das Drogenproblem gedacht, bis sich dann plötzlich herausstellte, daß viele Söhne und Töchter mittelständischer Familien süchtig waren. Eine regelrechte Panik war die Folge, und es wurden riesige Summen für Entwöhnungs- und Heilanstalten ausgegeben. Nun stellte es sich allmählich heraus, daß sogar Manager von Großunternehmen ihre Frauen schlagen, und die mit Diamanten behängten amerikanischen Matronen machen sich Sorgen wegen ihrer heiratsfähigen Töchter.

Aus Kanada bekommen wir ein diffuseres Bild. Man hat dort Mittel und Wege gefunden, das Problem zu definieren und zu akzeptieren, aber Jim McKenzie vom Crisis Intervention and Suicide Prevention Center in Vancouver meint:

Unser Wohnungsvermittlungsprogramm betreut viele verschiedene Leute in den verschiedensten Lebensumständen, darunter auch Ehefrauen, die ihre Männer verlassen haben. Oft müssen wir wegen Überbelegung unserer Wohnheime die Frauen mit Kindern an andere Institutionen verweisen.

Man ist sich der Krise bewußt, muß sich aber dem langfristigen Problem der Gewalttätigkeit innerhalb der Familie erst noch stellen.
Briefe und Anrufe aus Melbourne und Sydney scheinen zu bestätigen, daß man dort bereits über die Situation nachdenkt. In Neusüdwales hat eine Frauengruppe ein leerstehendes Haus übernommen und in den ersten zwei Wochen bereits dreißig Familien beherbergt. Mit der Regierung wird über die Einrichtung staatlicher Zufluchtsstätten verhandelt. Wir bekommen auch Nachrichten aus Neuseeland, aber dort haben es die Frauen viel schwerer, sich Gehör zu verschaffen.
Eine holländische Gruppe kam einmal für einen Informationsbesuch am Wochenende aus Amsterdam herübergeflogen. In Holland ist es recht leicht, eine Unterkunft für mißhandelte Ehefrauen zu finden, und die Sozialhilfe in Holland ist großzügig und unbürokratisch, es gibt jedoch auch dort noch Gesetze, nach denen die Ehefrau und die Kinder gewissermaßen Eigentum des Mannes sind, und Tätlichkeiten zwischen Eheleuten gelten wie in England als Privatangelegenheit.
Durch den Gedankenaustausch zwischen den Gruppen in all diesen Ländern wird sich mit der Zeit sicherlich auch die öffentliche Meinung so weit beeinflussen lassen, daß politische Änderungen zu erreichen sein werden. Aber das wird Zeit brauchen. Selbst in Amerika, wo endlose Seminare über Gewalttätigkeit auf dem Spielplatz, im Fernsehen, im Kino, auf den Straßen usw. abgehalten werden, ist man noch nicht so weit gekommen, die Gewalttätigkeit hinter der Wohnungstür zu erörtern. Das ist ein schmerzlicheres Thema, und man begibt sich damit auf ein Gebiet, das bisher tabu war, die Unantastbarkeit und Intimität der Ehe.
Um wieder auf Chiswick zurückzukommen, eines unserer ständigen Probleme ist, wo die Frau hingehen soll, wenn sie uns wieder verläßt. Einige gehen zu ihren Männern zurück, wenn sie Glück haben, unter neuen Bedingungen, einige – die

am stärksten geschädigten – brauchen für immer eine Zuflucht, aber die meisten wollen zu einer Lebensweise unter weniger beengten Verhältnissen zurückkehren, sobald es ihnen mit Hilfe von Women's Aid gelungen ist, sich von ihren Peinigern zu lösen. Sie und ihre Kinder müssen dann ein Familienleben ohne Vater in Kauf nehmen.

In dem Maße, in dem das Scheidungsrecht liberalisiert wird und die Diskriminierung geschiedener Frauen nachläßt, wird es mehr und mehr Familien mit nur einem Elternteil geben. Aber unsere Gesellschaft ist sowohl in wirtschaftlicher wie in emotionaler Hinsicht weitgehend auf die Kleinfamilie mit zwei Eltern programmiert.

Wenn ein *Mann* mit Kindern allein bleibt, ist er in einer recht unangenehmen Zwangslage. Er muß entweder seine überlieferte Rolle aufgeben und zu Hause bleiben, um sich um die Kinder zu kümmern, oder sich eine Haushälterin nehmen. Das letztere ist selten eine befriedigende Lösung, weil es sich dabei meist um Frauen handelt, die noch einen zweiten Haushalt zu versorgen haben, weil sie ebenfalls mit ihren Kindern alleingelassen wurden. Wenn aber die beiden Familien sich aus purer Verzweiflung heraus vereinigen, ergibt das selten eine glückliche Verbindung, weil es sowohl dem Mann wie der Frau schwerfällt, die fremden Kinder genauso zu behandeln wie die eigenen. Ein *Mann*, der mit Kindern alleine ist, kann aber wenigstens auf Mitgefühl bei den Nachbarn rechnen, die noch lange über die Frau tratschen, die den armen Mann verlassen hat, so daß er nun seine Socken selber waschen und sich um die Kinder kümmern muß. Eine *alleinstehende Frau* mit Kindern wird dagegen von den Männern als Freiwild angesehen und von den Frauen als eine, die ihrer Rolle als Hausfrau und Ehegattin nicht gerecht wurde. Die »Wohlfahrt« reißt sich viel eher für einen alleinstehenden Vater als eine alleinstehende Mutter ein Bein aus.

Mit dieser Situation vor Augen sprachen wir bei Women's Aid darüber, welche Zukunft Mütter haben, und es stellte sich heraus, daß viele Frauen es leichter fanden, das Haus mit anderen zu teilen – selbst wenn es so viele auf so kleinem Raum waren wie bei Women's Aid –, als alleine mit ihren Kindern zu leben. Sie waren zu dem Schluß gekommen, daß sie sich auch nach dem Auszug bei uns besser in Gruppen zusammentun und ein Haus miteinander mieten würden.

Als wir einmal ein besonders großes Haus angeboten bekamen, hatte ich die Frauen, die dort einziehen sollten, gefragt, ob sie es vorzögen, das Haus in Wohnungen aufzuteilen und nur den Garten gemeinsam zu benutzen, aber sie hatten alle dafür gestimmt, nur eigene Schlafzimmer für sich und ihre Kinder zu haben und Küche, Wohnzimmer und Spielzimmer gemeinschaftlich zu benutzen. Das ist auch vernünftig, denn wie sie mir erklärten, können sich diejenigen, die zur Arbeit gehen wollen, auf die Mütter mit sehr kleinen Kindern verlassen – sie können den älteren Kindern Essen machen und sie beaufsichtigen –, und außerdem herrscht kein Mangel an Babysittern, wenn eine der Frauen einmal am Abend ausgehen möchte. Für die Kinder ist es viel besser, wenn sie in einer Gemeinschaft aufwachsen statt in der Isolierung einer vaterlosen Ehe, in der zudem die Mutter Abend für Abend zu Hause bleiben muß, weil sie keinen Babysitter hat, und sehr unter ihrer Einsamkeit leidet. Eine alleinstehende Mutter wird kaum jemals von einem Ehepaar zum Essen eingeladen, weil sie ja mit dem Mann flirten könnte. Und der alleinstehende Mann gerät in peinliche Situationen, wenn wohlmeinende Leute ihn wieder verheiraten wollen. Reagiert er nicht, so verlieren sie die Geduld und laden ihn nicht mehr ein.

In der Geborgenheit einer Wohngemeinschaft hat die alleinstehende Mutter mit Kindern Gelegenheit, sich Gedanken über ihre Zukunft zu machen. Sie kann die emotionale Krise der Scheidung in Gesellschaft anderer Menschen überwinden, die sich um sie sorgen und ihr zur Hand gehen, wenn sie einmal nicht klarkommt. Mit dieser Unterstützung kann sie auch das Selbstbewußtsein aufbauen, das sie braucht, um die Entscheidungen, die sie früher mit ihrem Mann gemeinsam gefällt hat, alleine zu treffen. In den meisten Fällen ist es sogar so gewesen, daß sie bei wichtigen Entscheidungen gar nicht mitreden durfte, und manche Frauen müssen sich sogar daran gewöhnen, selbst zu telefonieren.

Wenn die Frau deprimiert oder schlechter Laune ist, können die Kinder hinausgehen und die Familie im oberen Stock besuchen, und eine der anderen Mütter kann sie füttern und pflegen, bis ihre eigene Mutter wieder lächelt.

Manche der Mütter, die in der Gemeinschaft leben, sind zu ihren Kindern achtlos und aggressiv, und auf den ersten Blick sieht es so aus, als wären die Kinder in einem Heim oder bei Pflegeeltern oder in einer Internatsschule besser dran. Aber selbst, wenn es eindeutig ist, daß die Mutter die Kinder nur als Symbole braucht, um ihr Image als Mutter aufrechtzuerhalten, haben die Kinder doch stets eine starke Zuneigung zur Mutter und möchten bei ihr bleiben. Wenn aber noch viele andere Familien im Haus leben, haben sie auf jeden Fall immer jemanden, zu dem sie gehen können.

Die Idee der Wohngemeinschaften gewinnt immer mehr Anhänger, Organisationen wie Barnardo, die sich seit langem mit der Betreuung von Kindern beschäftigen, haben offenbar erkannt, daß es an der Zeit ist, das alte System, das die Mutter aus irgendwelchen Gründen von ihren Kindern trennt, zu überprüfen, und einzugestehen, daß Kinder, die von ihrer Mutter getrennt in Heimen aufwachsen, selbst wenn es sich dabei um kleine Hausfamilien-Gruppen handelt, sich nicht so gut entwickeln, wie Kinder, die mit ihrer eigenen Mutter zusammenbleiben.

Zur Zeit haben wir drei solche Wohngemeinschaften. Es hat den Anschein, daß sie sehr gut funktionieren, und die einzige Regel ist, daß Männer nicht mit in das Haus ziehen dürfen. Der Grund dafür ist nicht, daß wir eine repressive Sexualmoral vertreten, sondern daß es angesichts der vielen hundert verzweifelter Frauen, die ein Dach über dem Kopf brauchen, fairer ist, wenn eine Frau, die einen Freund hat und eine dauerhafte Beziehung mit ihm eingehen möchte, sich nach einer Wohnung umsieht, statt daß der Mann einfach mit in unser ohnehin schon überbelegtes Haus zieht. Wir sind sehr dafür, daß die Freunde der Frauen sie in den Häusern besuchen kommen und mit ihnen und den Kindern ausgehen. Es ist für die Kinder ungeheuer wichtig, denn es besteht immer die Gefahr, daß sich ein weibliches Getto entwickelt. Die Jungen werden aber oft nur schwer damit fertig, daß ihre Mutter sich ein neues Leben ohne ihren Vater aufbauen will und daß sie neue Beziehungen zu einem anderen Mann anknüpft. Das Kind empfindet das als Verrat, und es fürchtet auch, daß alle Männer sich als von derselben Art entpuppen werden wie der Vater. Das Kind sollte eine Chance bekommen, sich vom Gegenteil zu überzeugen.

Wenn ihnen niemand hilft, wiederholen jedoch Kinder, die in einer Atmosphäre der Gewalttätigkeit aufgewachsen sind, früher oder später dasselbe Verhaltensmuster oder zeigen andere Anzeichen für psychische Störungen. Wenn wir nicht hier und jetzt geeignete Vorkehrungen treffen, wächst eine neue Generation gewalttätiger Männer heran. Es ist sicher klüger, so bald wie möglich zu handeln, um die Kinder vor den schädigenden Einflüssen eines gestörten Familienlebens zu schützen, als zu warten, bis sie mit dem Gesetz in Konflikt geraten und auf dem Wege zur Besserungsanstalt sind. Seit Generationen müssen Millionen für diejenigen aufgewandt werden, die durch Gewalttätigkeit in der Familie einen dauernden Schaden erlitten haben – die hirngeschädigten Kinder, die jetzt geistig behindert sind, andere, die verhaltensgestört oder kriminell sind, unter Depressionen und Verletzungen leidende Frauen, Männer, die pathologische Gewalttäter oder Kriminelle sind, Kinder, die Pflegeplätze brauchen, Eltern, die im Krankenhaus oder im Gefängnis sind. Und dabei braucht man nur die heutige Generation davor zu bewahren, daß sie wieder in die Gewalttätigkeit eingeübt wird.

Wenn wir mehr Geld bekämen, würden wir sehr gerne mehr Männer als Spielgruppenleiter in jeder Wohngemeinschaft beschäftigen, weil die derzeitige Regelung mit freiwilligen Helfern nicht hunderprozentig befriedigend ist. Die Kinder haben so viele Enttäuschungen und emotionale Rückschläge erlitten, daß jeder, der in einer Spielgruppe mitarbeiten will, sich der mühsamen Aufgabe unterziehen muß, das Vertrauen wieder aufzubauen, das ihnen zerstört wurde, als sie noch ganz kleine Kinder waren. Aber die erwachsenen Männer, die wir für diese Art Arbeit brauchen, müssen ihre Familien ernähren, kosten also sehr viel Geld. Wir sind jedoch der Meinung, daß dieses Geld irgendwoher beschafft werden muß, obwohl wir auch wissen, daß wir es nicht aus lokalen Fonds bekommen können, weil die Mütter aus ganz England stammen.

Aber Spielgruppen reichen nicht aus. Wenn die Kinder über fünf sind, müssen sie örtliche Schulen besuchen. Ungefähr hundertfünfzig unserer Kinder sind in unserem Gebiet zur Schule gegangen. Ich glaube nicht, daß das ein Erfolg war, obwohl alle Schulleiter und Lehrer ihr Bestes getan haben.

Das Hauptargument dafür, daß man diese Kinder an die örtlichen Schulen schickt, lautet, daß jede andere Form der Schulausbildung sie von anderen Kindern isolieren und ihnen später die Sozialisierung erschweren würde. Ich finde, dieses Argument geht an der Tatsache vorbei, daß ein Kind, das aus einer alptraumhaften häuslichen Atmosphäre kommt, in einer normalen Schule ohnehin isoliert ist. Die üblichen Lesebuchgeschichten von glücklichen Familien stehen in keinem Zusammenhang dazu, was es bei sich zu Hause erlebt. Die ganze Ideologie vom häuslichen Glück existiert für es überhaupt nicht. Viele der Kinder sitzen mit bleichen Gesichtern an ihren Tischen, weil sie in der Nacht zuvor mitansehen mußten, wie ihre Mami brutal zusammengeschlagen wurde. Und jetzt erwartet man von ihnen, daß sie ihre Rechenaufgaben lösen und Geschichten über Großpapa, Großmama, Mami und Papi lesen, die alle zusammen glücklich in der Eintrachtstraße 7 wohnen. Es ist schwer, sich zu konzentrieren, wenn man weiß, daß man nach der Schule auf ein Schlachtfeld zurückkehrt und keiner versteht, was es bedeutet, in ein solches Zuhause zurückzukehren. Kinder aus solchen Familien rutschen unweigerlich an den Schluß der Klasse.

Unsere Kinder haben sehr unterschiedliche Intelligenzquotienten, aber selbst die intelligentesten sind zurückgeblieben. Die Kinder mit Lernschwierigkeiten bekommen jeden Sonnabend Sonderunterricht, aber es ist eigentlich unübersehbar, daß die meisten dieser Kinder mindestens ein Jahr lang auf eine Sonderschule gehen müßten, um mit der Gruppe ihrer Gleichaltrigen Schritt zu halten. Auf alle Fälle sollte man diese Kinder nicht einfach in normale Schulen stecken. Sie wurden aus ihrer häuslichen Atmosphäre gerissen, von ihren Freunden getrennt und in ein großes Haus gebracht, wo sie auf dem Fußboden schlafen müssen. Ihre Mütter sind im allgemeinen nicht nur wegen der äußeren Lebensumstände besorgt, sondern auch wegen der trüben Zukunftsaussichten.

Sie brauchen Trost und Hilfe – eine Chance, sich an ihre neue Umgebung zu gewöhnen, und die Chance, daß ihre Lehrer sich verstärkt um sie kümmern.

Eines der Ziele unserer gemeinnützigen Einrichtungen ist die Kindererziehung. Das ist das nächste große Projekt. Ich bin zuversichtlich, daß wir bald über die Geldmittel verfügen werden, um unsere eigene Schule zu eröffnen. Diese Schule wird die Kinder aufnehmen, so wie sie zu Women's Aid kommen, und sie behalten, bis die Lehrkräfte der Meinung sind, daß sie genug aufgeholt haben, um an normalen Schulen in unserem Gebiet mitzukommen. Bei manchen Kindern wird das eine Angelegenheit von wenigen Wochen sein, viele werden aber eher bis zu einem Jahr brauchen. Und bei den Jungen, mit denen die Lehrer an normalen Schulen überhaupt nicht fertig werden, werden es vielleicht mehrere Jahre sein.

Das erste und wichtigste Resultat wird sein, daß die Kinder nicht in Internatsschulen gesteckt werden, was im Augenblick noch unsere einzige Möglichkeit bei wirklich aggressiven und schwierigen Kindern ist. Es bricht einem das Herz, wenn man mitansehen muß, wie ein kleiner Junge sich den Lehrkräften einer örtlichen Schule widersetzt, und man ihm nicht begreiflich machen kann, daß niemand die Zeit hat, sein Vertrauen zu gewinnen und seinen Glauben an die Erwachsenen wiederherzustellen. Wir können ihn nur in eine staatliche Internatsschule geben. Er kann seine Wutausbrüche nicht unterdrücken, und Verwarnungen nützen nichts. Die Wartezeit für die Erziehungshilfe beträgt in unserer Gegend sechs Monate, und das beste, was man da erwarten kann, ist eine Sitzung pro Woche. Unsere Kinder müßten täglich unterstützt werden, und so bleibt uns nichts anderes übrig, als die Schuluniform zu kaufen und seinen Koffer zu packen. Das letzte, was wir sehen, ist ein kleines weißes Gesichtchen im Fond eines Wagens.

In zweiter Linie wird die Schule dazu dienen, die bestehenden Verbindungen von Women's Aid zu kommunalen Einrichtungen zu verstärken. Wir werden unsere Kinder ermuntern, die Jugendclubs und Abenteuer-Spielplätze zu besuchen, wo sie mit anderen Kindern zusammentreffen können.

Die Schule würde sich kaum von jeder anderen unterscheiden, abgesehen davon, daß die Klassen klein wären, die Lehrkräfte überwiegend Sonderschullehrer wären und außerdem ein Team von Kindertherapeuten da wäre, um die Fortschritte der Kinder zu beobachten, um Lehrern wie Kindern zu helfen, wenn es zu Mißverständnissen kommt.

Man muß diesen Kindern viel Verständnis entgegenbringen, denn sie erwarten, daß Erwachsene ihnen gegenüber gewalttätig werden, und wenn sie in dieser Erwartung enttäuscht werden, scheuen sie keine Mühe, um eine gewalttätige Reaktion zu provozieren. In drei Jahren habe ich nie meine Stimme oder meine Hand gegen eines der Kinder erhoben, die bei uns waren, obwohl die Versuchung oft übermächtig war. Das wäre für das betreffende Kind sehr schädlich gewesen, denn obwohl ein leichter Klaps einem Kind nichts ausmacht, wenn es an solche liebevollen Zurechtweisungen gewöhnt ist, hat bei unseren Kindern jede aggressive Geste eine ungeheure Bedeutung. Ich hoffe, der Tag wird kommen, an dem ich es mir leisten kann, eines der Kinder anzuschreien und die Kinder normal genug sind und wissen, daß ich durch mein Schreien nur

meinen eigenen Unmut zum Ausdruck bringe und daß ein Klaps nicht den Auftakt zu einer Tracht Prügel bilden muß.
Indem wir heute Zuflucht bieten, tragen wir vielleicht dazu bei, daß künftig solche Zufluchtsstätten entbehrlich sein werden. Aber die gewalttätigen Männer unserer Zeit, deren Frauen und Kinder zu uns kommen, sind in ihrem gewalttätigen Verhaltensmuster gefangen: auch sie müssen einen Ausweg gezeigt bekommen, sonst heiraten sie wieder, und die ganze Geschichte fängt von vorne an.
Unser jüngster Fall ist eine 78 Jahre alte Großmutter, die mit ihrem siebenjährigen Enkel bei uns einzog, weil beide vom Vater des Jungen geschlagen wurden. Die alte Frau sitzt ruhig in dem Gewühl von Frauen und Kindern, das gerunzelte Gesicht durch ein blaues Auge entstellt, und aus der Fassung bringen sie nur die kleinen Rülpser, die auf ihre nervösen Verdauungsstörungen zurückzuführen sind. Wie sich herausstellte, hat sie das Sorgerecht für den kleinen Jungen, und sie hat sich nur aus einem Schuldgefühl heraus der Gewalttätigkeit seines Vaters, ihres Sohnes, ausgesetzt: ihr Mann hatte sie und ihren Sohn furchtbar geschlagen, und seither hat sie versucht, den Sohn für seine schreckliche Kindheit zu entschädigen. Aber das Muster der Gewalttätigkeit hat sich eingeprägt – der Sohn ist schon viermal wegen Grausamkeit geschieden worden, hat seine Mutter geschlagen und ist im Augenblick auf der Suche nach einer neuen Frau. Der Teufelskreis der Gewalt setzt sich fort.
Im Augenblick kann Women's Aid für die meisten Väter noch nichts tun – gelegentlich können wir erreichen, daß ein Vater zum Psychiater statt ins Gefängnis geschickt wird, und manchmal können wir einem helfen, eine Wohnung und eine Stelle zu finden. Aber in den meisten Fällen müssen wir uns darauf beschränken, dafür zu sorgen, daß die Mütter Frieden finden und daß die Kinder später zu einer beständigen, liebevollen Beziehung zum anderen Geschlecht fähig sind, wie immer die Zeremonie aussehen mag, die sie dann an den anderen Menschen bindet – ob es eine kirchliche oder eine standesamtliche Trauung ist oder nur ein Versprechen. Ich bin zutiefst überzeugt, daß ein Kind, das mit einer guten Mutter und einem guten Vater aufgewachsen ist, die besten Chancen in dieser Welt hat.

Nachwort zur Taschenbuchausgabe

Als dieses Buch 1974 in England erschien, gab es das Frauenhaus in Chiswick seit drei Jahren; Frauenhausinitiativen entstanden in rascher Folge quer über Großbritannien; einige wenige ausländische Gruppen begannen, sich für die Arbeit in England zu interessieren.
Inzwischen gibt es im Vereinigten Königreich über achtzig Frauenhäuser. Frauenhäuser bestehen außerdem in Holland, den USA, Kanada, Skandinavien, Australien, Neuseeland, Frankreich, Israel, Indien, Österreich, Japan und, seit 1976, auch in der Bundesrepublik und West-Berlin. Erste Initiativen entstehen in der Schweiz und in Italien. Diese Entwicklung spricht für sich. Die Berichte aus allen Ländern zeigen das gleiche Bild: Kaum ist ein Frauenhaus eröffnet, ist es voll und es bleibt voll. Allein diese Tatsache mag verdeutlichen, welches erschreckende Ausmaß die Mißhandlung von Frauen hat, ein Problem, das noch vor wenigen Jahren in der ganzen Welt totgeschwiegen wurde. Die Hilfe, die jetzt geboten wird, ist nur ein Tropfen auf den heißen Stein. Noch gibt es kein Land, in dem ausreichend Plätze in Frauenhäusern zu Verfügung stehen. Die bestehenden Frauenhäuser gleichen Flüchtlingslagern und in gewissem Sinne sind sie das ja auch.
Dort, wo die Bewegung begonnen hat, in England, ist sie am weitesten gediehen. Anfang 1975 schlossen sich 35 Frauenhausgruppen aus allen Teilen Englands zur National Women's Aid Federation (NWAF – Nationale Vereinigung der Frauenhäuser) zusammen. Einige wenige Gruppen, darunter auch Chiswick Women's Aid, traten der Vereinigung nicht bei. Ausschlaggebend waren ideologische Differenzen über die Prinzipien der Frauenbewegung.
Chiswick ist aber das bekannteste Frauenhaus geblieben. Es ist das einzige Frauenhaus, dessen Adresse und Telefonnummer öffentlich bekannt sind, das einzige Frauenhaus, das unbegrenzt Frauen und Kinder aufnimmt. Bisweilen wohnen in

dem Haus, das für 36 Personen zugelassen ist, 130, 140 oder noch mehr Menschen. Diese »Politik der offenen Tür« ist es, die Erin Pizzey ständigen Ärger mit dem Bezirksamt (council) einträgt. Sie ist mehrfach wegen der Überfüllung verklagt, bisher allerdings nie verurteilt worden. Die öffentliche Meinung ist zu sehr auf ihrer Seite. Die Querelen des Bezirksamts mit Erin Pizzey haben nämlich dafür gesorgt, daß das Thema Gewalt gegen Frauen seit Jahren nicht aus der Presse verschwunden ist. Jede neue Aktion des Bezirksamts bringt neue Schlagzeilen, das Problembewußtsein der Öffentlichkeit ist groß.

Der Druck dieser Öffentlichkeit verbunden mit den weniger lautstarken, aber sehr beständigen Forderungen der NWAF nach Gesetzesänderungen und finanzieller Unterstützung führten dazu, daß 1975 ein parlamentarischer Ausschuß einberufen wurde, um das Problem der Frauenmißhandlung zu untersuchen. Die wichtigsten Empfehlungen des Ausschusses waren:

1. Mehr Frauenhäuser. Sie sollen ausdrücklich nicht vom Staat oder von Wohlfahrtsverbänden sondern weiterhin von autonomen Frauengruppen getragen werden, deren Arbeit vom Ausschuß mit großer Anerkennung gewürdigt würde. Die bestehenden Frauenhäuser und die NWAF (der inzwischen über 60 Gruppen angehören) werden seit 1975 mit Mitteln aus öffentlicher Hand unterstützt.

2. Die Einrichtung rund um die Uhr geöffneter Familienberatungszentren (die inzwischen in allen größeren Städten ihre Arbeit aufgenommen haben).

3. Aufklärungskampagnen in den Schulen.

4. Gesetzesänderungen (die 1976 vom Parlament verabschiedet wurden und im Juni 1977 in Kraft traten). Die wichtigste Änderung: Eine Frau kann eine einstweilige Anordnung auf Unterlassung der Mißhandlung oder Anordnung, daß der Mann die Wohnung zu verlassen hat, beantragen, ohne vorher die Scheidung eingereicht zu haben. Eine Kopie der jeweiligen gerichtlichen Anordnung wird der Polizei zugestellt, die bei Zuwiderhandlung den Mann (auch ohne Haftbefehl) festnehmen muß. Sollte ein Mann die mißhandelte Frau aus der Wohnung geworfen haben, muß er sie wieder aufnehmen. Sie kann dann beantragen, daß er die Wohnung zu verlassen hat.

Dieses Gesetz, ursprünglich nur für Ehepaare gültig, wird seit Ende 1977 auch bei unverheiratet zusammenlebenden Paaren angewandt. In einem aufsehenerregenden Fall im November 1977 wurde ein Mann dazu verurteilt, die von ihm gemietete Wohnung zu verlassen, in der er mit seiner Freundin zusammenlebte. Die persönlichen Rechte der Frau seien wichtiger als die vertraglichen Rechte des Mannes, argumentierte das Gericht.* Ein weiter Weg seit den Anfängen, die Erin Pizzey in diesem Buch beschreibt.

Auch in Chiswick ist die Zeit nicht stehengeblieben. Außer dem »Mutterhaus« gibt es jetzt rund 25 »Zweite-Stufe-Häuser«, in denen Frauen in Wohngemeinschaften zusammenleben, nachdem sie das Frauenhaus verlassen haben. Einige dieser Häuser wurden Chiswick Women's Aid vermacht, der größere Teil von Frauen aus Chiswick besetzt, darunter auch ein leerstehendes Hotel im Londoner Vorort Richmond, das im November 1975 von 18 Müttern und ihren Kindern übernommen wurde. (Die Rechtsprechung bei Hausbesetzungen ist in England wesentlich liberaler als bei uns, vor allem dann, wenn ein Haus für »soziale Zwecke« besetzt worden ist.)

Der im letzten Kapitel dieses Buchs beschriebene Plan, für die Kinder im Frauenhaus eine eigene Schule zu gründen, ist inzwischen verwirklicht worden. (Auch Privatunterricht ist in England möglich.) 1976 wurde ein Haus um die Ecke gekauft, in dem nicht nur der Unterricht für die Schulkinder stattfindet, sondern auch ein Ausbildungsprojekt für Jugendliche, die dort verschiedene Handwerke erlernen.

Im selben Jahr wurden die ersten Männergruppen gebildet, in denen hilfesuchende Ehemänner der Frauen zusammenkamen, um in einer Art Gruppentherapie die Ursachen für ihr Verhalten herauszufinden und über Möglichkeiten der Verhaltensänderung zu sprechen. Das angestrebte Ziel von Erin Pizzey war es damals, ein Männerhaus zu gründen. Dieser Plan ist durch die Streichung der öffentlichen Mittel (wegen der Überfüllung des Frauenhauses) im Jahr 1977 fürs erste vereitelt worden. Die Streichung hat der gesamten Arbeit einen schweren Schlag versetzt, aber mit der ihr eigenen Dynamik, mit der Hilfe unzähliger freiwilliger Helferinnen und Helfer, der Unterstützung einer wohlwollenden Öffentlichkeit und der Finanzierung durch Spenden aus dem ganzen Land macht Erin Pizzey weiter. Sie ist nicht kleinzukriegen.

Aus der Entwicklung in England läßt sich für die Bundes-

* ›The Guardian‹ vom 29. 11. 1977

republik sehr viel lernen, aber zunächst einmal: Wie sieht die Situation bei uns überhaupt aus?
In der Bundesrepublik und West-Berlin gibt es nach eher vorsichtigen Schätzungen eine Million Frauen, die von ihren Männern oder Freunden mißhandelt werden. Auch bei uns kommen die Frauen (und die Männer) aus allen Schichten. Besonders häufig sind nach meinen Beobachtungen Frauen von Beamten betroffen. (In Wiesbaden, einer ausgesprochenen »Beamtenstadt«, wurden in einer einzigen Nacht, Silvester 1976/77, 150 Hilferufe von Frauen bei der Polizei registriert.) Statistiken über das Ausmaß der Mißhandlung gibt es bezeichnenderweise nicht, aber einzelne Angaben, die an die Öffentlichkeit gedrungen sind, lassen befürchten, daß möglicherweise noch mehr als eine Million Frauen betroffen sind: Von den Frauen, die vom Müttergenesungswerk verschickt werden, sind 40% mißhandelt worden.* Im Familienbericht der Bundesregierung von 1975 ist von vier Millionen Familien die Rede, in denen es mindestens einmal im Monat zu Prügeleien kommt. Berliner Familienfürsorgestellen berichteten im selben Jahr, daß jede zehnte ihrer Klientinnen »sich regelmäßig wiederholender – über mehrere Jahre – und oft lebensbedrohender Mißhandlung« ausgesetzt sei.** Dabei wenden sich viele Frauen gar nicht erst an öffentliche Ämter, weil sie wissen, daß ihnen dort kaum geholfen wird.
Das Verhalten der Ämter und »Hilfs«organisationen, das Erin Pizzey in diesem Buch beschreibt, läßt sich leider mühelos auf deutsche Verhältnisse übertragen. Zwar hat bei uns die Polizei die Möglichkeit, einen betrunkenen Mann, der seine Frau schlägt, zur Ausnüchterung mitzunehmen, aber von dieser Möglichkeit wird häufig kein Gebrauch gemacht und wenn, dann dauert die »Ausnüchterung« nur ein bis drei Stunden. Nach dieser Zeit wird der Mann nämlich fast immer nach Hause entlassen – und die Frau in vielen Fällen erneut zusammengeschlagen.
Das Allheilmittel »Beratung« der Familienfürsorge heilt keine Knochenbrüche und verhindert sie auch nicht. Als konkrete »Hilfe« wird der Frau nur die Unterbringung in einer Pension (bis zu zwei Wochen) oder, wenn sie mehrere Kinder hat, im Obdachlosenasyl angeboten. Daß den Frauen weder mit kurz-

* Dr. Neises, Vorsitzender des MGW in ›Metall‹ vom Dezember 1976
** Antwort auf die Kleine Anfrage Nr. 846 im Berliner Abgeordnetenhaus vom 2. 3. 1976

fristiger Isolierung noch mit der Abstempelung zum Sozialfall geholfen ist, zeigt das Verhalten der Fürsorgestellen selbst am deutlichsten: Dort, wo es von autonomen Frauengruppen eingerichtete Frauenhäuser schon gibt, werden sie in selbstverständlicher Regelmäßigkeit von den Sozialstellen in Anspruch genommen.

Die rechtliche Situation der mißhandelten Frauen war schon vor der Scheidungsreform vom 1. 7. 1977 schlimm genug und hat sich seither eher verschlechtert. Zwar kann eine Frau nunmehr ihren Mann verlassen ohne Angst haben zu müssen, daß er sie wegen »böswilligen Verlassens« oder »Kindesentführung« verklagt; sie kann auch sofort die Scheidung einreichen, sie muß aber in der Regel mindestens ein Jahr von ihrem Mann getrennt gelebt haben, ehe es zu einem Scheidungstermin kommt. Vorausgesetzt, sie findet überhaupt einen Ort, wo sie mit ihren Kindern unterkommen kann, dann lebt sie in dieser Zeit in einer absolut rechtlosen Situation. Wenn ihr Mann herausfindet, wo sie ist, kann er sie jederzeit wieder angreifen. Da die Ehe noch formal besteht, hat er das Recht, sie zu vergewaltigen. Sie ist ihm ausgeliefert. Es gibt zwar eine Klausel, die vorsieht, daß eine Scheidung vor Ablauf eines Jahres ausgesprochen werden kann, wenn die Fortsetzung der Ehe eine unzumutbare Härte bedeutet, aber um die unzumutbare Härte zu beweisen, muß sie Zeugen der Mißhandlungen beibringen, die sie meistens nicht hat. Hinzu kommt, daß noch immer vorwiegend Männer über solche Anträge entscheiden, die sich den unerträglichen Druck, ständig in Angst und Rechtsunsicherheit leben zu müssen, schlicht nicht vorstellen können oder gar nicht erst zur Kenntnis nehmen. In einem Münchener Fall in diesem Jahr entschied ein Richter, daß es keine unzumutbare Härte für die Frau bedeute, ein Jahr mit der Scheidung zu warten, denn sie sei nun schließlich von ihrem Mann getrennt und den (bewiesenen) Mißhandlungen nicht mehr ausgesetzt.

Ganz ähnlich sieht die Rechtsprechung aus, wenn die Frau zusammen mit der Scheidungsklage einen Antrag einreicht auf einstweilige Anordnung, daß der Mann die Wohnung zu verlassen hat. Diese Möglichkeit gibt es zwar auf dem Papier, aber die Frau wird aus den obengenannten Gründen in den seltensten Fällen damit Erfolg haben.

Ganz abgesehen von der Bedingung des einjährigen Getrenntlebens, dauert die Scheidung schon deshalb länger als vor der

Reform, weil der Versorgungsausgleich und das Sorgerecht geregelt werden müssen, ehe die Scheidung ausgesprochen wird. Auch hier gibt es die Möglichkeit der Abtrennung vom Scheidungsverfahren wegen unzumutbarer Härte. Sie wird aber bei mißhandelten Frauen nicht angewendet.
Noch eine Verzögerung entsteht daraus, daß nach Auskunft von mir befragter Rechtsanwältinnen es den Anschein hat, daß streitige Scheidungen von den Familiengerichten ungern bearbeitet werden. Sie ziehen die einverständlichen Scheidungen vor und lassen die komplizierten Fälle erst einmal liegen.
Es liegt auf der Hand, daß prügelnde Ehemänner sich nicht einverständlich scheiden lassen. Streitige Scheidungen laufen nach altem Muster ab. Wenn es also endlich zur Verhandlung kommt, ist alles wie vor der Reform schon gehabt: Die Frau muß die Mißhandlungen beweisen, ärztliche Atteste reichen als Beweise nicht aus. Sie braucht Zeugen, die sie in der Regel nicht hat. Dies ist die Crux bei allen Rechtsverfahren dieser Art, die es Frauen so schwer macht, zu ihrem Recht zu kommen. Mißhandlungen finden meistens in den eigenen vier Wänden statt. Kinder werden in der Regel bis zu einem Alter von 16 Jahren als Zeugen nicht vernommen (was für sie auch eine zusätzliche Belastung wäre), Familie oder Nachbarn haben, selbst wenn sie einmal Zeugen einer Prügelei geworden sind, fast immer Angst vor Racheakten des Mannes, wenn sie aussagen. Gelingt der Nachweis der Mißhandlung nicht, dann kann es vorkommen, daß zwei, drei oder noch mehr Scheidungstermine stattfinden, ehe die Scheidung ausgesprochen wird.
Ganz ähnlich verhält es sich bei einer Anzeige wegen Körperverletzung. Körperverletzung ist ein Antragsdelikt, d. h. nur die Frau selbst kann Anzeige erstatten. In vielen Fällen wird das Verfahren aus »Mangel an öffentlichem Interesse« eingestellt. Kommt es zur Verhandlung, muß die Frau auch hier die Mißhandlung durch Zeugen beweisen können. Wenn sie dies nicht kann, ist die Anzeige zwecklos. Aber auch in den seltenen Fällen, in denen es schließlich zur Verurteilung kommt, wird meistens nur eine geringe Geldstrafe verhängt. Nach geltender Rechtsprechung ist Frauenmißhandlung weniger schwerwiegend als Diebstahl.
Alles in allem ist die Rechtssituation, noch mehr die Rechtsprechung, ziemlich katastrophal. Trotzdem sollten sich Frauen

nicht von vornherein entmutigen lassen. Sie müssen lernen, ihre Ansprüche mit Entschiedenheit zu verfolgen und durchzusetzen.

Welche konkreten Schritte sollte eine Frau nun unternehmen, wenn sie sich entschieden hat, ihren Mann zu verlassen?

1. Unbedingt Kontakt zu einem Frauenhaus oder einer Frauenhausinitiative aufnehmen, wenn es in der Nähe eine gibt.* Durch die Aufnahme im Frauenhaus ist die Frau vor ihrem Mann geschützt. Sie kann alle weiteren Schritte zusammen mit anderen Frauen unternehmen. Auch wenn sie nicht vorhat, in das Frauenhaus zu ziehen, kann sie sich dort oder bei einer Frauenhausinitiative erst einmal aussprechen und kostenlos in rechtlichen und medizinischen Fragen beraten lassen. Wenn es in der Nähe kein Frauenhaus gibt: Viele Initiativen haben auch die Möglichkeit, Frauen in Notfällen privat unterzubringen.

2. Falls die Frau keinen eigenen Verdienst hat, keinen Unterhalt gezahlt bekommt oder verhindern will, daß der Ehemann über die Unterhaltszahlungen herausbekommt, wo sie sich nun aufhält: Antrag auf Sozialhilfe beim Sozialamt stellen. Das Sozialamt holt sich das Geld vom Ehemann zurück, wenn er zahlungsfähig ist. Die Frau muß allerdings sehr genau darauf achten, daß ihre Adresse vom Sozialamt nicht angegeben wird. Unbedingt auf die Zahlung eines Überbrückungsgeldes bis zur ersten regelmäßigen Zahlung bestehen.

3. Einstweilige Anordnung auf Übertragung der elterlichen Gewalt und gegebenenfalls Unterhaltszahlung für sich und die Kinder beim Familiengericht beantragen. Die Anordnung auf Übertragung der elterlichen Gewalt muß schnell gehen, damit der Mann nicht zuvorkommt.

4. Zusammen mit den Kindern das Jugendamt aufsuchen. Dies ist wichtig sowohl für die vorläufige als auch für die spätere dauerhafte Übertragung der elterlichen Gewalt. Die Sozialarbeiter sprechen mit den Kindern und machen sich ein Bild über die Situation. Die spätere Entscheidung des Familiengerichts richtet sich meistens nach den Empfehlungen des Jugendamts.

5. Bei einer Anwältin Scheidungsklage einreichen zusammen mit einem Antrag auf Übertragung des Sorgerechts und auf Unterhalt für Mutter und Kinder für die Dauer des Rechts-

---

* Adressenliste siehe S. 179–182

streits. Gegebenenfalls auch einen Antrag auf Armenrecht stellen.

6. Antrag auf Übertragung des Kindergeldes auf die Mutter beim Arbeitsamt einreichen.

Diese Behördengänge müssen schnell erledigt werden. Auf keinen Fall sollte sich eine Frau abweisen oder hinhalten lassen. Sie hat Anspruch auf Sozialhilfe, wenn sie von ihrem Mann getrennt lebt und keinen eigenen Verdienst hat. Beim Familiengericht und beim Jugendamt muß sie früher als ihr Mann erscheinen. Das Armenrechtsgesuch muß möglichst schnell eingereicht werden.

Alle diese Gänge lassen sich viel leichter mit der Hilfe anderer Frauen erledigen, deshalb noch einmal: unbedingt Kontakt zu einer Frauenhausgruppe aufnehmen.

Zur Zeit gibt es bei uns sechs Frauenhäuser und ungefähr vierzig Initiativen. Das erste und größte Frauenhaus in Berlin ist zugleich das einzige, das ausreichend mit öffentlichen Mitteln finanziert wird. Es entstand aus einer Initiative von Frauen aus der Frauenbewegung, die sich Ende 1974 gebildet hatte. Der Weg bis zur Eröffnung des Hauses im November 1976 war lang und dornig. Die Durchsetzung der Finanzierung gelang nur unter massivem öffentlichem Druck, und auch dann nur, nachdem sich die Gruppe bereit erklärt hatte, Vorbedingungen zu erfüllen: So mußte ein Trägerverein gegründet werden, dem sechs Frauen aus dem öffentlichen Leben (Kirche, Partei, Verband), drei Frauen aus der Initiative, drei Mitarbeiterinnen und drei Bewohnerinnen des Frauenhauses angehören. Außerdem mußten Abstriche an dem ursprünglichen Konzept der vollkommenen Autonomie gemacht werden.

Die Frage der Finanzierung ist ganz wesentlich für die inhaltliche Arbeit eines Frauenhauses. Ziel dieser Arbeit ist es, daß Frauen durch eigenständiges Handeln Selbstbewußtsein erlangen, die anerzogene Abhängigkeit verlieren, die Fähigkeit entwickeln, gemeinsam mit anderen Frauen Probleme zu lösen, Konflikte durchzustehen, Ansprüche durchzusetzen, ihr Leben selbst in die Hand zu nehmen. Kurz, das Ziel ist Emanzipation.

Dies steht natürlich im Widerspruch zur herkömmlichen Rolle der Frau, in krassem Gegensatz auch zur herkömmlichen Sozialarbeit. Es gibt keine Hierarchie, keine Arbeitsteilung, keine Almosen, keine »Klientinnen«, keine Bevormundung, keine Kontrolle. Und genau das paßt der Sozialverwaltungsobrigkeit nicht.

Es ficht sie nicht an, daß sie selbst versagt hat, daß sie sich als unfähig erwiesen hat, ein in der Verfassung verankertes Grundrecht zu schützen: das Recht auf körperliche Unversehrtheit. Es ficht sie nicht an, daß ihre so bürgernahen Einrichtungen nahezu tatenlos zugesehen haben, wie Frauen halbtot geprügelt wurden. Nein, nun, da Frauen ihre Sache selbst in die Hand nehmen, meint die Obrigkeit, wieder den Aufpasser spielen zu müssen, denn das könnte ja sonst alles entschieden zu weit gehen. Die Frauen könnten sich tatsächlich befreien.

Die Frauenhausgruppen stehen nun vor einem Dilemma: Sollen sie auf die Bedingungen der Sozialverwaltung eingehen, sich beispielsweise einem der (hierarchisch organisierten) freien Wohlfahrtsverbände anschließen, sich in Abhängigkeit begeben und Kontrollen unterwerfen, um die Finanzierung zu sichern? Oder sollen sie die Unsicherheit (auch für die Frauen im Haus) der Finanzierung durch Spenden auf sich nehmen, Gratisarbeit leisten (wie Frauen es so oft tun), aber ihre Grundvorstellungen retten?

Die Kompromißbereitschaft der Berliner Gruppe hat sich jedenfalls negativ auf die Arbeit ausgewirkt: Es sind neue Hierarchien entstanden. Die Frauen im Haus bestimmen nicht über sich selbst.

Die meisten Gruppen verfahren zweigleisig: Sie verhandeln mit der Verwaltung, lassen sich aber auf keine einschneidenden Kompromisse ein, sammeln gleichzeitig Spenden und richten sich darauf ein, notfalls ohne öffentliche Gelder die Arbeit aufzunehmen. Von den bestehenden Frauenhäusern bekommt außer dem Berliner, das mit 450 000 Mark im Jahr voll finanziert wird, bisher nur das Kölner einen Zuschuß von sage und schreibe 50 000 Mark jährlich. Die übrigen Frauenhäuser finanzieren sich durch Vereinsbeiträge des jeweiligen Frauenhausvereins und Spenden einerseits, Sozial- und Mietbeihilfe der Bewohnerinnen andererseits.

Gut wäre es, wenn unsere Obrigkeit sich ein Beispiel an England nehmen würde, wo dem Staat kein Stein aus der Krone gefallen ist, weil er autonome Frauenhäuser unterstützt. Sie tut aber leider genau das Gegenteil: Sie gründet in einigen Städten ihre eigenen Frauenheime. Was die betreiben, ist am Beispiel Frankfurt traurig-deutlich zu erkennen. Dort

existierte eine Hausordnung bereits, ehe das Heim eröffnet wurde. Zitat: »Die eigenen Räume müssen von den Bewohnerinnen selbst in Ordnung gehalten werden. Die Räume werden von den Mitarbeiterinnen kontrolliert.« Fortsetzung der Unterdrückung mit anderen Mitteln also. Herkömmliche Sozialarbeit. Was hier angestrebt wird, ist die Quadratur des Kreises: ein Problem wegverwalten wollen, aber die Bedingungen fortsetzen, aus denen das Problem entsteht.
Die Politik der Verwaltung ist also klar: durch Finanzierung und Kontrolle die Frauenhausgruppen gefügig machen und integrieren; oder warten, bis ihnen die Puste ausgeht, um ihnen mit Gegenprojekten das Wasser abzugraben.
Dieser Politik können sich die Gruppen nicht mehr einzeln widersetzen, sie müssen sich zusammenschließen. Wie in England sollte ein eigenständiger Träger für alle autonomen Frauenhausgruppen gebildet werden, dessen Struktur die Ziele der Arbeit reflektiert.* Die Gründung müßte begleitet sein von einer Öffentlichkeitskampagne in allen Städten mit Unterschriften- und Spendensammlungen, Benefizkonzerten, Demonstrationen usw. Die Diskussion über Gewalt gegen Frauen muß neu entfacht, die Finanzierungsdiskussion öffentlich geführt werden.
Öffentliche Unterstützung wird auch gebraucht, um rechtliche Änderungen durchzusetzen. Der Berliner Justizsenator, Jürgen Baumann, hat kürzlich gefordert, daß der Staatsanwalt bei Mißhandlungen öfter anklagen solle.** So begrüßenswert dieser Vorstoß ist, er geht, wenn er durchgesetzt wird, noch lange nicht weit genug. Rechtsänderungen sind noch dringender: beispielsweise die oben zitierte englische Änderung, die auch hier übernommen werden sollte; beispielsweise die Zulassung von ärztlichen Attesten als ausschließliches Beweismittel.
Alle diese Maßnahmen werden aber nicht ausreichen, um dem Problem der Gewalt gegen Frauen beizukommen. Wenn ich hier und im Vorhergehenden von »Problem« spreche, dann nur in Ermangelung eines treffenden Ausdrucks. Mißhandlung ist eine der extremsten und brutalsten Formen der Unterdrückung der Frau. Ihre tieferen Ursachen liegen nicht in den

* Für eine genaue Beschreibung der Organisation der NWAF siehe ›Gewalt in der Ehe‹, herausgegeben von Sarah Haffner, Wagenbach Verlag, Berlin 1976 (Anmerkung der Redaktion)
** ›Der Tagesspiegel‹ vom 24. 3. 1978

psychischen Störungen einzelner Männer, sondern in den Machtstrukturen dieser Gesellschaft. Unterdrückung der Frau besteht in allen Bereichen: Erziehung, Recht, Arbeit, Politik und Familie. Der Kampf gegen die Unterdrückung, wo immer sie auftritt, ist ein Kampf gegen die Bedingungen, die Frauenmißhandlung hervorbringen.

Wir stehen erst am Anfang eines sehr langen Weges, aber es ist immerhin schon ein Anfang.

Berlin, im April 1978   Sarah Haffner

Adressen (Stand Juni 1978)

FRAUENHÄUSER

Berlin	Postfach 31 06 22, 1000 Berlin 31, Tel.: 0 30/8 26 30 18
Bielefeld	Postfach 31 05, 4800 Bielefeld 1, Tel.: 05 21/17 73 76
Bremen	Tel.: 04 21/45 20 42
Düsseldorf	Postfach 110 155, 4000 Düsseldorf 11, Tel.: 02 11/63 41 71
Hamburg	Tel.: 0 40/22 64 78
Köln	Postfach 200 272, 5000 Köln 90, Tel.: 0 22 03/5 36 43

STÄDTISCHE FRAUENHEIME

Frankfurt	Tel.: 06 11/50 30 61
München	Tel.: 0 89/3 51 90 31

FRAUENHAUSINITIATIVEN

Aachen	Frauenzentrum, Schmiedstr. 3, 5100 Aachen, Tel.: 02 41/3 55 19
Bochum	Frauenzentrum, Schmidtstr. 12, 4630 Bochum
Bonn	Frauen helfen Frauen e.V., Postfach 72 67, 5300 Bonn
Braunschweig	Fraueninitiative, Schleinitzstr. 17d, 3300 Braunschweig, Tel.: 05 31/33 99 87
Darmstadt	Frauenzentrum, Lautenschläger Str. 42–44, 6100 Darmstadt
Dortmund	Frauenaktion, Junggesellenstr. 16, 4600 Dortmund

Duisburg	Frauen helfen Frauen e.V., Postfach 1007002, 4100 Duisburg 1
Essen	Frauen helfen Frauen e.V., c/o Maria Jammes, Benno-Strauß-Str. 8, 4300 Essen
Flensburg	c/o Christa Kolhorst, Schottweg 50, 2390 Flensburg, Tel.: 0461/300441
Frankfurt	Frauen helfen Frauen e.V., Zeißelstr. 8, 6000 Frankfurt, Tel.: 0611/5971058
Göttingen	Frauenzentrum, Rote Str. 40, 3400 Göttingen
Hanau	Frauenzentrum, Thomas-Münzer-Str. 3, 6450 Hanau 1
Hannover	Frauen helfen Frauen, Postfach 2005, 3000 Hannover
Heidelberg/ Mannheim	Frauenzentrum, Riedfeldstr. 24, 6800 Mannheim
Ingolstadt	c/o Hannelore Breiter, Hanstr. 15, 8070 Ingolstadt, Tel.: 0841/2333
Kassel	Frauenzentrum, Goethestr. 63, 3500 Kassel
Kiel	Frauenzentrum, Gneisenaustr. 18, 2300 Kiel
Koblenz	c/o Gisela Nippe, Etzerhofstr. 3, 5400 Koblenz, Tel.: 0261/34874
Lahn/ Gießen/Wetzlar	c/o Gudrun Caspar, Roonstr. 38, 6300 Lahn – Gießen, Tel.: 0641/35866
Leverkusen	Frauenzentrum, Berliner Str. 60, 5090 Leverkusen, Tel.: 02172/93400
Lübeck	Frauen helfen Frauen e.V., Dr.-Julius-Leber-Str. 86, 2400 Lübeck
Mainz	Frauen helfen Frauen im Frauenzentrum, Tel.: 06131/29229
Mönchengladbach	Frauen helfen Frauen e.V., Postfach 1255, 4050 Mönchengladbach 1
Mülheim/Ruhr	Initiativgruppe Frauenhaus, Uhlandstr. 50, 4330 Mülheim/Ruhr
München	Frauenzentrum, Gabelsbergerstr. 66, 8000 München 2, Tel.: 089/528311
Münster	Frauen helfen Frauen e.V., Frauenzentrum, Friedrich-Ebert-Str. 114, 4400 Münster, Tel.: 0251/79286
Neuß	c/o Hannelore Klein, Weissenberger Weg 17, 4040 Neuß

Nürnberg	Frauenzentrum, Regensburger Str. 42, 8500 Nürnberg
Oberhausen	c/o Helga Hütten, Langemarkstr. 14, 4200 Oberhausen
Obrigheim	Frauengruppe Mosbach, Christa Schulz, Lerchenweg 1, 6951 Obrigheim, Tel.: 06261/61662
Offenbach	Frauenzentrum, Bismarckstr. 16, 6050 Offenbach, Tel.: 0611/87068
Offenburg	Frauengruppe, Petra Schulz, Am Katzensteg 10, 6700 Offenburg
Oldenburg	Frauenhaus Oldenburg e.V., Donnerschweerstr. 56, 2900 Oldenburg
Osnabrück	Frauenzentrum, Hasenauerstr. 8, 4500 Osnabrück
Paderborn	Frauenzentrum, Salentinstr. 9, 4790 Paderborn
Ravensburg	Frauengruppe, Barbara Pohle, Rauneggstr. 41, 7980 Ravensburg
Regensburg	Frauenzentrum, Tandlergasse 7, 8400 Regensburg
Rendsburg	Frauenhaus Rendsburg e.V., Lüttenweg 3, 2370 Fockbeck, Tel.: 04331/6802
Reutlingen	c/o Roswitha Kling, Fliederweg 8, 7414 Lichtenstein-Honau
Saarbrücken	Frauenhausgruppe, Cäcilienstr. 29, 6600 Saarbrücken
Salzgitter	Fraueninitiative WG Prometheus (Rosi), Am Feuerlöschbrunnen 8a, 3321 Salzgitter-Bleckenstedt, Tel.: 05341/63027
Solingen	Frauengruppe, Charlotte Neuhöffer, Ludwigstr. 18, 5650 Solingen
Steinbach/Ts.	Frauengruppe, Christiane Mansfeld, Rossertstr. 26, 6374 Steinbach
Stuttgart	Frauenzentrum, Kernerstr. 31, 7000 Stuttgart 1
Trier	Frauengruppe, Georg-Schmidt-Platz 1, 5500 Trier
Uelzen	Frauengruppe, Christa Degen, Gartenstr. 14/I, 3110 Uelzen
Ulm	Frauenzentrum, Multscherstr. 2b, 7900 Ulm
Walsum	Frauengruppe, Ulrike Friebel, Eichenforst 34, 4103 Walsum

Werl	Frauengruppe, Karin Rinsche, Liebfrauenstr. 46, 4760 Werl, Tel.: 02922/6026
Wiesbaden	Frauenzentrum, Postfach 5772, Adlerstr. 7, 6200 Wiesbaden, Tel.: 06121/306699
Wilhelmshaven	Margarethe Achenbach, Bremer Str. 51, 2940 Wilhelmshaven, Tel.: 04421/22954
Witten	Frauenladen, Sprockhövelerstr. 129, 5810 Witten
Wolfsburg	Frauengruppe, Karin Schmalstieg, Dessauer Str. 28, 3180 Wolfsburg
Worms	Frauengruppe, Sabine Heckel, Ludwigstr. 60, 6520 Worms
Wuppertal	Frauenzentrum, Friedr.-Engels-Allee 164a, 5600 Wuppertal 1

Bitte umblättern:

auf den nächsten Seiten informieren
wir Sie über weitere interessante
Fischer Taschenbücher.

Soziologie/ Sozialwissenschaften

Wilhelm Bernsdorf
Wörterbuch der Soziologie
3 Bände Band 6131/2/3

Peter Furth/
Mathias Greffrath
Soziologische Positionen
Interviews und Kommentare. Eine Einführung in die Soziologie und ihre Kontroversen
Originalausgabe
Band 1976

Kurt Jürgen Huch
Einübung in die Klassengesellschaft
Über den Zusammenhang von Sozialstruktur und Sozialisation
Band 6276

René König
Studien zur Soziologie
Thema mit Variationen
Originalausgabe
Band 6078

David Mark Mantell
Familie und Agression
Zur Einübung von Gewalt und Gewaltlosigkeit
Eine empirische Untersuchung
Band 6391

Petra Milhoffer
Familie und Klasse
Ein Beitrag zu den politischen Konsequenzen familialer Sozialisation
Originalausgabe
Band 6515

Tilmann Moser
Jugendkriminalität und Gesellschaftsstruktur
Zum Verhältnis von soziologischen, psychologischen und psychoanalytischen Theorien des Verbrechens
Band 6158

Helmut Ostermeyer
Die Revolution der Vernunft
Die Rettung der Zukunft durch die Sanierung der Vergangenheit
Band 6368

Laurence Wylie
Dorf in der Vaucluse
Der Alltag einer französischen Gemeinde
Band 6621

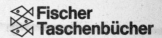
Fischer Taschenbücher

Die Frau in der Gesellschaft

Gisela Brinker-Gabler
Deutsche Dichterinnen vom 16. Jahrhundert bis zur Gegenwart
Geschichte — Lebensläufe
Mit Abb. Originalausgabe
Band 1994

Die Frau in der Gesellschaft
Frühe Texte
Herausgegeben von
Gisela Brinker-Gabler
Band 1: Zur Psychologie der Frau
Mit Texten von Hedwig Dohm, Lou Andreas Salomé, Lily Braun, Minna Cauer, Gertrud Bäumer, Ricarda Huch, Marianne Weber u. a.
Originalausgabe
Band 2045

Ann Cornelisen
Frauen im Schatten
Leben in einem süditalienischen Dorf
Band 3401

Jutta Menschik
Gleichberechtigung oder Emanzipation?
Die Frau im Erwerbsleben der Bundesrepublik
Originalausgabe
Band 6507

Germaine Greer
Der weibliche Eunuch
Aufruf zur Befreiung der Frau
Band 1450

Shulamith Firestone
Frauenbefreiung und sexuelle Revolution
Band 1488

Hoffmann R. Hays
Mythos Frau
Das gefährliche Geschlecht
Band 3003

Elaine Morgan
Der Mythos vom schwachen Geschlecht
Wie die Frauen wurden, was sie sind
Band 1604

Hedi Wyss
Das rosarote Mädchenbuch
Ermutigung zu einem neuen Bewußtsein
Band 1763

Ursula Scheu
Wir werden nicht als Mädchen geboren — wir werden dazu gemacht
Zur frühkindlichen Erziehung in unserer Gesellschaft
Originalausgabe
Band 1857

Alice Schwarzer
Der »kleine« Unterschied und seine großen Folgen
Frauen über sich — Beginn einer Befreiung. Erweiterte und aktualisierte Auflage
Band 1805

Fischer Taschenbücher

Informationen zur Zeit

Gunnar Adler-Karlsson
Der Kampf gegen die
absolute Armut
Die Kluft zwischen Nord und Süd
wird immer größer
Deutsche Erstausgabe
Bd. 4201 / DM 5,80

Hendrik Bussiek
Bericht zur Lage der Jugend
Originalausgabe
Bd. 2019 / DM 5,80

Brauns/Jaeggi/Kisker/Zerdick/
Zimermann
Die SPD in der Krise
Die deutsche Sozialdemokratie
seit 1945
Originalausgabe
Bd. 6518 / DM 12,80

Peter Furth/Mathias Greffrath
Soziologische Positionen
Interviews und Kommentare
Eine Einführung in die Soziologie und ihre Kontroversen
Bd. 1976 / DM 4,80

Anton-Andreas Guha
Das Geschäft mit dem Unfall
Über den sozialen und psychischen Ruin von Verunglückten
Originalausgabe
Bd. 4200 / DM 6,80

Sexualität und Pornographie
Die organisierte Entmündigung
Originalausgabe
Bd. 6153 / DM 4,80

Die Neutronenbombe
oder Die Perversion
menschlichen Denkens
Originalausgabe
Bd. 2042 / DM 4,80

Ernst Klee
Gefahrenzone Betrieb
Verschleiß und Erkrankungen
am Arbeitsplatz
Originalausgabe
Bd. 1933 / DM 5,80

Psychiatrie-Report
Originalausgabe
Bd. 2026 / DM 5,80

Jürgen Roth
Armut in der Bundesrepublik
Über psychische und materielle
Verelendung
Bd. 1427 / DM 4,80

Schülerladen Rote Freiheit
Sozialistische Projektarbeit im
Berliner Schülerladen Rote
Freiheit
Hg.: Autorenkollektiv am Psychologischen Institut der Freien
Universität Berlin
Bd. 1147 / DM 6,80

Heinz Timmermann (Hg.)
Eurokommunismus
Fakten, Analysen, Interviews
Originalausgabe
Bd. 2004 / DM 5,80

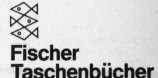

Fischer
Taschenbücher

Gesellschaft und Politik in der Bundesrepublik

Karl Heinz Balon/
Joseph Dehler/
Bernhard Schön (Hg.)
Arbeitslose: Abgeschoben,
diffamiert, verwaltet
Arbeitsbuch für eine alternative Praxis. Originalausgabe
Band 4204 (Dezember '78)

Brauns/Jaeggi/Kisker/
Zerdick/Zimmermann
Die SPD in der Krise
Die deutsche Sozialdemokratie seit 1945
Originalausgabe Band 6518

Hendrik Bussiek
Bericht zur Lage der Jugend
Originalausgabe Band 2019

Bernt Engelmann
Wir Untertanen
Ein deutsches Anti-
Geschichtsbuch Band 1680
Einig gegen Recht und Freiheit
Deutsches Anti-
Geschichtsbuch 2. Teil
Band 1838

O wie oben
Wie man es schafft, ganz
O zu sein. Band 1454

Jürgen Roth
Armut in der Bundesrepublik
Über psychische und
materielle Verelendung
Band 1427

Wolf Wagner
Verelendungstheorie – die
hilflose Kapitalismuskritik
Band 6531

Ernst Klee
Gefahrenzone Betrieb
Verschleiß und Erkrankung am Arbeitsplatz
Originalausgabe Band 1933

Psychiatrie-Report
Originalausgabe Band 2026

Tilmann Moser
Jugendkriminalität und
Gesellschaftsstruktur
Zum Verhältnis von soziologischen, psychologischen
und psychoanalytischen
Theorien des Verbrechens
Band 6158

Hermann Giesecke/
Arno Klönne/Dieter Otten (Hg.)
Gesellschaft und Politik in
der Bundesrepublik
Eine Sozialkunde
Originalausgabe
Band 6271

Urs Jaeggi
Kapital und Arbeit in der
Bundesrepublik
Elemente einer gesamtgesellschaftlichen Analyse
Band 6510

**Fischer
Taschenbücher**

Funk-Kolleg

Funk-Kolleg Beratung in der Erziehung Bd. 1 und 2
Hg.: R. Bastine/W. Hornstein/
H. Junker/Ch. Wulf
Originalausgaben
Bd. 6346/6347

Funk-Kolleg Erziehungswissenschaft
Eine Einführung in 3 Bänden
Autoren: W. Klafki/G. M. Rückriem/
W. Wolf/R. Freudenstein/H.-K.
Beckmann/K.-Ch. Lingelbach/
G. Iben/J. Diederich
Originalausgaben
Bd. 6106/6107/6108

Funk-Kolleg Literatur Reader 1 und 2
Hg.: Helmut Brackert/Eberhard
Lämmert/Jörn Stückrath
Originalausgaben
Bd. 6324/6325

Funk-Kolleg Literatur Bd. 1 und 2
Hg.: Helmut Brackert/
Eberhard Lämmert
Originalausgaben
Bd. 6326
Bd. 6327

Funk-Kolleg Mathematik 1 und 2
Hg.: H. Heuser/ H. G. Tillmann
Originalausgaben
Bd. 6109/6110

Funk-Kolleg Pädagogische Psychologie Bd. 1 und 2
Autoren: F. E. Weinert/
C. F. Graumann/H. Heckhausen/
M. Hofer u. a.
Originalausgaben
Bd. 6115/Bd. 6116

Reader zum Funk-Kolleg Pädagogoische Psychologie
Bd. 1: Entwicklung und Sozialisation
Hg.: C. F. Graumann und
H. Heckhausen
Originalausg. Bd. 6113
Bd. 2: Lernen und Instruktion
Hg.: M. Hofer und F. E. Weinert
Originalausg. Bd. 6114

Funk-Kolleg Biologie
Systeme des Lebendigen
Hg.: Dietmar Todt u. a., 2 Bände
Originalausgabe
Bd. BdW 6291/2

Funk-Kolleg Rechtswissenschaft
Hg.: Rudolf Wiethölter (Neuausg.)
Originalausg. Bd. 6103

Funk-Kolleg Sozialer Wandel
Hg.: Theodor Hanf, Manfred
Hättich, Wolfgang Hilligen,
Rolf E. Vente, Hans Zwiefelhofer
Originalausgaben
Bd. 6117/6118

Funk-Kolleg Soziologie
Hg.: Walter Rüegg
Originalausg: Bd. 6105

Funk-Kolleg Sprache 1 und 2
Eine Einführung in die moderne
Linguistik. Wissenschaftliche
Koordination: Klaus Baumgärtner/
Hugo Steger
Originalausgaben
Bd. 6111/Bd. 6112

Funk-Kolleg Volkswirtschaftslehre
Hg.: Karl Häuser
Deutsche Erstausgabe
Bd. 6101

Funk-Kolleg Wissenschaft und Gesellschaft
Einführung in das Studium von
Politikwissenschaft/Neuere
Geschichte/Volkswirtschaft/Recht/
Soziologie
Hg.: Gerd Kadelbach
Originalausg. Bd. 6100

Fischer Taschenbücher

Das Fischer Lexikon

Enzyklopädie des Wissens

Das Fischer Lexikon umfaßt in selbständigen Einzelbänden das Wissen unserer Zeit nach dem letzten Stand der Forschung. Jeder Band besteht aus einer allgemeinen Einleitung in das betreffende Wissensgebiet, den alphabetisch angeordneten enzyklopädischen Artikeln mit den entsprechenden Stichwörtern (die in einem Register am Ende des Bandes lexikalisch auffindbar sind) und einer ausführlichen Bibliographie. In fast allen Bänden zahlreiche Abbildungen.

- 1 Geschichte der Religionen
- 2 Staat und Politik
- 4 Astronomie
- 6 Psychologie
- 7 Internationale Beziehungen
- 8 Wirtschaft
- 9 Publizistik
- 10 Soziologie
- 11 Philosophie
- 12 Recht
- 13 Völkerkunde
- 14 Geographie
- 15 Anthropologie
- 19 Physik
- 20 Geophysik
- 25 Sprachen
- 26/1 Chemie I Allgemeine Chemie
- 26/2 Chemie II Angewandte Chemie
- 27 Biologie I: Botanik
- 28 Biologie II: Zoologie
- 29/1 Mathematik I
- 29/2 Mathematik II
- 34 Literatur I
- 35/1, 2 Literatur II/III
- 36 Pädagogik

Fischer Weltgeschichte

1. Vorgeschichte
2. Die Altorientalischen Reiche I
3. Die Altorientalischen Reiche II
4. Die Altorientalischen Reiche III
5. Griechen und Perser [Die Mittelmeerwelt im Altertum I]
6. Der Hellenismus und der Aufstieg Roms [Die Mittelmeerwelt im Altertum II]
7. Der Aufbau des Römischen Reiches [Die Mittelmeerwelt im Altertum III]
8. Das Römische Reich und seine Nachbarn [Die Mittelmeerwelt im Altertum IV]
9. Die Verwandlung der Mittelmeerwelt
10. Das frühe Mittelalter
11. Das Hochmittelalter
12. Die Grundlegung der modernen Welt
13. Byzanz
14. Der Islam I
15. Der Islam II
16. Zentralasien
17. Indien
18. Südostasien
19. Das Chinesische Kaiserreich
20. Das Japanische Kaiserreich
21. Altamerikanische Kulturen
22. Süd- und Mittelamerika I
23. Süd- und Mittelamerika II
*24. Das Zeitalter der Glaubenskämpfe 1550—1648
*25. Das Zeitalter der Aufklärung und des Absolutismus 1648—1770
26. Das Zeitalter der europäischen Revolution 1780—1848
27. Das bürgerliche Zeitalter
28. Das Zeitalter des Imperialismus
29. Die Kolonialreiche seit dem 18. Jahrhundert
*30. Die Vereinigten Staaten von Amerika
31. Rußland
32. Afrika
33. Das moderne Asien
34. Das Zwanzigste Jahrhundert 1918—1945

* in Vorbereitung

Ernst Klee

Behinderten-Report
Originalausgabe
Fischer Taschenbuch Bd. IZZ 1418

Behinderten-Report II:
»Wir lassen uns nicht abschieben«.
Originalausgabe
Fischer Taschenbuch Bd. IZZ 1747

Psychiatrie-Report
Originalausgabe
Fischer Taschenbuch Bd. IZZ 2026

Gefahrenzone Betrieb
Verschleiß und Erkrankung am
Arbeitsplatz. Originalausgabe
Fischer Taschenbuch Bd. IZZ 1933

FISCHER TASCHENBÜCHER

Christa Lehmann
Das Geständnis der Giftmörderin
192 S., brosch.,
Als Mörderin dreier Menschen war sie Mittelpunkt eines Prozesses, der 1954 und danach die Spalten der Presse füllte. Ernst Klee hat in langen, schonungslos offenen Gesprächen mit Christa Lehmann ihr Leben und die Hintergründe der furchtbaren Tat kennengelernt.

Wolfgang Krüger Verlag

KRÜGER

Gmelin

Otto F. Gmelin, geboren 1932, studierte Philosophie und Musik, promovierte über Zeichentheorie, war als Fernsehregisseur und Dozent für Medienwissenschaft tätig und publizierte über Fragen des Fernsehens und der Kinderliteratur.

Erwachsene haben an Kinderzeichnungen ihre Freude, aber nur selten verstehen sie ihren Sinn. Die Botschaft, die darin verschlüsselt ist, wird nicht wahrgenommen. Der Autor will Eltern diese Sprache der Kinder zugänglich machen. Er regt an, gemeinsam mit Kindern über ihre Bilder und das, was sie verraten, nachzudenken. Dabei hilft dieses Buch.

Otto F. Gmelin
Mama ist ein Elefant
Eltern entdecken eine neue Sprache: Die Symbolwelt der Kinderzeichnungen
160 Seiten, ca. 150 Zeichnungen
Paperback

Deutsche Verlags-Anstalt